Debora Sommer

einzigartig – Entfalte, was in dir steckt

W0046445

DEBORA SOMMER

einzig artig

ENTFALTE, WAS IN DIR STECKT

francke

ÜBER DIE AUTORIN:

Debora Sommer studierte in der Schweiz und Südafrika Theologie und promovierte über Juliane von Krüdener. Sie ist Leiterin des Fernstudiums am Theologischen Seminar St. Chrischona, Schweiz und Co-Researcher am Department of Christian Spirituality, Church History and Missiology der University of South Africa, Pretoria. Daneben arbeitet sie freiberuflich als Referentin und Autorin (www.deborasommer.com). Sie ist verheiratet, Mutter von zwei Teenagern und lebt in der Schweiz.

Bibliografische Information der Deutschen Nationalbibliothek
Die Deutsche Nationalbibliothek verzeichnet diese Publikation in der Deutschen Nationalbibliografie; detaillierte bibliografische Daten sind im Internet über http://dnb.dnb.de abrufbar.

2. Auflage 2017
ISBN 978-3-86827-639-8
Alle Rechte vorbehalten
© 2017 by Verlag der Francke-Buchhandlung GmbH
35037 Marburg an der Lahn
Umschlagbild: © iStockphoto.com / Amber_Sun
Umschlaggestaltung: Verlag der Francke-Buchhandlung GmbH / Sven Gerhardt
Satz: Verlag der Francke-Buchhandlung GmbH
Printed in Czech Republic

www.francke-buch.de

INHALT

Widmung:

für meine Eltern
– Helena & Erich Mauerhofer –
in tiefer Liebe & Dankbarkeit

und für alle,
die auf ein Schmetterlingswunder
in ihrem Leben hoffen

EINFÜHRUNG

Ein unvergesslicher Sommerabend

Zahlreiche Fotos zeugen von dem Versuch, die Stimmung eines unvergesslichen Sommerabends einzufangen. Ein Abend, an den ich mich erinnere, als wäre es gestern gewesen. In Wirklichkeit trennen mich mehr als sieben Lebensjahre und Hunderte von Kilometern von damals. Meine Gedanken schweifen zurück. Nach Herrnhut. Ein malerisches, geschichtsträchtiges Städtchen in der sächsischen Oberlausitz, nahe der polnischen Grenze. Weit über die Landesgrenzen hinaus bekannt für seine Losungen und den Herrnhuter Stern, der besonders zur Advents- und Weihnachtszeit mit seinem unverkennbaren Leuchten so manches Dunkel erhellt. Weltbekannt auch als Wiege der Brüdergemeine. Hier hatte Graf von Zinzendorf im Jahr 1722 mährische Glaubensflüchtlinge angesiedelt. Der Name *Herrnhut* stand symbolisch für den Wunsch der Flüchtlinge, an diesem Ort *unter des Herrn Hut* oder, anders gesagt, unter dem Schutz des Allmächtigen Zuflucht zu finden.

Ungeachtet der Sehenswürdigkeiten, derentwegen allein sich

schon ein Besuch jener Gegend gelohnt hätte, war mein eigentliches Reiseziel das Unitätsarchiv. Ich steckte mitten im Promotionsstudium und hoffte darauf, dass ein paar vergilbte Blätter meine Studien voranbringen und die aufwendige Reise in den Osten rechtfertigen würden. Vor allem meinem Mann zuliebe, der sich zu Hause um unsere zwei Kinder – zu jenem Zeitpunkt neun und sieben Jahre alt – kümmerte. Seine Unterstützung machte meinen Forschungsaufenthalt überhaupt erst möglich. Im streng bewachten Lesesaal verbrachte ich Stunden damit, 200 Jahre alte Dokumente zu entziffern, um Hinweise auf Aufenthalte der baltischen Baronin Juliane von Krüdener in Herrnhuter Niederlassungen zu finden.[1] Die altehrwürdigen Gemälde im Lesesaal verliehen dem Besuch im Unitätsarchiv den Charakter einer Zeitreise. Ich tauchte ein in eine Welt, deren magische Anziehungskraft nur Gleichgesinnte verstehen. Zu diesen gehört mein Vater, der mich mit großer Begeisterung nach Herrnhut und ins Archiv begleitete, während meine Mutter in Dresden bei Freunden auf unsere Rückkehr wartete. Einträge und Briefwechsel von Menschen zu studieren, die Generationen vor mir lebten, hat etwas Wehmütiges an sich. Die schriftliche Manifestation von Vergänglichkeit in meinen Händen führt mir immer wieder neu meine eigene Endlichkeit vor Augen. Was werde ich hinterlassen? Wofür nutze ich meine begrenzte Lebenszeit?

Erschöpft von den vielen Stunden im Archiv entschieden mein Vater und ich, den herrlichen Abend für einen Spaziergang in der beschaulichen Landschaft zu nutzen. Zu meiner Erheiterung verdankten wir das prächtige Wetter, das unseren Aufenthalt umrahmte, dem Sommerhoch *Juliane*, passend zu der Frau, die im Brennpunkt meiner Forschungen stand.

Der 5. August 2009 war der Inbegriff eines malerischen Sommerabends. Die untergehende Sonne tauchte die Gegend in ein sanftes Licht und unterstrich die friedvolle Atmosphäre, die über jenem Ort lag. Der intensive Duft der Felder und Pflanzen, der laue Abendwind sowie die gedämpften Geräusche der Natur wirkten wohltuend auf mein aufgewühltes Gemüt, das in scharfem

Kontrast zur harmonischen Abendstimmung stand. Seit Monaten befand ich mich in einem inneren Ausnahmezustand. Ich fühlte mich zu verletzlich für diese Welt, traurig und einsam. Nach außen hin versuchte ich stark zu wirken in meinen vielfältigen Lebensrollen. So, als ob ich alles im Griff hätte. Doch meine innere Welt stand Kopf. Wieso konnte ich nicht einfach dankbar und unbeschwert vorwärtsgehen? Wieso empfand ich alles so intensiv? Wieso war mein Herz so traurig inmitten vieler Segnungen? Wieso litt ich am Leben und an mir selbst? Wieso überforderte mich, was andere Frauen und Mütter mit scheinbarer Leichtigkeit bewältigten? Ich konnte mich selbst nicht verstehen.

Nach einem Spaziergang durch das idyllische Städtchen steuerten wir den Hutberg an. Der Weg führte durch die Lindenallee vorbei am Gottesacker, dem eindrücklichen Friedhof von Herrnhut. Die liegenden Steine mit den schlichten Aufschriften verströmten einen Hauch von Ewigkeit und verstärkten meine melancholische Stimmung. Ich dachte an die Worte von Heinrich Heine: „Ist das Leben des Individuums nicht vielleicht ebenso viel wert wie das des ganzen Geschlechtes? Denn jeder einzelne Mensch ist schon eine Welt, die mit ihm geboren wird und mit ihm stirbt, unter jedem Grabstein liegt eine Weltgeschichte."[2] Gedankenversunken stiegen wir die Stufen zum Altan hinauf, einem kleinen Aussichtsturm auf dem Gipfel des Hutbergs, oberhalb des Gottesackers. Oben angekommen, wurden wir mit einer herrlichen Rundumsicht auf die Umgebung von Herrnhut, das Oberlausitzer Bergland bis hin zum tschechischen Riesengebirge belohnt. Wir staunten und genossen.

Wenig später trennten sich unsere Wege und ich machte es mir unterhalb des Altans auf einer Sitzbank in der Abendsonne gemütlich. Vor mir erstreckte sich ein weites Feld. Es war eine unbeschreibliche Stimmung. Ich schloss meine Augen, sog die klare, würzige Landluft tief in meine Lunge und lauschte dem Zirpen der Feldgrillen. Schließlich griff ich nach meinem Tagebuch. Mein treuer Begleiter, der mir seit Jahren dabei hilft, Ordnung in mein inneres Chaos zu bringen und mein Leben schreibend zu bewältigen. Inspiriert von der bezaubernden Umgebung, die zunehmend mit dem goldenen Abendlicht verschmolz, begannen die Worte zu fließen. So schnell, dass mein Schreibstift kaum mithalten konnte. Ich beschrieb mein Gefühl, innerlich festzusitzen und nicht mehr weiterzukommen. Aber auch, dass ich seit Beginn des Jahres 2009 immer wieder das Bild der Metamorphose, der Verwandlung einer Raupe zum Schmetterling vor Augen hatte und damit verbunden den Eindruck, dass Gott mich in einen grundlegenden Verwandlungsprozess führen wollte. Ein Bild, das mich seit rund zwei Jahrzehnten begleitete, war wieder neu lebendig in mir geworden. Die Vorahnung, dass ich mich im Übergang in eine noch dunklere Phase, bildlich gesprochen die Phase der Verpuppung, befinden könnte, lastete schwer auf mir.

Als ich so dasaß und meinem Herzen durch das Niederschreiben dieser Gedanken Luft verschaffte, erhielt ich Besuch – von einem Schmetterling! Er flog nicht bloß flüchtig an mir vorbei, sondern ruhte sich bei mir aus. Zwischendurch verschwand er kurz, nur um wenig später wieder bei mir zu landen. Es war leicht zu erkennen, dass es sich um ein und denselben Schmetterling handelte. Sein rechter Flügel war auf unverkennbare Weise deformiert. Gezeichnet vom Leben und dem, was er durchlitten hatte. Seine unvollkommene, einzigartige Schönheit berührte mich. Er blieb ruhig sitzen, selbst als ich die seltsamsten Verrenkungen machte, um diesen besonderen Moment fotografisch festzuhalten. Egal, ob ich Tagebuch schrieb, fotografierte oder einige Zeit später in einem alten Buch las, der Schmetterling blieb seelenruhig sitzen – auf meinem Tagebuch, dem Schreibstift, dem Buch. Schließlich setzte er sich auf mein Sommerkleid und blickte zu mir hoch, als ob er um meine ungeteilte Aufmerksamkeit bitten wollte. Also legte ich alles beiseite und konzentrierte mich auf das filigrane Wesen vor mir.

Die Botschaft, die mich an jenem Abend erreichte, war eine Botschaft der Hoffnung. In dem Moment, als ich mich vor einer Kokonzeit fürchtete, wurde mir bewusst, dass göttliche Wunder nicht selten in Zeiten der Dunkelheit geboren werden. *Schmetter-*

lingsbesuch immer & immer wieder. Göttliche Verheißung, Zuspruch und Mut für meine Kokonzeit, kritzelte ich in mein Tagebuch. Der Schmetterling verweilte bei mir, bis die Sonne hinter dem Horizont verschwand und sich ein langsamer Szenenwechsel zur verträumten Vollmondnacht vollzog. Letztendlich musste ich meinen kleinen Freund sogar sanft zum Weiterfliegen auffordern, da es in der Zwischenzeit kühl geworden war und ich mich auf den Rückweg machen wollte.

Göttliche Wunder werden nicht selten in Zeiten der Dunkelheit geboren.

In jener Nacht hielt ich in meinem Tagebuch fest: *Die zurückliegende Wegstrecke meines Lebens kommt mir vor wie die Entwicklung zu einer ansehnlichen Raupe. In meinem Raupenstadium habe ich verschiedene Wachstums- und Häutungsprozesse durchlebt. Als Raupe habe ich mich in meinem eingeschränkten Lebensterritorium bewegt – natürlich immer so, wie es meiner Natur möglich war: vorsichtig, langsam und angepasst. Für viele unauffällig und versteckt. Doch jetzt bin ich in ein neues Entwicklungsstadium eingetreten: in die Phase der Verpuppung. Der Kokon wird zum Ort einer geheimnisvollen Metamorphose. Es ist ein Entwicklungsschritt, dem ich mich freiwillig stelle. Es ist ein harter, einsamer, isolierter und irreversibler Prozess! Schon seit Ende des letzten Jahres hatte ich immer mehr den Eindruck, dass ich mich aus meinen öffentlichen Wirkungsfeldern zurückziehen muss und dass Gott mich in einen verborgenen, aber umwälzenden Veränderungsprozess führen will. Es ist eine Phase der Schwachheit, des Loslassens, der Ernüchterung, der Melancholie, aber auch der Hoffnung. Denn ich will in der Kraft Gottes ein Schmetterlingswunder erleben: Verwandelt möchte ich meinen Kokon wieder verlassen. In neuer Gestalt in eine neue Dimension eintreten. Eine Freiheit erleben, die ich so noch nie erlebt habe. Dort dienen, wo Gott mich haben will – flexibel sein! Farbe bekennen! Nicht zurück in den Kokon. In alledem bleibe ich komplex und sehr zerbrechlich – auch verletzlich! Ich brauche ein geeignetes Wirkungsfeld, in dem ich mich ENT-FAL-TEN kann. Ich kann davonfliegen, wenn ich will. Bin nicht gefangen. Darf neu aussuchen, wo ich mich niederlasse.*

Die Vorahnung jenes Abends bestätigte sich. Es folgte eine lange, schmerzvolle Kokonzeit. Das Bild der Metamorphose wurde mir in all den Jahren zur Ermutigung, nicht aufzugeben. Aber auch zur Hilfe im Hinblick auf eine persönliche Standortbestimmung. Wo stehe ich? Krieche ich noch, bin ich gefangen in der Dunkelheit oder fliege ich schon? Ich wage nicht, von mir zu behaupten, dass ich schon fliege. Aber ich sehne mich von ganzem Herzen danach!

ZUM ANLIEGEN DIESES BUCHES

Es ist mein Gebet, dass das Bild der Verwandlung der Raupe zum Schmetterling beim Lesen dieses Buches auch für Sie zur Ermutigung und zu einem Symbol der Hoffnung wird. Das Staunen über die Natur soll zum Staunen über Gott, den Schöpfer der Welt, führen, der sich in seiner Schöpfung offenbart. Staunen über den Schöpfer wiederum führt zum Staunen über das, was Gott durch seinen Geist in und durch uns Menschen bewirken möchte.

Viele Menschen tragen eine tiefe Sehnsucht nach Veränderung in sich. Inbesondere dann, wenn sie an ihre Grenzen stoßen, sei es charakterlich, emotional oder in Glaubensfragen. Ich kenne diese Sehnsucht aus persönlicher Erfahrung. In christlichen Kreisen wird nicht selten der Wunsch nach geistlichem Wachstum laut. Einige sprechen von Heiligung, andere davon, Jesus ähnlicher zu werden. „Immer mehr von dir, immer mehr. Immer mehr sein wie du, immer mehr", singen Christen vielerorts voller Inbrunst. Doch was ist damit gemeint? Und wie soll das konkret geschehen?

So fromm gewisse Aussagen klingen mögen, so schleierhaft bleibt oft, was sich dahinter verbirgt. Das ist ein Problem. Vor allem dann, wenn eben jene rätselhaften Vorgänge zu den grundlegenden Entwicklungsschritten im Leben eines Christen erklärt werden. Wie soll man die richtige Richtung einschlagen, wenn die Orientierung fehlt?

Ich liebe Bilder. Nicht nur Kunstwerke in Gestalt von Gemälden, sondern auch in Form von Wörtern. Sprachliche Bilder helfen dabei, komplexe Sachverhalte zu veranschaulichen und besser verständlich zu machen. Dies bestätigen mir auch die Reaktionen aus dem Publikum, wenn ich zum Beispiel Vorträge halte. Fakten und Details sind schnell wieder vergessen. Ein Bild aber prägt sich tief ein und wird zur Gedächtnisstütze im Hinblick auf das Wesentliche. Auch Jesus wusste um die Kraft von Bildern und Vergleichen. Daher sprach er oft in Gleichnissen. In bildhaften Reden knüpfte er an die Alltagswelt seiner Zuhörer an, um geistliche Wahrheiten zu erklären.

Die Metamorphose ist für mich ein solches Bild von großer Kraft. Der Fachausdruck *Metamorphose* steht in verschiedenen wissenschaftlichen Disziplinen für Umgestaltung und Verwandlung. Die Verwandlung der Raupe zum Schmetterling ist nur eine von vielen Metamorphosen in der Biologie beziehungsweise der Zoologie. Aber eben jene Verwandlung berührt mich auf besondere Weise, weil sie mir zum Sinnbild für mein eigenes Leben wurde. In all den Jahren, in denen mich dieses Bild begleitete, ist meine Faszination stetig gewachsen und ich habe viel über mich selbst gelernt. Und mit der Zeit habe ich dieses Sinnbild auch im Leben von anderen Menschen erkannt.

Was sich in der Natur im Geheimnis der Verwandlung einer Raupe zum Schmetterling vollzieht, findet sich im übertragenen Sinne auch im menschlichen Leben wieder. Die Metamorphose unseres Lebens ereignet sich aber nicht automatisch und auch nie gegen unseren Willen. So geschieht es, dass viele Menschen zeit ihres Lebens bildlich gesprochen im Raupenstadium bleiben. Vielleicht weil sie nicht um ihre eigentliche Bestimmung wissen, weil sie ihr Raupenleben eigentlich gar nicht aufgeben möchten oder weil sie sich vor den damit verbundenen Veränderungen fürchten. Wie die Raupe dazu bestimmt ist, ein Schmetterling zu werden, ist auch der Mensch dazu bestimmt, die Einzigartigkeit, die Gott in ihn hineingelegt hat, zu entfalten oder, im Bild gesprochen, zu fliegen.

> Die Metamorphose unseres Lebens ereignet sich nicht automatisch.

Herausfordernd ist, dass der Weg von der Raupe zum Schmetterling nicht ohne schmerzhafte Erfahrungen möglich ist. Die afroamerikanische Autorin und Bürgerrechtlerin Maya Angelou, deren Leben von schweren Schicksalsschlägen erschüttert wurde, schrieb einmal: „Wir freuen uns an der Schönheit des Schmetterlings, machen uns aber selten die Veränderungen bewusst, die er durchlebt hat, um diese Schönheit zu erlangen."[3] In dunklen Kokonzeiten geschieht nicht nur Erstaunliches, sondern Entscheidendes. Erst dort geschieht die eigentliche Umgestaltung. Nicht im Raupenstadium und nicht im Schmetterlingsstadium. Sondern in der Dunkelheit der Verpuppung.

In dunklen Kokonzeiten geschieht die eigentliche Umgestaltung

Ich lade Sie herzlich auf eine Reise der Verwandlung ein. Etliche Veröffentlichungen zu diesem Themenbereich in jüngster Zeit zeugen von der Sehnsucht vieler Menschen nach Veränderung und Verwandlung.[4] Sehnsucht ist schmerzhaft und hoffnungsvoll zugleich. Sie nährt die Hoffnung nach Lebenssinn, Heilung, Erfüllung, Orientierung, Entfaltung, Bedeutung. Der Schmetterling erfüllt mein Herz mit der Hoffnung, dass Umgestaltung kein Wunschtraum bleiben muss, sondern Wirklichkeit werden kann. Nicht durch menschliche Anstrengung, sondern durch göttliche Gnade. Indem ich Jesus mein Leben hinhalte mit allen Höhen und Tiefen, Freuden und Nöten, Erfolgen und Niederlagen, Stärken und Schwächen, kann er mich mehr und mehr verwandeln und zu neuen Lebensmöglichkeiten führen.

Sind Sie bereit für eine Entdeckungsreise in Ihr eigenes Leben? Lassen Sie sich von meiner Faszination für die Verwandlung der Raupe zum Schmetterling und die Symbolkraft dieses Bildes anstecken! Hoffen Sie mit mir auf ein Schmetterlingswunder! Und nähren Sie Ihre Sehnsucht nach mehr vom Leben. Raupen sind nicht dazu bestimmt, in ihrem Raupendasein zu verkümmern. Auch wenn beim Anblick einer Raupe nichts darauf schließen lässt, dass sich diese einmal in einen prächtigen Schmetterling verwandeln wird, ist doch der ganze Lebenszyklus auf jene atemberaubende Umgestaltung ausgerichtet. Auch in Ihrem Leben soll zur Entfaltung kommen, was in Ihnen angelegt ist, was der Schöpfer an Leidenschaften, Begabungen und Einzigartigkeit in Sie hineingelegt hat. Der Weg, den er Sie führt, formt Ihren Charakter und gibt Ihnen die Chance, mehr und mehr zu der Person zu werden, als die er Sie gedacht hat. Die Raupe wird zu einem wunderschönen Schmetterling. Das kann auch in Ihrem Leben geschehen. Sind Sie bereit, sich diesen Prozessen zu stellen und Ihren ganz einzigartigen Weg zu wagen?

Debora Sommer, Strengelbach (Schweiz), im Oktober 2016

....

ich bin hungrig
nach liebe
nach leben
nach bedeutung
nach aufmerksamkeit

ich suche
nach antworten
nach identität
nach lebenssinn
nach orientierung

ich wachse
von einer haut zur nächsten
und stoße an meine grenzen
ich esse – und werde doch nicht satt
ich verändere mich – aber keiner bemerkt es

ich frage
ist da einer
der mich sieht?
der meine sehnsucht kennt
und meinen lebenshunger stillen kann?

Debora Sommer (19.10.2016)

....

1. RAUPENLEBEN

„Wenn die Raupen wüssten, was einmal sein wird,
wenn sie erst Schmetterlinge sind,
sie würden ganz anders leben:
froher, zuversichtlicher und hoffnungsvoller."
HEINRICH BÖLL

Wie bereits erwähnt war mir das Sinnbild der Metamorphose schon seit Anfang 2009 ein ständiger Begleiter. An den Auslöser kann ich mich nicht mehr erinnern. Einzig daran, dass es sich nicht wie ein neuer Gedanke anfühlte, sondern eher wie die Erinnerung an etwas, das tief in mir schlummerte. Als ich vor einigen Monaten in einem Anfall von heldenhaftem Mut gegen das Chaos in meinem Büro vorging (das zum Leidwesen meines Ehemannes, mit dem ich das Büro teile, stets aufs Neue eine merkwürdige Eigendynamik entwickelt), stieß ich auf eine Zeichnung aus dem Sommer 1998. Als ich die 18 Jahre alte Zeichnung in den Händen hielt, kamen Erinnerungen an den Nachmittag hoch, an dem sie entstand.

Rolf und ich – zwei frisch verheiratete Theologiestudenten – waren im Sommer 1998 zum ersten Mal als Leiter in einem Konfirmandenlager dabei. An einem Nachmittag forderten wir die

Teenager dazu auf, ein Bild ihrer Lebensvision zu zeichnen. Sie sollten festhalten, wo sie sich im Moment sahen und wo sie gerne hinsteuern wollten. Ich erinnere mich, wie mir durch den Kopf ging: Statt einfach nur dazusitzen und zu warten, könnte ich ja selbst auch ein Bild von meiner Lebenssituation und meinen Zukunftsvorstellungen malen. Das tat ich und vergaß es wieder, bis mir die Zeichnung viele Jahre später wieder in die Hände fiel. Mitten im Aufräumchaos setzte ich mich hin und starrte verwundert auf das Blatt in meinen Händen: Blickfang der Zeichnung ist ein großer, bunter Schmetterling, der in der Bildmitte fliegt und etwa ein Viertel der ganzen Zeichnung ausmacht. Unter ihm kriecht auf einem grünen Blatt eine kleine Raupe mit traurigem Gesicht, symbolisch für meinen damaligen Istzustand. Ein schmaler Weg am linken Bildrand windet sich einen Hügel hinauf, hinter dem sich ein schwarzer Horizont abzeichnet. Der dunkle Himmel wird einzig dort von Licht erhellt, wo die Schmetterlingsfühler die Richtung anzeigen.

EINE TRAURIGE KLEINE RAUPE

Was mich Jahre später an dieser einfachen Zeichnung berührte, waren vor allem drei Dinge: 1. die traurige Raupe, 2. der dunkle Horizont und 3. die tiefe Sehnsucht danach, ein farbenfroher Schmetterling zu werden, der mit dem Licht in Verbindung steht. Ich fragte mich: Wer aus meinem Umfeld hätte zu jenem Zeitpunkt wohl geahnt, dass ich mich selbst als traurige Raupe sah und mein Lebenshorizont mir so dunkel erschien? Ich kann es nicht anders erklären als mit „Es war einfach so". Aller äußeren Logik zum Trotz gehörte dies zu meinen grundlegenden Lebensgefühlen. Ich war 23 Jahre jung, glücklich verheiratet, erfolgreich im Studium und vieles mehr. Es gab eine ganze Menge Gründe, dankbar zu sein. Trotzdem fühlte ich mich wie eine traurige kleine Raupe.

Die gefundene Zeichnung bestätigt, dass mich das Bild der Metamorphose schon viele Jahre vor meinem Schmetterlingserlebnis in Herrnhut begleitet hat. Und etwas oder jemand hat die Gedankenverbindung zur Metamorphose Anfang 2009 wieder aktiviert. Daraufhin druckte ich eine Bildfolge aus dem Internet aus, die die Entwicklung von der Raupe zum Schmetterling zeigt. Ich platzierte den kleinen Ausdruck so auf meinem Bürotisch, dass ich ihn immer vor Augen hatte. Immer wieder mal nahm ich das kleine Stück Papier in die Hand und fragte mich, wo ich in dem ganzen Prozess wohl mittlerweile stand.

Dann folgte das eingangs beschriebene Schmetterlingserlebnis. Es war der Ausgangspunkt dafür, dass ich damit begann, mich eingehender mit dem Sinnbild der Metamorphose auseinanderzusetzen und nach Parallelen in meinem Leben zu suchen. Im Hinblick auf das Raupenstadium hielt ich am 5. August 2009 fest: *Die zurückliegende Wegstrecke meines Lebens kommt mir vor wie die Entwicklung zu einer ansehnlichen Raupe. In meinem Raupenstadium habe ich verschiedene Wachstums- und Häutungsprozesse durchlebt. Als Raupe habe ich mich in meinem eingeschränkten Lebensterritorium bewegt – natürlich immer so, wie es meiner Natur möglich war: vorsichtig, langsam und angepasst. Für viele unauffällig und versteckt.* Der Tagebucheintrag fand Ergänzung durch Fakten aus der Raupenwelt, in denen ich mich selbst wiederfand.

Im Laufe der Jahre habe ich diese Gedanken vertieft. Heute bin ich davon überzeugt, dass jede Stufe der Metamorphose wertvolle Lektionen für unser Leben (insbesondere auch in geistlicher Hinsicht) bereithält, wenn wir offen dafür sind. Dass bereits kleinste Lebewesen eine Vorbildfunktion für uns Menschen haben können, ist kein neuer Gedanke. In Sprüche 6,6 steht: *Nimm dir ein Beispiel an der Ameise, du Faulpelz. Lerne von ihr und werde weise!* Analog dazu könnte das Motto dieses Buches lauten: *Nimm dir ein Beispiel am Schmetterling. Lerne von ihm und werde weise!*

> Jede Stufe der Metamorphose hält wertvolle Lektionen für unser Leben bereit.

Wenn wir vom Schmetterling lernen wollen, müssen wir ganz vorne beginnen: Bei der Raupe, der Larve des Schmetterlings, die sich im Ei entwickelt. Das Ei und die Raupe stellen die ersten beiden Stufen im Lebenszyklus eines Schmetterlings dar. Es ist ein winziger Start ins Leben. Mit bloßem Auge kaum erkennbar. Und doch höchst bedeutungsvoll. Sie sind herzlich dazu eingeladen, mich auf eine Entdeckungsreise zu den Anfängen eines Raupenlebens zu begleiten und mehr über das Leben einer Raupe zu erfahren. Immer mit der Frage im Hinterkopf, was wir von der Raupe für unser Leben lernen können.

Das Ei: Schutzraum des Lebens

Das Wunder der Metamorphose beginnt mit einem befruchteten Ei. Verblüffend ist hierbei, dass aus den Eiern, die von Schmetterlingsweibchen gelegt werden, ganz andere Wesen schlüpfen: keine Schmetterlinge (wie es doch zu erwarten wäre), sondern winzige Raupen! In der Schmetterlingswelt ist so etwas wie eine Eltern-Kind-Beziehung folglich gar nicht möglich. Raupen wachsen elternlos auf und sind ganz auf sich allein gestellt. Der einzige Schutzraum, der sich ihnen im Anfangsstadium ihres Lebens bietet, ist die schützende Eihülle. Die Raupen schlüpfen in der Regel nach zwei bis drei Wochen, manchmal jedoch auch schon nach weniger als einer Woche. Grundsätzlich gilt: Je wärmer es ist, desto kürzer ist das entsprechende Stadium, je kälter, desto länger. Wenn die Eier überwintern, was bei vielen Arten vorkommt, verlängert das Ei seine Schutzfunktion um mehrere Monate, meist ein halbes Jahr. Die Entwicklung der Raupe ist dann gewöhnlich jedoch schon vor dem Winter abgeschlossen, lediglich das Schlüpfen wird hinausgezögert.

Zusammengefasst:
Raupen reifen in einer schützenden Eihülle heran.

Hier stellt sich die Frage: Gibt es denn auch im menschlichen Leben solche Schutzräume? Schutzzonen, innerhalb derer sich das menschliche Wesen gesund entwickeln kann? Man könnte hier zunächst ganz grundsätzlich an die Monate im Mutterleib denken. In der Gebärmutter wächst und reift das Baby in Eihäuten gut beschützt heran. Das Fruchtwasser bietet die ideale Umgebung für das heranwachsende Baby, das über die Nabelschnur alle Nahrung bekommt, die es braucht. Die Dimension dieses Wunders wurde mir vor allem während meiner beiden Schwangerschaften bewusst. Was für ein Erlebnis, wenn der eigene Körper zum Schauplatz von Gottes Schöpfungshandeln wird! Verborgen vor den Augen der Menschen, in einem geschützten Raum, wächst ein Meisterwerk aus Fleisch und Blut heran.

Doch man könnte den Schutzraum auch anders definieren. Einer meiner Tagebucheinträge verrät, dass ich die schützende Eihülle zu jenem Zeitpunkt mit dem behüteten Elternhaus, in dem ich aufwachsen durfte, gleichsetzte. Besonders kostbar war mir der Rückzug in mein Zimmer. Hier konnte ich meinen Gedanken nachhängen, in die Abenteuerwelt zahlloser Bücher eintauchen und meiner Kreativität freien Lauf lassen. Aber auch die Stunden und Erlebnisse mit einer guten Freundin prägten mich nachhaltig. Wo gab es in *Ihrem* Leben solche Schutzräume? Orte, an denen Sie wertvolle Erfahrungen machten, von denen Sie auch später zehren konnten? Leider ist nicht jedem das Geschenk eines intakten Elternhauses vergönnt. Aber vielleicht gab es auch in Ihrem Leben einen Zufluchtsort. Einen Lieblingsort, wie es in Kindheitsjahren mein Zimmer für mich war. Ein Baumhaus, ein Versteck, einen Lieblingsort draußen in der freien Natur, wo Sie sich geschützt und sorgenfrei fühlten. Wo Träume in Ihnen wachsen konnten, die die Entwicklung Ihres späteren Lebens beeinflussten. Vielleicht fanden Sie Ihren besonderen Schutzraum und Rückhalt auch bei Menschen, die Sie liebten – den Großeltern, einem Nachbarn oder Freunden. So mag dieser Schutzraum von jedem ganz unterschiedlich definiert werden. Er kann durchaus auch eine spätere Lebensphase symbolisieren. Denn auch im späteren Leben sind Schutzräume, die unsere Entwicklung positiv beeinflussen, von größter Bedeutung für unsere Entwicklung.

Das Schlüpfen geschieht, indem sich die Raupe mit ihren

scherenähnlichen Kiefern einen Weg aus dem Ei frisst. Das Ei ist übrigens nicht nur Schutzraum, sondern für viele Raupenarten auch die erste wertvolle Mahlzeit. Nach dem Schlüpfen fressen einige Arten nämlich als Erstes ihre Eihülle. Vermutlich dient dies dazu, neben Nährstoffen lebenswichtige Mikroorganismen aufzunehmen, die von der Mutter an das Ei übergeben wurden. Andere knabbern nur die zum Schlüpfen nötige Öffnung ab und wenden sich anschließend direkt ihrer Futterpflanze, der sogenannten Wirtspflanze, zu.

Zusammengefasst:
Nach dem Schlüpfen wendet sich die Raupe direkt ihrer Wirtspflanze zu.

DIE BEDEUTUNG DER RICHTIGEN NAHRUNGSQUELLE

Für eine kleine Raupe, die eben erst ihr Ei verlassen hat, ist es überlebensnotwendig, dass die Pflanze, auf der sie sich beim Schlüpfen wiederfindet, zugleich die Nahrung ist, die ihrer Art entspricht. Zu jeder Schmetterlingsart gehört nämlich eine bestimmte Pflanze oder eine Gruppe von sehr eng verwandten Pflanzen, auf der die Schmetterlingsweibchen bevorzugt ihre Eier legen. All dies gehört zum angeborenen Geheimwissen der Schmetterlinge, welches ihr Überleben sichert.[5]

Von den Wirtspflanzen erhalten die Raupen alle notwendigen Nährstoffe und Chemikalien, die sie benötigen, um als Schmetterlinge ihre Farbe und ähnliche Eigenschaften zu entwickeln. Dass einige Schmetterlinge später giftig sind, liegt an der Nahrungsquelle: Die Raupe des Monarchschmetterlings beispielsweise sammelt die Giftstoffe langsam aus den Blättern der Seidenpflanze. Stets in einer Dosierung, die sie ertragen kann. Sobald sich die Raupe zum Schmetterling entwickelt hat, ist jener giftig für alle Raubtiere, die sich von ihm ernähren. Das, was die

Zusammengefasst:
Was die Raupe zu sich nimmt, hat direkte Auswirkungen auf die Entwicklung des Schmetterlings.

Raupe zu sich nimmt, hat demnach direkte Auswirkungen auf die Entwicklung des Schmetterlings.

Genauso verhält es sich im menschlichen Leben – sowohl in körperlicher als auch in geistiger (auf den Intellekt bezogener) und geistlicher (den persönlichen Glauben betreffender) Hinsicht. Das, was wir zu uns nehmen, hat Auswirkungen auf unseren Körper, unseren Geist und unsere Seele. Auf diese wichtige Lektion der Raupe werde ich später zurückkommen.

Die genaue Identifizierung der richtigen Futterpflanze entscheidet über Leben und Tod des Nachwuchses. Und genau hierfür sind Schmetterlingsweibchen bestens ausgerüstet. Die Fühler, die Augen, die Beine – alles ist für die Aufgabe perfektioniert, die korrekte Raupennahrungspflanze zu finden. Will man Schmetterlinge vor dem Aussterben bewahren, muss man in erster Linie darauf achten, die Futterpflanzen der Raupen zu erhalten. Ein Schmetterling kann ganz unterschiedliche Blüten besuchen. Hauptsache, sie spenden Nektar. Die meisten Raupen hingegen haben ein eng begrenztes Spektrum an Futterpflanzen. Viele fressen nur ein bestimmtes Kraut und verhungern eher, als etwas anderes zu probieren.

Zusammengefasst:
Jede Raupenart hat ein eng begrenztes Spektrum an Futterpflanzen.

DIE RAUPE:
FRESSEN & WACHSEN BIS ANS LIMIT

Angenommen, jemand würde Ihnen ein Rätsel stellen, das folgendermaßen lautet: *Was ist das? Es wird meistens übersehen. Es hat 12 Augen und 16 Beine, mehr als 4.000 Muskeln und wenn es erwachsen ist, fliegt es davon.* Was würden Sie wohl antworten? (Vorausgesetzt, dass dieses Rätsel nicht Teil eines Abschnitts wäre, dessen Überschrift mit „Die Raupe" beginnt). Hand aufs Herz: Wussten Sie, dass wir es nicht nur beim Schmetterling, sondern bereits bei der Raupe mit einem phänomenalen Wunder zu tun haben? Ich musste diesbezüglich eine große Wissenslücke schließen und mein Bild von den Raupen gründlich revidieren.

DIE KLEINE RAUPE NIMMERSATT

Beim Stichwort „Raupe" werden Erinnerungen wach. An Kuschelstunden mit unseren Kindern, zahllose Gutenachtgeschichten und mittendrin *Die kleine Raupe Nimmersatt* von Eric Carle. Nur wenige Jahre älter als ich, hat dieser Kinderbuch-Klassiker aus dem Jahr 1969 bis heute nichts von seiner Anziehungskraft eingebüßt. Lange bevor ich meinen Kindern die Geschichte erzählte, habe ich selbst als Kind immer wieder aufs Neue gebannt den Abenteuern der kleinen Raupe gelauscht.

Erst ist sie noch nachts bei Mondschein im Ei auf einem Blatt. Wenig später – an einem warmen Sonntagmorgen – ist das knallgrüne, winzige und hungrige Wesen bereit, die Welt zu erkunden. Die kleine Raupe macht sich auf die Suche nach Essbarem und wird fündig. Im Kinderbuch frisst sie sich von Montag bis Sonntag durch einen Berg von Leckereien, bis sie endlich satt ist. Eine durchaus faszinierende Vorstellung für Kinder, sich durch so viel Leckeres und mitunter Verbotenes durchzufuttern. Doch in der folgenden Nacht hat die Raupe Nimmersatt fürchterliche Bauchschmerzen. Bereitwillig lassen viele Eltern ihre Kinder auf diese Weise wissen, dass weder zu viel essen noch alles durcheinanderessen gut ist, da man sonst Bauchschmerzen bekommt.

Die kleine Raupe weiß sich zu helfen. Am Sonntag frisst sie sich durch ein grünes Blatt und fühlt sich wieder besser. Riesig und dick geworden, verpuppt sie sich in ihrem Kokon. Nach zwei Wochen des Wartens verlässt ein wunderschöner, bunter Schmetterling den Kokon und fliegt davon. Neben den Wochentagen, Früchten, Zahlen und der Metamorphose, lernen die Kinder durch die farbenfrohen Illustrationen auch die Hoffnungsbotschaft kennen, die ihr Schöpfer Eric Carle so beschreibt: *„Die kleine*

Raupe Nimmersatt ist eine Geschichte der Hoffnung. Wie die kleine Raupe wirst auch du groß werden, deine Flügel ausbreiten und in die weite Welt fliegen."[6]

Die Geschichte mit der Raupe Nimmersatt scheint sich übrigens in regelmäßigen Abständen (um nicht zu sagen tagtäglich) in unserem Haushalt zu wiederholen. Vor allem, seitdem unsere Kinder im Teenageralter sind. Unsere zwei Nimmersatte sind stets hungrig, der Kühlschrank erscheint ihnen meist leer oder ich habe mit Sicherheit die falschen Lebensmittel eingekauft. Sie essen und wachsen, essen und wachsen, essen und wachsen. Essen und wachsen, oder im Jargon der Tierwelt gesprochen „fressen und wachsen", beschreibt auch ziemlich genau die Hauptbeschäftigung einer Raupe. Doch ihr Fressen ist nicht einfach triebgesteuert und ziellos. Es ist wesentlicher Bestandteil eines tief greifenden Verwandlungsprozesses.

WANDELNDE FRESSMASCHINEN

Die geschlüpfte Raupe steht für die zweite von vier Stufen im Lebenszyklus eines Schmetterlings. Es ist ein weiterer Schritt auf der Reise ins Erwachsenenalter. Die Raupe ist das eigentliche Fressstadium des Schmetterlings. Bei einigen Arten ist es sogar das einzige Stadium, in dem er überhaupt Nahrung zu sich nimmt. Die Falter solcher Arten leben nach ihrer Verwandlung zum Schmetterling einzig für die Fortpflanzung und sterben bereits nach kurzer Zeit.

Fressen, verdauen, Kräfte sammeln, aus denen später ein Schmetterling hervorgehen kann – *das* ist das Kerngeschäft der Raupe. Sie ist dafür geschaffen, die notwendigen Rohstoffe für ihre nächste Entwicklungsstufe aufzunehmen. Die Eigenschaften ihres gigantischen Bauches, die beeindruckenden Mundwerkzeuge sowie

Zusammengefasst:
Das Kerngeschäft der Raupe ist es, die Rohstoffe für den nächsten Entwicklungsschritt in sich aufzunehmen.

die Fähigkeit, ihre Haut abzuwerfen, machen die Raupe zu einer Fressmaschine. Der Kiefer muss stark genug sein, um ein Blatt zu brechen und zu zerdrücken. Einige Raupenarten machen beim Fressen so laute Geräusche, dass man sie frühmorgens oder im Zuchtbehälter hören kann.

Die Raupenphase ist die einzige Phase in der Entwicklung des Schmetterlings, in der der Körper wächst. Zudem gehört das Raupenstadium mit durchschnittlich vier bis acht Wochen Dauer zu den längsten Stadien im Leben eines Schmetterlings (Überwinterungen ausgenommen). Eine Raupe ist in der Lage, täglich ihr eigenes Gewicht an Blättern zuzunehmen. Der mit starken Kiefern ausgestattete Verdauungstrakt dehnt sich fast über die gesamte Körperlänge aus und ist eine Art Magen auf Beinen. Er macht in manchen Fällen bis zu 80% der gesamten Körpergröße aus. „Innerhalb von zwei Wochen vertausendfacht eine frisch aus dem Ei geschlüpfte Raupe ihr Gewicht."[7] Auf menschliche Verhältnisse übertragen hieße das. Würde ein 3.500 Gramm schweres Baby analog zur Raupe wachsen, wäre es zwei Wochen nach der Geburt so schwer wie ein 3,5 Tonnen schwerer Lieferwagen.

Die Größe einer Raupe variiert zwischen wenigen Millimetern und einigen Zentimetern. Die Raupen der Schwärmer gehören zu den größten in Europa. Sie können eine Länge von 15 Zentimetern erreichen.

Zusammengefasst:
Eine Raupe ist eine Art Magen auf Beinen.

VIELÄUGIGER UND -BEINIGER MUSKELPROTZ

Eine Raupe besitzt in der Regel zwölf Augen. Genauer gesagt hat sie auf beiden Seiten ihres Kopfes meist drei Paar winzige Punktaugen, auch *Stemmata* genannt. Diese sind halbkreisförmig angeordnet. Nun könnte man durchaus annehmen, dass ein Insekt mit bis zu zwölf Augen über eine fantastische Sehkraft verfügt.

Das trifft allerdings nicht auf die Raupe zu. Trotz zwölf Augen ist sie äußerst schwachsichtig. Die Punktaugen dienen einzig der Unterscheidung von hell und dunkel.

Dafür ist die Raupe ein wahrer kleiner Muskelprotz! Während der menschliche Körper – je nachdem, was mitgezählt wird – zwischen 640 und 850 Muskeln aufweist, sind im winzigen Körper der Raupe mindestens 4.000 Muskeln im Einsatz.

Zusammengefasst:
Raupen haben viele Augen, sehen aber schlecht.

Wie auch die Schmetterlinge lassen sich die Raupen in die für Insekten charakteristischen drei Körperteile Kopf, Brust und Hinterleib unterteilen. Im Regelfall besitzen Raupen acht Beinpaare, also insgesamt 16 Beine. Dabei wird unterschieden zwischen drei „echten" (dünnen) Beinpaaren an der Brust und bis zu fünf „unechten" (dicken) Beinpaaren am Hinterleib. Die vorderen drei Beinpaare (Brustbeine) der Raupe sind spitz und hart. An ihrer Stelle bilden sich später die Beine des Schmetterlings. Am Leib der Raupe befinden sich vier Paar weiche Bauch- oder Klammerfüße. Dabei handelt es sich eher um Hautausstülpungen als um eigentliche Beine. Sie bestehen aus Tausenden kleinen Haken (ähnlich wie bei einem Klettband), die sie beim Laufen unterstützen. Am Körperende findet man die sogenannten *Nachschieber*, die ähnlich wie die Bauchfüße aufgebaut sind.

Zusammengefasst:
Die Beine des Schmetterlings bilden sich später dort, wo jetzt die Brustbeine der Raupe sind.

FRESSEN, BIS DAS KLEID PLATZT

Das Leben der Raupe ist ein einziges Fressen, ihr Wachstum enorm. Von Zeit zu Zeit muss sie sich deshalb häuten. Die Raupenhaut ist zwar dehnbar, stößt aber schnell an ihre Grenzen.

Man kann sich die äußerste Haut einer Raupe wie einen begrenzt dehnbaren Neoprenanzug vorstellen, wie er zum Beispiel beim Tauchen verwendet wird. Sie ist wasserdicht, damit die Raupe nicht dehydriert. Ist die Raupe schließlich so groß, dass sie in ihrer ersten Haut nicht mehr weiterwachsen kann, beginnt sie damit, eine neue, größere Haut im Inneren zu bilden.

Wenn der Dehnungsdruck auf der Haut zu groß wird, senden Sensoren der Raupenhaut ein Signal zum Gehirn der Raupe, wo ein Hormon freigesetzt wird, das die Häutung veranlasst. Raupen wechseln ihre Haut in der Regel insgesamt vier- oder fünfmal. Dieser Vorgang kann nach zwei Wochen bereits abgeschlossen sein. Die Raupen des Kleinen Nachtpfauenauges wechseln zudem mit jeder Häutung ihre Färbung. So ist es möglich, genau festzustellen, in welchem Raupenstadium sich die jeweilige Raupe gerade befindet. Nach ihrer letzten Häutung wird die Raupe so groß und fett, dass die Zeit der Verpuppung ansteht.

Zusammengefasst:
Eine Raupe bildet in ihrem Innern vier- bis fünfmal eine neue, größere Haut.

SCHÖPFERISCHE VIELFALT

Der amerikanische Komiker und Sozialkritiker George Carlin sagte einst treffend: „Die Raupe macht die ganze Arbeit, aber der Schmetterling bekommt die ganze Aufmerksamkeit." Obwohl es sich um ein und dasselbe Tier handelt, werden Schmetterlinge meist bewundert, während Raupen eher verpönt sind. Zu Unrecht, wie ein Blick in die Raupenwelt zeigt. Die prächtige Vielfalt an Formen und Farben, der Erfindungsreichtum und schöpferische Humor, der an den Raupen sichtbar wird, ist schier unglaublich. Wer sich gerne selbst davon überzeugen möchte, dem rate ich zu einer Bildsuche im Internet. Besonders ergiebig ist die englische Bildsuche, da sie Raupen aus zahlreichen Ländern in die Suchergebnisse mit einschließt: „Caterpillars" für „Raupen" – idealerweise mit einem vorangehenden Adjektiv wie „crazy", „weird", „freaky" oder „beautiful". Aber auch die Bildsuche nach Raupen in anderen Sprachen (italienisch „bruchi", französisch „chenilles" oder welche Sprache Sie auch immer bevorzugen) bringt erstaunliche Wesen zum Vorschein. Bei einigen Raupen musste ich mich mit einigen zusätzlichen Klicks vergewissern, dass sie auch wirklich existieren. Es wäre mir wohl leichter gefallen zu glauben, dass sie der Fantasie eines Science-Fiction-Künstlers entsprungen sind, als dass diese Wesen im Hier und Jetzt existieren.

Nicht selten entpuppen sich unscheinbare Raupen als prächtige Schmetterlinge. Allerdings kommt auch das Umgekehrte vor: Aus einer wunderschönen, farbenprächtigen, exotischen Raupe wird ein unauffälliger, haariger, brauner Nachtfalter. Kommt Ihnen das bekannt vor? Auf der einen Seite das Mauerblümchen, das ohne sein Zutun plötzlich im Zentrum der Aufmerksamkeit steht und unerwartete Schönheit offenbart? Auf der anderen Seite Menschen, deren farbenprächtiges Äußeres mächtig Eindruck schindet, bis die Fassade bröckelt und eine blasse Gestalt zum Vorschein kommt? Fachleute sind sich einig, dass es in der Raupenwelt noch viel zu entdecken gibt. Von einigen Faltern kennt man erst den Schmetterling, die zugehörige Raupe führt ihr Leben aber noch ganz inkognito.

Beeindruckende Überlebensstrategen

Von hundert Raupen schaffen es im Durchschnitt nur zwei bis zum Schmetterling.[8] Die restlichen 98 bleiben im Prozess vom Ei zum erwachsenen Schmetterling irgendwo auf der Strecke. Die Gründe für diese hohe Sterblichkeit sind vielfach. Dazu gehören klimatische Konditionen (Wind, Dürre, Regen), Krankheiten und vor allem Feinde. Viele Raupen landen im Magen von Singvö-

Zusammengefasst:
Von 100 Raupen werden im Schnitt nur zwei zum Schmetterling!

geln, Spinnen oder Igeln. Doch die ärgsten Feinde stammen – wie die Raupen selbst – aus dem Reich der Insekten. Es sind Schlupfwespen und Raupenfliegen, deren Larven als Parasiten die Raupen von innen her auffressen. Um das Raupenstadium zu überleben und das Puppenstadium zu erreichen, haben die kleinen Überlebenskünstler eine Reihe von Strategien entwickelt, um nicht gefressen zu werden.

Dies erinnert mich an ein Gefühl, das vor einigen Monaten von mir Besitz nahm. Es war eine Phase, in der ganz viele Fragen und Anliegen für dieses und jenes bei mir landeten: „Debora, könntest du bitte diesen Text für mich durchsehen?", „Debora, kannst du mich bitte in dieser Sache beraten?", „Debora, wir brauchen dringend deine Unterstützung bei diesem Projekt!". Und so weiter. Die meisten Anfragen kamen von Menschen, die mir wichtig sind und die ich sehr schätze. Es war mehr das zeitliche Zusammentreffen zu vieler Anliegen, das mich überforderte. Als ich vorbereitend auf ein Treffen mit meiner Mentorin darüber nachdachte, wie ich mein aktuelles Lebensgefühl wohl am besten beschreiben könnte, kam mir plötzlich das Bild eines Kuchens in den Sinn. Dies schien meine Situation am treffendsten zu beschreiben. Ich fühlte mich wie ein Kuchen, von dem viele Menschen aus irgendwelchen Gründen ein Stück haben wollten. Die meisten ganz zu Recht – so auch meine Kinder oder mein Ehemann. Dies änderte allerdings nichts an meinem Gefühl, „aufgefressen" zu werden von all den Erwartungen und freundlichen Bitten und Nöten, die ich um mich herum wahrnahm. Mir wurde bewusst, dass ich dringend Überlebensstrategien brauche, um nicht „aufgefressen" zu werden. Strategien, die mir dabei helfen, dass genügend Raum für mich selbst bleibt, damit ich auch meine eigenen Bedürfnisse und nicht nur die von anderen wahrnehme.

FALLEN LASSEN UND ABSEILEN

Die meisten Raupen halten sich tagsüber verborgen. Wird eine Raupe dennoch von einem Feind, zum Beispiel einem Vogel, aufgespürt, so lässt sie sich fallen, rollt sich zusammen und verharrt mehrere Minuten bewegungslos. Wenn sich die Raupe von ihrer Futterpflanze fallen lässt, muss sie später zurück zu dieser oder zu einer anderen passenden finden. Sonst verhungert sie.

Zusammengefasst:
Bei Gefahr lassen Raupen sich fallen oder sie seilen sich ab.

Einige Raupenarten (vor allem Nachtfalter) besitzen ähnlich wie Spinnen die Fähigkeit, Seide zu produzieren. Auf der Unterlippe jener Raupen befindet sich die Öffnung der Spinndrüsen, aus denen die Raupe ein Sekret ausscheidet, um Spinnfäden zu erzeugen. Bei Gefahr dienen die Spinnfäden als Fluchtweg: Wird die Raupe beispielsweise von einer Ameise angegriffen, kann sie sich vom Blatt fallen lassen, woraufhin sie in der Luft baumelt.

LEBENSWICHTIGER RÜCKZUGSRAUM

Seidenfäden dienen aber auch auf andere Weise dem Überleben. Ganz grundsätzlich geben sie den Schmetterlingslarven besseren Halt. Während die Raupe einen klebrigen Seidenballen absondert, klammern sich die Bauchfüße an der Seide fest. Auf diese Weise klebt die Larve an jeder Oberfläche, auf der sie läuft, egal wie dünn diese ist. Andere Arten erzeugen zu ihrem Schutz Seidenzelte, in denen sie als Gemeinschaft leben. Raupen der Sackspinner oder Sackträger nutzen Seidenfäden, um einen Sack zu bilden, in den sie sich jederzeit zurückziehen können. Dieses tragbare Heim

Zusammengefasst:
Raupen verschaffen sich ausreichend Halt und bilden sich Schutzräume.

ist meist aus Pflanzenmaterial, manchmal auch aus Sandkörnern. In einigen Fällen dient die Seide zur Sicherung, indem sich die Raupe an der Unterlage eines Blattes oder sonstwo befestigt, um sich vorbereitend zur Puppe aufzuhängen. Einigen Raupen dienen die Spinnfäden zur Kokonbildung.

Auch wir sollten uns solche Rückzugsräume im Leben offenhalten! Räume, in denen wir unsere Seelen baumeln lassen und zur Ruhe kommen können. Mir gefällt von meinem Persönlichkeitstyp her ganz besonders die Idee eines „Sackes", in den ich mich bei Bedarf zurückziehen kann. Damit meine ich in erster Linie einen Ort der Ruhe, wo ich tief durchatmen und in der Stille wieder neue Kraft, Inspiration und Perspektive gewinnen kann. Andere Menschen brauchen vom Typ her eher ein Zelt; die Gemeinschaft mit anderen, ihnen nahestehenden Menschen und geschützte Räume, in denen sie sich mit ihnen austauschen, vor ihnen ehrlich werden können. Denken Sie zum Beispiel an Maria, die Mutter von Jesus: Nach den umwälzenden Ereignissen in ihrem noch jungen Leben suchte sie Halt bei Elisabeth, ihrer älteren Verwandten. Auch diese war, obwohl sie sich bereits im vorgerückten Alter befand, durch ein Wunder schwanger geworden. Die beiden Frauen hatten sich mit Sicherheit viel zu erzählen und teilten die außergewöhnlichen Umstände ihrer Schwangerschaft miteinander sowie die damit verbundenen Freuden und Nöte. Maria blieb drei ganze Monate bei Elisabeth, ehe sie sich gestärkt wieder auf den Rückweg in eine unbekannte Zukunft machte. Ich denke, dass jeder für sich selbst herausfinden muss, was ihm in herausfordernden Situationen guttut. Entscheidend ist jedoch, dass wir nicht nur darüber philosophieren, sondern dass wir diesen Rückzugsraum dann auch tatsächlich nutzen!

MEISTER DER TARNUNG

Eine weitere Überlebensstrategie ist die Tarnung. Raupen, die sich durch Tarnung schützen, besitzen Farben und Formen, die sie auf ihrer Futterpflanze fast unsichtbar machen. Diese Art der Tarnung ist besonders bei den Spannern sehr verbreitet. Kiefernspanner nehmen zum Beispiel exakt den Farbton der Kiefernnadeln an. Und wenn sie so steif und reglos zwischen den Nadeln sitzen, kann man sie selbst bei massenhaftem Vorhandensein kaum erkennen. Die Raupen des Doppelzahnspanners richten sich so auf, dass sie mit dem Vorderteil stocksteif im Winkel von ungefähr 45° vom Zweig abstehen und von einem kleinen Ästchen kaum zu unterscheiden sind. Auch aus der Familie der Schwärmer sind Raupen für ihre unglaubliche Tarnung bekannt. Die Haut des Abendpfauenauges imitiert sogar die Adern des Futterblattes.

Zusammengefasst:
Raupen tarnen sich bis zur Unkenntlichkeit.

VERBLÜFFENDE TÄUSCHUNG

Andere Raupen setzen auf Täuschung. Hier unterscheidet man zwischen *Mimese* und *Mimikry*. Unter Mimese versteht man die Vortäuschung eines ungenießbaren Objekts. So sieht zum Beispiel die Raupe des Zickzack-Zahnspinners wie Vogelkot aus. Mimikry hingegen ist die Vortäuschung eines gefährlichen Tieres. In diesem Fall benutzen Raupen – so zum Beispiel der Jakobskrautbär – auffällige Warnfarben wie Gelb und Schwarz, wie sie auch bei Bienen und Wespen auftreten. Sie signalisieren damit: Ich bin nicht genießbar, giftig oder wehre mich. Die Raupe des Mittleren Weinschwärmers besitzt auffällige Augenflecke, sodass sie wie eine Schlange aussieht. Dasselbe gilt auch für die Raupe des Papilio troilus.[9] Wenn eine Raupe Mimikry einsetzt, tut sie so, als ob sie gefährlich wäre. Eine ganz besondere Drohgebärde macht die Raupe des Großen Gabelschwanzes: Wenn sie sich bedroht

Zusammengefasst:
Um sich zu schützen, tun Raupen so, als wären sie ungenießbar oder gefährlich.

fühlt, plustert sie sich auf und zieht den Kopf in den Körper zurück, woraufhin ein roter Ring erscheint, der mit zwei schwarzen Augenflecken versehen ist. Zudem kann sie zwei rot-weiße Tentakel am Hinterleib ausfahren, die dann kreisende Bewegungen vollführen. Dies mag so manchen Fressfeind abschrecken. Umso mehr, weil die Raupe auch noch eine ätzende Ameisensäure absondern kann, falls sie sich weiter bedroht fühlt.

Auch Menschen können sich gegenseitig durch eine Art „Mimikry-Taktik" hervorragend täuschen! Wir alle erleben immer wieder, dass Menschen, manchmal ganz plötzlich, übermäßig aggressiv auftreten, beleidigend werden oder unverhältnismäßig aufgeregt reagieren. Vielleicht hängt das damit zusammen, dass dieser Mensch sich bedroht oder angegriffen fühlt? Ein entsprechendes Verhalten meines Gegenübers kann unter Umständen eine Botschaft an mich sein. Zum Beispiel, dass ich meinem Arbeitskollegen/meiner Arbeitskollegin in Zukunft anders begegnen sollte, damit er/sie sich nicht von mir bedroht fühlt. Dasselbe kann für konfliktreiche Begegnungen in der Kirche, der Nachbarschaft oder wo auch immer gelten. Vielleicht ließe sich durch die Erinnerung an den Großen Gabelschwanz und daran, dass hinter dem aggressiven Verhalten und der Maskerade unseres Gegenübers eine verborgene Angst stecken könnte, so manche Eskalation verhindern.

MÄCHTIGE BESCHÜTZER

Die Raupen einiger Schmetterlingsarten versuchen Feinde abzuwehren, indem sie eine Armee von Beschützern rekrutieren. Besonders beliebt ist diese Strategie in der Familie der Bläulinge, deren Larven teilweise ein sehr abenteuerliches Leben führen.[10] Sie wohnen unbehelligt in Ameisennestern und fressen die Ameisenbrut. Die Ameisen lassen dies zu, weil sie ganz versessen sind auf den süßen Zuckersaft, den die Raupen spenden.[11] Zudem duften die Raupen nach Ameisenlarven und imitieren Geräusche, die

sonst nur die Ameisenkönigin von sich gibt. Im Gegenzug verteidigen die Ameisen die Raupen gegen ihre
Feinde.

Die Raupen der Prozessionsspinner beschützen sich in gewisser Weise gegenseitig.
Sie leben in großen Gespinsten zusammen
und bewegen sich gemeinsam in langen
„Prozessionen" zu ihren Nahrungsquellen.
Wissenschaftler vermuten, dass sie ihren
Fressfeinden (vor allem den Vögeln) auf
diese Weise als Schlange erscheinen und
dadurch nicht als Nahrung erkannt werden.

Zusammengefasst:
Raupen suchen sich
Beschützer oder schließen
sich zum Schutz
zusammen.

Das Beispiel zeigt sehr schön, dass diese Raupen gemeinsam etwas erreichen, wozu eine einzelne Raupe nicht fähig wäre.

Ähnlich wie bei diesen Raupen kann eine Gemeinschaft, die
sich gegenseitig unterstützt und dasselbe Ziel verfolgt, auch im
menschlichen Leben heilsam und segensreich sein. Die Zugehörigkeit zu einer Familie, einer Lerngemeinschaft, einer Interessen-
oder Glaubensgemeinschaft bietet im Idealfall einen schützenden
Rahmen, in dem der oder die Einzelne unterstützt und ermutigt
wird, ihren Teil zur Gemeinschaft beizutragen. Ein solches heil-
sames Miteinander erleben mein Mann und ich beispielsweise
in einer Kleingruppe unserer christlichen Gemeinde. Im kleinen
Rahmen geben wir Gruppenmitglieder uns regelmäßig Anteil an
unserem Ergehen. Offen und transparent teilen wir Freuden und
Lasten des Alltags miteinander. Wir verpflichten uns gegenseitig
im Hinblick auf Dinge, die wir in unserem Leben verändern möchten, und legen ehrlich Rechenschaft ab über Erfolge und Misser-
folge. All dies breiten wir gemeinsam vor Gott aus. Wir machen
uns gegenseitig Mut und suchen gemeinsam nach Lösungen. Via
WhatsApp-Gruppenchat halten wir uns je nach Situation und Anliegen auch unter der Woche auf dem Laufenden und unterstützen
uns praktisch und im Gebet. Diese verbindliche, vertrauensvolle
und heilsame Gemeinschaft ist ein großer Segen für uns alle.

Raupengedanken

Zu meinen Raupenerinnerungen gehört nicht nur die kleine Raupe Nimmersatt. Auch ganz besondere Erlebnisse mit dem Mann, mit dem ich seit bald 20 Jahren verheiratet bin, stehen im Zusammenhang mit Raupen. Ich war 16, als ich den acht Jahre älteren Augenoptiker, leidenschaftlichen Sportler und überzeugten Christen kennenlernte. Er bestach durch seinen Charme, seine Gabe im Umgang mit Menschen und seine Geselligkeit. Als wir uns näher kennenlernten, stellte ich überrascht fest, dass er sich jeweils im Frühling und Frühsommer auf den Weg machte, um im heimischen Wald Raupen des Kleinen Fuchses und Tagpfauenauges zu suchen. Einige nahm er mit nach Hause, wo er sich mit viel Hingabe und Sorgfalt und einer Unmenge von täglich frischen Brennnesseln um sie kümmerte. Was für ein unvergessliches Ereignis, den Moment mitzuerleben, wenn wenige Wochen später ein gesunder, wundervoller Schmetterling aus der Puppe schlüpfte und bald darauf davonflog.

MENSCHLICHE RAUPENWELT

Die Vielfalt der Raupenwelt ist auch ein treffendes Bild für die unglaublich große Vielfalt menschlicher Persönlichkeiten. Die Unterschiedlichkeit der Raupen im Hinblick auf ihre Überlebensstrategie und Schutzmechanismen weist Parallelen zum menschlichen Verhalten auf: Einige Menschen passen sich ihrer Umgebung so meisterhaft an, dass sie kaum wahrgenommen werden. Andere verbergen ihre wahre Natur, indem sie anderen etwas vorspielen, was sie gar nicht sind. Wiederum andere brauchen das Eingebundensein in eine Gruppe, um sich zugehörig und stark zu fühlen.

Die Art, wie sich „menschliches Raupenleben" äußert, ist unterschiedlich. Im Kern steht es für ein Leben, das in einem bestimmten Entwicklungsstadium feststeckt und an seine Grenzen stößt. Es steht für Menschen, die es nicht wagen, ihr wahres Ich zu zeigen, und deren eigene Bedürfnisse, Träume und Fähigkeiten irgendwo und irgendwann im Laufe ihres Lebens auf der Strecke bleiben. So gibt es auf der einen Seite Menschen, die sich aus einem bestimmten Grund minderwertig fühlen. Ihre Selbstzweifel können so weit gehen, dass sie sich völlig zurückziehen, um ja niemandem aufzufallen oder irgendjemandes Aufmerksamkeit zu erregen. So wird ihre wahre Stärke von niemandem erkannt und auch nicht gefördert. Sie stehen in der Gefahr, in ihrer Unsichtbarkeit zu verkümmern. Auf der anderen Seite gibt es aber auch Menschen, die schlicht zu bequem sind, um sich zu verändern. Wieso denn auch? Es lebt sich doch ganz gut in der menschlichen Raupenwelt. Solche Menschen gehen nicht selten von der Grundhaltung aus: „Ich bin okay. Die anderen sind nicht okay." Sie stellen sich selbst nicht infrage und neigen dazu, die Fehler bei den anderen zu suchen. Veränderung erwarten sie einzig und allein vom Gegenüber. Dabei erkennen sie nicht, dass diese Haltung sie daran hindert, in ihrem eigenen Leben geistlich zu wachsen und verborgene Schätze in ihrem Inneren freizulegen. Denn egal wie sich menschliches Raupenleben letztlich äußert, entscheidend ist Folgendes: Selbst die schönste Raupe ist *nicht* dazu bestimmt, eine Raupe zu bleiben. Sie ist vielmehr dazu bestimmt, ein Schmetterling zu werden. Genauso sind auch wir Menschen nicht dazu bestimmt, uns mit unserer begrenzten menschlichen und erdgebundenen Perspektive zufriedenzugeben, sondern wir sind vielmehr dazu bestimmt, in die Dimension dessen einzutreten, was Gott sich für unser Leben gedacht hat: Ein Leben der Fülle, Freiheit und Freude. Ein Leben, das seine Kraft aus der engen Gemeinschaft mit Gott schöpft und das sich vom Schöpfer führen und formen lässt.

RAUPENGEFÜHLE

Ich kann nicht sagen, wie sich Ihr Raupenleben und Ihre Raupengefühle darstellen. Dies muss wohl jeder für sich selbst herausfinden. Das ist allerdings leichter gesagt als getan! Denn es kostet einiges an Überwindung und Mut, sich seinen inneren Gedanken und Gefühlen zu stellen.

Was ich aber tun kann, ist, Sie an meinen eigenen Raupengefühlen teilhaben zu lassen. Die Zeichnung mit der traurigen kleinen Raupe hat mir keine Ruhe mehr gelassen. Daher habe ich alte Tagebücher durchstöbert und Einträge gelesen, die dieser Zeit vorangingen. Ich kann mich gut daran erinnern, dass ich damals etliche innere Kämpfe ausfocht und oft an meine Grenzen stieß. Trotzdem war es ein sehr spezielles Erlebnis, die Einträge von damals rund 20 Jahre später wieder zu lesen.

Im Grunde genommen sind die Tagebücher jener Zeit ein Protokoll des Ringens mit mir selbst und Leiden an mir selbst. Zwischendurch ein Lichtblick der Dankbarkeit und auch das Feiern schöner Lebensmomente. Zu den Themen, mit denen ich mich in regelmäßigen Abständen auseinandersetzte, gehörten meine Minderwertigkeitsgefühle, Selbstzweifel und Neid auf andere Menschen, sogar auf meinen Ehemann. Damit verbunden waren eine Opferhaltung und Gefühle des Selbstmitleids. Verhaltensweisen, auf die ich nicht sonderlich stolz bin. Meine Einträge sind aber auch durchdrungen von einer tiefen Sehnsucht nach Echtheit. Danach, mich so zeigen zu dürfen, wie ich bin, und dadurch einen Weg aus meiner inneren Einsamkeit zu finden. Es schimmert das Verlangen nach Anerkennung und Aufmerksamkeit durch. Sowie eine tiefe Sehnsucht danach, göttliche Fülle zu erleben.

Ich gehörte zweifellos (und neige bis heute) zum Raupentyp, der sich perfekt an seine Umgebung anpasst und Mühe damit hat, ehrlich zu zeigen, was in ihm vorgeht. Prägend war für mich in meinem jungen Erwachsenenalter, dass mich jemand, der mir sehr nahestand, tief verletzt hat. Dies bestätigte meine Selbstzweifel, das Gefühl, dass ich nicht liebenswert sei, und auch meine Entscheidung, möglichst niemanden mehr an mich heranzulassen, um mich vor weiteren Verletzungen zu schützen. Jahrzehnte später klärte sich auf, dass dieses Erlebnis auf einem großen Missverständnis beruhte. Die Ereignisse von damals stellten sich plötzlich in einem ganz neuen Licht dar. All die Gefühle, die ich jahrelang damit verbunden hatte und die mich belasteten, entsprachen in keiner Weise der Absicht der Person, die mich verletzt hatte. Auch sie war von jemandem verletzt worden und hatte falsche Schlüsse daraus gezogen. Dieses Beispiel zeigt, wie sensibel menschliche Beziehungen sind und wie entscheidend es ist, offen zu kommunizieren. Ich bedaure bis heute, dass ich damals nicht den Mut hatte nachzuhaken, sondern einfach in meiner Opferrolle verharrte und meine eigene Version der Geschichte zum Maßstab meiner Gefühle und meines Verhaltens machte. Das Beispiel zeigt aber auch, dass es möglich ist, alte Geschichten ruhen zu lassen, sich gegenseitig eine neue Chance zu geben und sich erneut aufeinander einzulassen. Eine Erfahrung, für die ich sehr dankbar bin.

Beziehung, Freundschaft, Verlobung und Ehe – all dies funktioniert nicht, wenn man den Geliebten nicht an sich heranlässt. So wurden besonders die ersten Ehejahre zu einer großen Herausforderung für mich.

AUS MEINEN TAGEBÜCHERN

Ein halbes Jahr vor unserer Hochzeit schrieb ich Anfang 1997 als 22-jährige Studentin in mein Tagebuch: *Transparenz. Ich möchte gerne ehrlicher und transparenter werden. Ich bin vom Typ her so, dass ich meine wahren Gefühle meist verstecke und häufig etwas ganz anderes denke, als ich dann tatsächlich sage. Ich bin so „menschenhörig" und möchte so gerne frei werden davon und merken, dass ich von den anderen auch akzeptiert bin, wenn ich meine wahren Gedanken und Gefühle äußere.*

Die Tatsache, dass mein Ehemann acht Jahre älter ist als ich, dadurch einige Jahre Lebenserfahrung mehr in die Ehe mitbrachte, mit beiden Beinen im Leben stand und vor Selbstbewusstsein nur so strotzte, war für mich eine weitere Herausforderung. Nicht selten war ich eifersüchtig und hatte zum Beispiel den Eindruck, dass alle Beziehungen, die wir hatten, eigentlich nur noch wegen meines Mannes bestanden. Im Herbst 1997, rund zwei Monate nach unserer Hochzeit, notierte ich: *Ich habe den Eindruck, dass nur Rolf entscheidend ist – ich bin bloß Anhängsel, Nebensache, Mauerblümchen. [...] Ich fühle mich nichtsnutzig und völlig wertlos!*

Eine Woche später schrieb ich mir während einer Vorlesung (ansonsten war ich meistens aufmerksam) meine innere Not vom Herzen. Ich wandte mich im Schreiben – wie sehr oft – direkt an Jesus: *Mich beschäftigt im Moment sehr viel!!!! Was ich einfach äußerst deutlich spüre, ist, dass ich auf der Suche nach meiner wahren Identität bin! Oft schwanke ich von einer Rolle zur anderen. Ich merke auch, dass mein Leben (noch) nicht mit dem übereinstimmt, was Du Dir von mir gedacht hast. Vor anderen Menschen trage ich stets Masken, um mich nicht verletzbarer zu machen, als ich ohnehin schon bin! [...] Ich möchte lernen, ehrlich zu sein. Mit mir selbst, aber auch meinen Mitmenschen gegenüber. [...] Aber irgendwie weiß ich gar nicht, wie ich das alles angehen soll ...! Herr, ich brauche Deine Weisheit. Zeige Du mir, an welchem Punkt eine Veränderung an mir geschehen muss, damit ich zum wahren Leben, zu der Fülle in Dir und zu meiner wahren Identität durchdringen kann.*

Zeit in Gottes Nähe zu verbringen, erlebte ich vor allem deshalb als so befreiend, weil ich wusste, dass ich vor ihm einfach sein kann, wie ich bin. Daher finden sich auch immer wieder Bemerkungen wie: *Du weißt, wie es in mir aussieht. Danke, dass ich bei Dir echt sein kann.* Oder: *Danke Herr, dass ich vor Dir alle Masken fallen lassen darf. Danke, dass ich echt sein darf in Deiner Nähe.*

Im Februar 1998 schrieb ich unter anderem: *Meine Sehnsucht ist einfach, dass Du mich auch innerlich ganz erfüllen kannst, dass ich in Dir mein Angenommensein, die Erfüllung meiner Sehnsüchte, die Liebe und das Verständnis, das ich brauche, und auch beständige Freude und Ruhe finden darf. Ich bin so unausgeglichen, so leicht aus der Ruhe zu bringen und oft über mich selber verwirrt. Vater, ich brauche Deine Hilfe. Ich brauche die Kraft, die in meinem inneren Chaos Ordnung schaffen kann. Du weißt, dass ich mich oft sehr einsam fühle.*

Mein Dilemma wurde insofern verschärft, als ich rein äußerlich gesehen viel Grund zur Dankbarkeit hatte. Das war mir auch bewusst und ich konnte mich selbst in meiner inneren Zerrissenheit nicht verstehen. Im Mai 1998, wenige Wochen vor dem Konfirmandenlager, in dem meine Schmetterlingszeichnung entstand, hielt ich fest: *Ich bin an einem Punkt angelangt, wo ich innerlich am Berg stehe. Obwohl ich rein äußerlich so viel Grund zum Danken habe: Ich bin gesund, darf eine so gute Ausbildung machen, darf in einer wunderschönen Wohnung an einem herrlichen Ort wohnen, habe den besten Mann der Welt, unendlich liebe Eltern, die tollste Schwester – und auch sonst so viele Menschen um mich herum, die mich lieben. Du hast mich so überreich beschenkt, himmlischer Vater, dass ich manchmal ganz beschämt auf diesen großen Reichtum blicke. Ich habe das alles nicht verdient – es ist allein Deine Gnade, der ich das alles zu verdanken habe.* Unter jenen Eintrag schrieb ich den Text aus Jeremia 17,14: *Heile du mich, Herr, dann werde ich geheilt, hilf mir, dann ist mir geholfen!*

UNSICHTBAR UND ÜBERSEHEN

Müsste ich mein Raupengefühl dieser Zeit und vieler Jahre in einem Wort zusammenfassen, würde ich das Adjektiv „unsichtbar" wählen. Ich fühlte mich unsichtbar, nicht gesehen oder erkannt in meiner wirklichen Art (wie denn auch, wenn ich sie nicht offenbarte!). Manchmal auch übersehen, übergangen und nicht ernst genommen. Von der Tochter eines bekannten Vaters wurde ich recht jung die Ehefrau eines Mannes, der die Aufmerksamkeit der Leute mit Leichtigkeit auf sich zog. Meine Identität wurde in den Augen anderer Leute also meistens durch die Zugehörigkeit zum Vater oder Ehemann bestimmt. *Aber wann darf ich einmal Debora sein????,* schrieb ich am 12. Januar 1999 ganz verzweifelt in mein Tagebuch. Mitten unter unzähligen Leuten, die mich tagein tagaus umgaben und mit denen ich meine Tage und Wochenenden verbrachte, fühlte ich mich unsichtbar. Ungesehen. Übersehen.

Als ich Jahre später die Geschichte von Hagar in 1. Mose 16 las, hat mich der Vers 13 mitten ins Herz getroffen. Hagar gab

Gott einen Namen, der vorher nirgendwo in der Bibel zu finden ist: „El-Roi", was so viel bedeutet wie „(m)ein Gott, der mich sieht". Gott hatte alles gesehen und gehört: die Ungerechtigkeit, die Hagar widerfahren war, und ihr Jammern. Und er überließ sie nicht ihrem Schicksal und ihrer Einsamkeit. Am Tiefpunkt ihres Lebens war er da. Und sah. Selbst als sie davonlief, um sich vor ihrer Herrin Sarai und dem Rest der Welt zu verstecken, folgte er ihr. Durch seinen Engel fragte Gott sie, wieso sie davongelaufen sei. Er gab ihr ein Versprechen und erinnerte sie an ihre Bestimmung. Aus diesem Grund nannte Hagar ihn den Gott, „der mich sieht!".

GOTT SIEHT!

Diese Tatsache hat bis heute nichts von ihrer Gültigkeit verloren: Gott sieht uns! Selbst dann, wenn wir uns unsichtbar, übersehen oder übergangen fühlen. Selbst dann, wenn wir das Gefühl haben, dass nur bei unseren Freunden großartige Dinge geschehen, Träume in Erfüllung gehen, nur sie die Leiter des Erfolgs emporsteigen. Selbst dann, wenn es so scheint, als ob Gott auf jeden außer uns seinen Segen schütten und für ihn die richtigen Türen öffnen würde. Genau dann, wenn es so scheint, als ob er uns vergessen hätte, gilt: Gott sieht mich! Gott sieht Sie! Er kennt Ihr Verlangen danach, gesehen, beachtet, gebraucht zu werden, geliebt zu sein, und er möchte Ihre Sehnsucht stillen.

Gott sieht Sie und möchte Ihre Sehnsucht stillen.

Bei der Raupe ist es so: Selbst, wenn sie sich noch so fantastisch tarnt – für ein geübtes Auge ist sie immer noch sichtbar. Dies ändert sich im Moment der Verpuppung, wo jede Sichtbarkeit aufhört. Es gibt also einen Moment der völligen Unsichtbarkeit im Raupenleben. Kein Mensch ist fähig, mit bloßem Auge (ohne technische Hilfsmittel) zu erkennen, was sich im Inneren einer Puppe abspielt. So ähnlich mag es sich vielleicht manchmal auch im menschlichen Leben anfühlen. In unserer gefühlten Unsichtbarkeit können wir uns bisweilen sogar selbst nicht mehr erkennen. Doch auch hier gilt: Es gibt einen Gott, der mich sieht! Und er selbst lässt die Unsichtbarkeit zu, weil die Zeit, in der wir unsichtbar sind, einem größeren Plan dient. Denn plötzlich – am anderen Ende der Dunkelheit, wenn die Unsichtbarkeit endet – fliegt ein Schmetterling davon. Gott ist ein Gott, der uns sieht! Er kann selbst in der größten Dunkelheit, Orientierungslosigkeit und in Wüstenzeiten unseres Lebens wunderbare Dinge tun.

Was mich die Raupe lehrt

Der Schmetterling ist in gewissem Sinne nichts anderes als eine erwachsene Raupe. Analog dazu kann er auch im menschlichen Leben die erwachsene Form symbolisieren. Sei es in körperlicher Hinsicht (wie es Eric Carle in *Die kleine Raupe Nimmersatt* deutet) oder in geistiger und geistlicher Hinsicht (worauf der Fokus in diesem Buch liegt).

Angesichts der Tatsache, dass von hundert Raupen – wie bereits erwähnt – durchschnittlich nur zwei zum Schmetterling werden und dass die Lebenszeit einer Raupe im Vergleich mit derjenigen eines Schmetterlings ungleich länger ist, stellt sich die Frage, wie es sich diesbezüglich wohl mit den Menschen verhält. Ich bin davon überzeugt, dass es auch bei den Menschen im Bild gesprochen deutlich mehr „Raupen" als „Schmetterlinge" gibt. Ebenso, dass die „Schmetterlingszeit" eines menschlichen Lebens sehr viel kürzer ist als die „Raupenzeit".

Ähnlich wie die Raupe durchläuft auch der Mensch auf seinem Weg des körperlichen, geistigen und geistlichen Heranwachsens verschiedene Reifestadien. Die Art und Weise, wie er sich ihnen stellt und sie bewältigt, entscheidet über die weitere Entwicklung. Hinsichtlich dieser Prozesse kann die kleine Raupe zu einem großen Lehrmeister werden.

Im Folgenden finden Sie fünf Lektionen, die mir im Hinblick

auf meine persönliche „Raupenzeit" und die damit verbundenen Reifestadien wichtig geworden sind. Ich hoffe, dass die Impulse Sie dabei unterstützen, Ihre persönliche Raupenzeit mit neuen Augen zu sehen. Denn auch wenn diese Zeit oft eher unangenehm anmutet, ist sie doch von entscheidender Wichtigkeit. Die Raupenzeit ist die unentbehrliche Vorbereitung auf ein Leben als Schmetterling (das in der Regel ein Vielfaches kürzer ist als dasjenige einer Raupe). Die entscheidende Aussage dieses Buches ist nicht, dass man die Raupenzeit so schnell wie möglich hinter sich lassen, sondern dass man das Beste daraus machen sollte. Im Bewusstsein, dass in dieser Wachstums- und Fressphase die Grundlage dafür gelegt wird, dass man überhaupt zum Schmetterling werden kann. Aber auch in der hoffnungsvollen Überzeugung, dass das Raupenleben nicht das Ziel ist, sondern der Übergang in eine neue Lebensform bevorsteht, in der das eigentliche Wesen auf veränderte Weise strahlend zum Vorschein kommt.

LEKTION 1: ERKENNE DIE KLEINEN WUNDER

Das Ei und die Raupe erinnern mich daran, kleine Wunder in meinem Leben nicht gering zu achten oder gar zu übersehen. Nicht bloß der erwachsene Schmetterling ist ein Wunder, sondern bereits das winzige Ei und die winzige Raupe. Ein Wunder erkennt man oft erst als solches, wenn man sich die Zeit nimmt, genau hinzuschauen. Es ist erstaunlich, was einige Raupen aushalten können. Die Raupe des Matterhornbärs, einer seltenen Schmetterlingsart, kommt zum Beispiel nur in Hochgebirgsketten von ungefähr 3.000 Metern Höhe vor. Sie entwickelt sich unter dünnen Schieferplatten in vegetationsarmen und steinigen Lebensräumen, die heftigen Winden ausgesetzt sind und wo man kaum mehr eine Spur von Leben entdecken kann. Da die Vegetationsperiode in den hochalpinen Gegenden nur etwa drei bis vier Monate dauert, benötigt diese Art Raupe zwei bis drei Jahre für ihre Entwicklung. Winde mögen heulen, Stürme brausen, es mag schneien, frieren oder im Sommer bis zu 30 °C heiß werden unter den Steinplatten – die Raupe lebt, vollzieht ihre fünf Häutungen, verpuppt sich und wird bei ihrer Umwandlung ein kleiner, hübscher Schmetterling. Doch ohne das Ei und die Raupe gäbe es nie einen Schmetterling. Es ist ein Wunder. Ein winziges und zugleich unbeschreiblich großes Wunder. Ähnliches gilt auch für das menschliche Leben.

Das menschliche Leben ist vom Moment seiner Zeugung an ein Wunder. Jeder einzelne Mensch ist kunstvoll, liebevoll und einzigartig vom Schöpfer selbst gebildet worden, wie es in Psalm 139,13-16 zu lesen ist: *Du bist es ja auch, der meinen Körper und meine Seele erschaffen hat, kunstvoll hast du mich gebildet im Leib meiner Mutter. Ich danke dir dafür, dass ich so wunderbar erschaffen bin, es erfüllt mich mit Ehrfurcht. Ja, das habe ich erkannt: Deine Werke sind wunderbar! Dir war ich nicht verborgen, als ich Gestalt annahm, als ich im Dunkeln erschaffen wurde, kunstvoll gebildet im tiefen Schoß der Erde. Deine Augen sahen mich schon, als mein Leben im Leib meiner Mutter entstand. Alle Tage, die noch kommen sollten, waren in deinem Buch bereits aufgeschrieben, bevor noch einer von ihnen eintraf.*

In besonderer Weise wurzelt die Einzigartigkeit von uns Menschen darin, dass wir nach dem Bilde Gottes geschaffen sind. Davon ist bereits im Schöpfungsbericht die Rede (1. Mose 1,26-27). Gott hat den Menschen als personales Gegenüber geschaffen. Demzufolge ist jedes Individuum vor Gott gleichbedeutend und von höchster Würde. Auch neutestamentliche Stellen (wie Epheser 1,3-6) bringen zum Ausdruck, wer und was der Mensch nach Gottes Absicht ist: Ebenbild Gottes – ihm gleich. Überaus gesegnet, geliebt, seine Söhne und Töchter. Dazu bestimmt, durch Jesus Christus in Gemeinschaft mit Gott zu leben. Im Garten Eden hatten Adam und Eva unmittelbaren Kontakt mit dem dreieinigen Gott. Es musste ihnen niemand sagen, dass sie Gottes Ebenbilder waren. Sie hatten Gott Tag für Tag vor Augen und erkannten: Wir sind ihm ähnlich! Wir sind, **ich bin** nach seinem Bild gemacht. Doch dann wurde ihnen zum Verhängnis, dass sie einer anderen Stimme mehr Gehör schenkten als der Stimme des dreieinigen

Gottes. In Gestalt einer Schlange flüsterte der Teufel den beiden ein: „Erst dann, wenn ihr von dem verbotenen Baum esst, werdet ihr sein wie Gott und wissen, was gut und böse ist' (1. Mose 3,5). Aber jetzt noch nicht. Ihr seid nicht wirklich seine Ebenbilder. Ihr seid noch nicht wie er." Der Mensch glaubte dieser Lüge und setzte sich damit in Widerspruch zu Gott. Die „Ich bin"-Überzeugung wurde zur **„Ich bin nicht"**-Natur, die das menschliche Wesen auszeichnet. „Ich bin nicht gut genug. Ich bin nicht bedingungslos geliebt. Ich bin nicht so, wie Gott es von mir erwartet." Und so ist die befreiende Anfangsgewissheit „Ich bin Gottes Ebenbild. Ich bin geliebt und es ist gut, dass es mich gibt" verloren gegangen. Der Mensch hat eine Lüge, eine verdrehte, falsche Sicht, zu seiner Identität gemacht.

Die Worte aus Psalm 139, die so wunderbar klingen, sind daher nicht ganz so leicht umzusetzen, wie es sich liest. Oder fällt es Ihnen etwa leicht, Gott begeistert zuzurufen: „Ich danke dir dafür, dass ich so wunderbar erschaffen bin!"? Nach dem vorherigen Einblick in mein Tagebuch erübrigt es sich, lange auszuführen, dass dies nicht meinem vorrangigen Lebensgefühl entsprach. Vielmehr ärgerte ich mich über mich selbst und hatte große Mühe damit, mich anzunehmen, äußerlich wie innerlich.

Die entscheidende Frage, die sich hier nun stellt, ist: Wem glaube ich? Dem, was Jesus – als lebendig gewordene Wahrheit – über mich sagt, oder glaube ich den Lebenslügen, die mir vom Teufel – dem „Vater der Lüge" (Johannes 8,44) –, von anderen Menschen oder mir selbst stets aufs Neue eingetrichtert werden? Die Stimme der Lebenslügen ist laut: „Ich bin unfähig. Ich genüge nicht. Ich bin nicht intelligent genug. Nicht gut genug. Nicht attraktiv genug. Nicht geistlich genug. Ich bin zu unbegabt. Mich mag keiner. Ich werde nie glücklich sein können unter diesen Lebensumständen. Wäre ich doch nur nie geboren worden. Niemand kümmert sich um mich. Ich bin viel zu schwach für diese Aufgabe. Für andere Menschen bin ich

Glaube ich meinen Lebenslügen oder glaube ich Gott?

sowieso nur eine Last. Ich bin viel zu ängstlich, etwas zu wagen. Meine Zukunftsperspektive ist trostlos."

Das Festhalten an Lebenslügen hat schwerwiegende Konsequenzen. Es untergräbt unseren Selbstwert und hält uns davon ab, unserer eigentlichen Bestimmung zu folgen. Lassen Sie mich dies kurz mit einem Beispiel aus dem Elternalltag veranschaulichen. Eltern neigen bei Konflikten mit ihren Kindern oft zu unbeherrschten und gedankenlosen Äußerungen. Verhält sich ein Kind ungeschickt, muss es sich schnell einmal Vorwürfe anhören: „Du bist ein Tollpatsch. Du bist so unfähig. Dich kann man zu nichts gebrauchen." Solche Lebenslügen – insbesondere, wenn sie zur Gewohnheit werden und keine Entschuldigung vonseiten der Eltern folgt – können das Selbstwertgefühl eines Kindes oder Jugendlichen so stark untergraben, dass er sich später im Erwachsenenalter nichts zutraut, sich wertlos fühlt und sich von anderen distanziert. Der erwachsene Mensch ist ständig verunsichert, hat Sorge, ihm könnte wieder etwas misslingen, da er sich nichts zutraut. Er wird sich davor hüten, seinen Beitrag in eine Gemeinschaft einzubringen, da er sich davor fürchtet, wieder – wie früher – kritisiert oder gar abgelehnt zu werden. Aber das ist eine Lebenslüge. Gott hat auch ihn dazu bestimmt, dass er zu einer erwachsenen, mündigen Person reift und irgendwo in unserer Gesellschaft seinen Platz einnimmt, um seinen persönlichen Beitrag zu leisten. Lebenslügen mit traumatischen Ausmaßen (zum Beispiel die Ablehnung eines Elternteils: „Du bist eine Missgeburt. Hätten wir dich doch bloß nie gezeugt" und so weiter) erfordern übrigens oft auch professionelle Unterstützung.

Der beste Weg, solche Lebenslügen zum Schweigen zu bringen, ist, ihnen die Wahrheit entgegenzuhalten, die Gott uns in seinem Wort offenbart. Wie anders klingt das, was Gott über uns denkt und uns zuspricht: „Hab keine Angst, denn ich bin dein Gott. Ich mache dich stark, ich helfe dir, mit meiner siegreichen Hand beschütze ich dich" (Jesaja 41,10). „Du bist wertvoll in meinen Augen und ich habe dich lieb" (Jesaja 43,4). „Ich werde dir Frieden schenken und dich aus dem Leid befreien. Ich gebe dir wieder Zukunft und Hoffnung" (Jeremia 29,11). „Ich freue mich von ganzem Herzen über dich. Weil ich dich liebe, rede ich nicht länger über deine Schuld. Ja ich juble, wenn ich an dich denke!" (Zefanja 3,17). „Ich habe dich schon gesehen, als du noch im Mutterleib warst" (Psalm 139,15). „Sogar die Haare auf deinem Kopf sind alle gezählt" (Matthäus 10,30). „Hör auf, dir Sorgen zu machen" [...] Ich kenne deine Bedürfnisse" (Matthäus 6,31-32). „Nichts kann dich von meiner Liebe trennen" (Römer 8,38-39).

Wem glauben wir? Die Entscheidung liegt bei uns! Viel zu oft sind wir gedanklich auf ein Schmetterlingswunder in unserem Leben fixiert und übersehen das Raupenwunder, das längst da ist. Ich kenne das aus meinem eigenen Leben: Wie oft habe ich in Zeiten, in denen ich mich unsichtbar fühlte, davon geträumt, dass irgendetwas geschieht. Dass mich vielleicht jemand entdeckt und dass Begabungen von mir einen Unterschied machen würden. Dass ich in den Augen von anderen Menschen wertvoll erscheinen würde.

Dabei habe ich ganz übersehen, dass einer da ist – nämlich Gott selbst –, der mir diese Bedeutung und diesen Wert heute schon zuspricht. Unabhängig vom Reifestadium, in dem ich stecke. Die Unzufriedenheit über das, was nicht ist, hindert uns oft daran, dankbar zu sein für all das Wundervolle, das Gott im Jetzt und Heute in unser Leben legt. Es gibt unzählige Gründe, dankbar zu sein und zu staunen. Erkennen setzt voraus, dass wir sehen, was da ist. Sind wir bereit, unsere Augen zu öffnen (wirklich zu öffnen) und neu oder vielleicht zum ersten Mal zu sehen, wofür wir am heutigen Tag – trotz allem, was uns herausfordert und schwierig ist – danken können? Laut Stacy Eldredge öffnet unsere Dankbarkeit „geistliche Fenster, die Gott in unser Innerstes hineinlassen, sodass er unser Leben, unsere Gedanken, unser Verständnis und unsere Sicht mit seiner Gegenwart füllen kann."[12]

.... ♡ ....

Dankbarkeit öffnet uns die Augen für die Wunder in unserem Alltag.

LEKTION 2: ACHTE AUF DEINE ERNÄHRUNG

Die Hauptbeschäftigung der Raupe ist das Fressen. Dabei entscheidet die richtige Nahrung über eine gesunde Entwicklung und damit über die Zukunft. Untersuchungen haben bestätigt, dass die Qualität der Nahrung, die die Raupe zu sich nimmt, direkten Einfluss auf die Intensität der Farben des späteren Schmetterlings hat.[13] Ein regenreicher Frühling beeinflusst also nicht nur die Pflanzen, sondern auch die Raupen, Puppen und Schmetterlinge. Das Geheimnis einer gesunden Entwicklung der Raupe liegt darin, gesunde Nährstoffe aufzunehmen, zu verdauen und daraus Kraft zu gewinnen, um weiterzuwachsen. Dasselbe gilt für uns Menschen: Wir brauchen gesunde Nahrung, damit wir uns gesund entwickeln können.

Dies gilt zunächst im Hinblick auf unseren Körper. Unsere Gesundheit wird maßgeblich davon bestimmt, wie wir leben und welche Nahrung wir zu uns nehmen. Laut einer globalen Langzeitstudie war im Jahr 2015 jeder fünfte Todesfall auf ungesunde Ernährung zurückzuführen.[14] Ungesunde Ernährung gilt weltweit als größtes Krankheitsrisiko und kann Erkrankungen wie Bluthochdruck, Herzleiden, Diabetes und Schlaganfälle zur Folge haben. Auf uns und unsere Bedürfnisse zu achten, bedeutet auch, sorgsam und verantwortungsbewusst mit unserer Gesundheit umzugehen. Das geschieht nicht automatisch. Es kostet Zeit, Disziplin, Überwindung und vielleicht auch den Abschied von Gewohnheiten, die uns lieb geworden, aber eigentlich ungesund sind. Es kann bedeuten, seine Ernährung umzustellen, regelmäßig Sport zu treiben oder Spaziergänge in der Natur in den Tagesablauf einzuplanen.

Dasselbe trifft auch auf unsere geistige Ernährung zu. Was wir unserem Inneren zuführen, hat direkten Einfluss auf die Entwicklung unseres zukünftigen Ich. Die Person, die Sie in zwei, fünf oder mehr Jahren sein werden, ist von der Nahrung geprägt,

> Was wir unserem Inneren zuführen, hat direkten Einfluss auf unser zukünftiges Ich.

die Sie Ihrem Geist und Ihrer Seele heute zuführen: von Büchern, die Sie lesen, Menschen, mit denen Sie Umgang pflegen, Hobbys, die Sie betreiben, Filmen, die Sie sich anschauen, Weiterbildungen, die Sie besuchen, Schönheit und Kunst, die Sie in sich aufnehmen, und so weiter. Überlegen Sie einmal ganz konkret, was Ihnen guttut. Welche Bücher fordern Sie auf positive Weise heraus? Welche Filme oder Serien bauen Sie auf, welche ziehen Sie eher herunter? Gibt es Menschen in Ihrem Umfeld, die Sie inspirieren? Die Sie treffen und hinterher haben Sie mehr Energie, sehen Sie klarer, sind Sie motivierter? Gibt es Themen, die Sie faszinieren und mit denen Sie sich gerne näher beschäftigen würden? An welchem Treffen, welcher Weiterbildung, Konferenz oder Tagung könnten Sie teilnehmen, um Ihren Horizont zu erweitern und sich damit selbst etwas Gutes zu tun? Haben Sie ein Hobby, eine Leidenschaft für eine bestimmte Kunstform oder irgendetwas anderes, von dem Sie wissen, dass die Beschäftigung damit Ihnen guttut und Kraft und Inspiration für den Alltag gibt? Bauen Sie bewusst Oasen in Ihren Alltag ein, in denen Sie Ihrem Geist gute Nahrung zuführen!

Und schließlich gilt dies auch im Hinblick auf unsere geistliche Entwicklung: In einzigartiger Weise prägt uns die göttliche Nahrung, die nur der Schöpfer geben kann. Jesus Christus, Gottes Sohn, sagt in Johannes 6,35 von sich: *Ich bin das Brot des Lebens.*

Gott stillt unseren Hunger.

Wer zu mir kommt, wird nie mehr hungrig sein, und wer an mich glaubt, wird nie mehr Durst haben. Wie das Brot als Nahrungsmittel unseren körperlichen Hunger stillt, möchte Gottes Wort unseren geistlichen Hunger stillen. Die Worte, die Gott in unser Leben spricht – durch die Bibel, Zeiten der Stille, die Natur, Bücher, im Gebet oder durch andere Menschen –, sind entscheidend für unsere geistliche Gesundheit. Der Prophet Jeremia beschreibt in Jeremia 15,16, wie er die Worte, die Gott ihm zugesprochen hat, (wörtlich übersetzt) „gegessen hat". Martin Luther übersetzte die Stelle wie folgt: *Dein*

Wort ward meine Speise, sooft ich's empfing, und dein Wort ist meines Herzens Freude und Trost. Das Aufnehmen und Umsetzen göttlicher Wahrheiten trägt maßgeblich zu unserer geistlichen Entwicklung bei.

Manchmal finde ich es ziemlich anstrengend (vor allem, seit ich für das leibliche Wohl einer Familie verantwortlich bin), dass wir immer und immer wieder essen müssen. Kaum ist man satt, hat man kurze Zeit später erneut Hunger, und so verliert sich dieser Kreislauf in einer Endlosspirale von Nahrungszubereitung, -aufnahme und -verarbeitung. Gott hätte die Menschen doch auch so schaffen können, dass eine einmalige Nahrungsaufnahme oder ein Essen pro Woche oder pro Monat ausreichend gewesen wäre. Doch er wollte es anders. Und ein leckeres Essen ist ja durchaus etwas Wunderbares und Genussvolles. Dass wir immer wieder Nahrung zu uns nehmen müssen, gibt uns immer neu die Chance, direkten Einfluss auf das Wohlergehen unseres Körpers zu nehmen. Zumindest, wenn uns keine Erkrankung in diesem Bereich einschränkt. Während unser Körper bereits auf einer täglichen Basis deutliche Signale sendet, wenn das Verlangen nach Nahrung nicht rechtzeitig befriedigt wird, tritt die „Alarmanlage" unseres Geistes oft erst dann in Aktion, wenn wir an unsere Grenzen stoßen und aus eigener Kraft nicht mehr weiterkommen.

Die Raupe lehrt uns nicht nur die Bedeutung einer gesunden, sondern auch die Bedeutung einer regelmäßigen Nahrungsaufnahme. Diese darf auf den ersten Blick durchaus monoton erscheinen. Viele Raupen fressen zeitlebens dieselben Blätter. Genauso können auch wir in geistlicher Hinsicht zeitlebens von derselben Nahrung zehren: der Wahrheit, die in der Bibel über Jesus Christus geoffenbart ist. Manchmal reicht ein einziges Bibelwort für eine lange Zeit. Ein Wort, das wir uns immer wieder zusprechen. Zum Beispiel eines, das eine Lebenslüge entkräftet, die uns lähmt. Wenn Sie zum Beispiel von sich denken: Ich bin wertlos, dann machen Sie doch den Versuch

> Wir können zeitlebens von derselben Nahrung zehren: der Bibel.

und sprechen Sie sich über eine längere Zeit täglich mehrmals die göttliche Wahrheit zu: *Du bist wertvoll in meinen Augen und ich habe dich lieb* (Jesaja 43,4). Stellen Sie sich vor den Spiegel und sprechen Sie es sich zu. Schreiben Sie es auf einen Zettel und hängen Sie ihn an Ihre Haustür. Senden Sie sich selbst eine SMS oder was auch immer. Tun Sie alles dafür, diese Wahrheit tief in sich aufzunehmen. Ich bin überzeugt, dass in Ihrem Inneren dann langsam aber stetig ein ganz wichtiger Verwandlungsprozess beginnt.

Die große Herausforderung bei dieser Lektion ist: Wir sind alle selbst für unsere Ernährung und damit verbundene Konsequenzen verantwortlich. Welche Nahrung tut mir gut und welche nicht? Wo führe ich mir im Moment Nahrung zu, die mir nicht guttut? Wo sind Anpassungen notwendig?

LEKTION 3: RESPEKTIERE DEINE GRENZEN

Es ist nicht zu übersehen, dass die Raupe ein begrenztes Geschöpf ist: Ganz anders als der Schmetterling kann sie nicht fliegen. Sie ist erdgebunden und hat einen sehr eingeschränkten Lebensradius. Sie ist deshalb eine leichte und beliebte Beute für viele Feinde. Zudem ist sie langsam, unbeweglich und extrem schwachsichtig. Zu allem Übel ist sie außerdem unfruchtbar und kann sich nicht vermehren.

Auch für uns Menschen kann es schmerzhaft und heilsam zugleich sein, wenn wir uns eingestehen, dass wir begrenzte Geschöpfe sind. Die Raupe lehrt uns, unsere Grenzen zu respektieren. Wenn wir von Grenzen sprechen, ist es allerdings wichtig, dass wir uns bewusst machen, dass es ganz unterschiedliche Arten von Grenzen gibt. Ich möchte im Folgenden vier Arten, die mir in meinem eigenen Leben begegnen, kurz skizzieren:

1. Zunächst gibt es *natürliche Grenzen*. Diese stehen für eine *Begrenzung*. Es sind Grenzen, die ganz grundsätzlich mit unserem Menschsein zusammenhängen. Dazu gehören einerseits Begrenzungen, die *alle* betreffen: Menschen haben eine begrenzte

Lebenszeit. Sie können nicht ohne Hilfsmittel fliegen und nicht unter Wasser atmen. Andererseits gibt es auch *individuelle* Begrenzungen. Begrenzungen, die mit unserer Persönlichkeit zusammenhängen: Jemand, der völlig unsportlich ist, wird wohl nie professioneller Fussballspieler und jemand, der nicht mit Zahlen umgehen kann, wohl kaum ein Buchhalter. Die Art, wie wir geschaffen sind, setzt uns Grenzen und wir tun gut daran, diese Grenzen zu kennen und zu respektieren. Dazu muss ich mich mit mir selbst auseinandersetzen. Mir persönlich hat es sehr geholfen, Persönlichkeitsbücher durchzuarbeiten, um mich besser kennenzulernen und zu verstehen, wo meine Stärken und Schwächen liegen. Wachsende Selbsterkenntnis ist der erste Schritt auf einem mitunter langen Weg der Selbstannahme. Meine Grenzen zu respektieren bedeutet in diesem Zusammenhang, meine Begrenztheit anzunehmen und mich mit ihr zu versöhnen. Es bedeutet zu akzeptieren, dass ich gewisse Dinge nicht kann. Dass ich Abschied nehme von falschen Vorstellungen und aufhöre, anderen etwas beweisen zu wollen. Es bedeutet, mich nicht länger mit anderen zu vergleichen und den Kopf hängen zu lassen, weil ich nicht so bin wie sie. Vielmehr geht es darum, mit einer gesunden Demut innerhalb meiner Grenzen die Möglichkeiten zu erkennen, die mir offenstehen, und im Rahmen dieser Möglichkeiten das Beste aus meiner Begrenztheit zu machen. Gott selbst möchte uns dabei helfen, dass wir Frieden finden im Hinblick auf unsere natürlichen Grenzen und uns mit ihnen versöhnen: *Er ist es, der innerhalb deiner Grenzen Frieden schenkt* (Psalm 147,14).

Es ist gut, wenn wir unsere Begrenzungen kennen und akzeptieren.

2. Eng mit den natürlichen Grenzen verbunden sind *schützende Grenzen*. Diese stehen für *Abgrenzung*. Hier geht es um Grenzen, die uns oder jemand anderen schützen. So wie man einem Kind Grenzen setzt, um es vor einer Gefahr zu schützen, indem man ihm beispielsweise verbietet, den Vorgarten zu verlassen, weil dahinter eine gefährliche Straße liegt. Es kann bedeuten, sich

selbst eine Grenze zu setzen aus Selbstschutz, weil man sich sonst schaden würde. Für ehemalige Alkoholiker kann es bedeuten, nie mehr Alkohol zu trinken. Für leicht ablenkbare Menschen kann es heißen, klare Zeitfenster und Ziele zu definieren und beispielsweise nur einmal täglich E-Mails abzurufen und zu beantworten. Es kann auch bedeuten, für eine Weile ganz auf elektronische Geräte zu verzichten. Manchmal ist auch Abgrenzung anderen Menschen gegenüber notwendig. Man kann nicht für alle da sein und allen helfen. Wenn wir nicht auf uns selbst achtgeben, werden wir auf die Dauer auch anderen nicht mehr helfen können, weil wir selbst auf der Strecke bleiben. Das wird mir jedes Mal aufs Neue bewusst, wenn ich in einem Flugzeug sitze und bei den Sicherheitsanweisungen vor dem Start darüber informiert werde, dass man sich im Falle einer Sauerstoffversorgung zunächst die eigene Maske aufsetzen soll, bevor man anderen Menschen hilft. Wenn ich mich selbst nicht schütze, laufe ich Gefahr, dass mich die Erwartungen und Forderungen anderer Menschen auffressen. Neulich ist mir folgende Weisheit begegnet: „Wenn du versuchst, es allen recht zu machen, wirst du mit Sicherheit *einen* vergessen. Dich." Wie die Raupe brauche ich Überlebensstrategien im Umgang mit dem, was mich zu verschlingen droht. Ich brauche Freiräume. Zeiten, in denen ich zur Ruhe komme und die Dinge wieder in die richtige Perspektive gerückt werden. Mich abzugrenzen kann demnach auch bedeuten, mich zurückzuziehen in die Stille, obwohl es noch so viel zu erledigen gäbe. Das lernen wir von Jesus. Er hatte die Fähigkeit, sich auf gesunde Weise abzugrenzen. Er hat zwar vielen geholfen, aber vielen auch nicht. Und manchmal – selbst wenn eine riesige Menge von Notleidenden auf ihn wartete – zog er sich zurück in die Stille, um mit seinem Vater zu sprechen. Schützende Grenzen sind heilsam, gesund und oft auch überlebensnotwendig.

3. Eine dritte Art von Grenzen sind menschlich *dehnbare* oder *erweiterbare* Grenzen. Hier geht es um *Grenzerweiterung*. Jene

> Manchmal muss man selbst Grenzen setzen.

kann mit Wachstumsschmerzen und Anstrengung verbunden sein. Doch mit genügend Willen, Disziplin, Durchhaltevermögen oder Mut können gewisse Grenzen aus menschlicher Kraft erweitert werden. Die Grenze bleibt, aber der Spielraum innerhalb der Grenze wird größer. Ein Beispiel sind Wissensgrenzen, die man erweitern kann, indem man etwa eine neue Sprache lernt oder eine Weiterbildung besucht. Ein anderes Beispiel ist das Einüben neuer Verhaltensweisen. Die Grenzerweiterung kann auch im Zusammenhang mit wachsender Einflussnahme, zum Beispiel durch einen neuen Job oder eine neue Aufgabe, stehen. Hier erweist sich Gott als derjenige, der helfen kann, Grenzen zu erweitern: *Unser Volk aber machst du, Herr, sehr groß. Du weitest unsere Grenzen nach allen Seiten aus und beweist deine herrliche Macht* (Jesaja 26,15). Jabez betete in 1. Chronik 4,10: *Bitte segne mich und lass mein Gebiet größer werden!* Und Gott erhörte sein Gebet.

Ein interessantes Beispiel hierfür ist Ruth, eine junge Frau, deren eindrückliche Lebensgeschichte im biblischen Buch Ruth nachgelesen werden kann.

Die Geschichte beginnt mit Ruths Schwiegermutter Noomi und ihrer Familie. Eine Hungersnot hatte die Familie aus ihrer judäischen Heimat vertrieben und ins Land Moab geführt, dessen Bewohner nicht an den Gott Israels glaubten. Wenig später verstarb Noomis Ehemann. Die Söhne heirateten zwei Frauen aus Moab. Eine davon war Ruth. Etwa zehn Jahre später starben beide Söhne von Noomi und sie blieb allein mit ihren moabitischen Schwiegertöchtern zurück. Die Sehnsucht nach der Heimat war groß. Zudem hatte die Hungersnot ein Ende gefunden. So entschied Noomi, nach all den Jahren wieder in ihre Heimat Bethlehem zurückzukehren. Sie ermutigte ihre Schwiegertöchter, zu ihren Familien zurückzukehren und wieder zu heiraten. Doch Ruth entgegnete: *Besteh nicht darauf, dass ich dich verlasse! Ich will mich nicht von dir trennen. Wo du hingehst, da will auch ich hingehen. Wo du bleibst, da bleibe ich auch. Dein Volk ist mein Volk und dein Gott ist mein Gott* (Ruth 1,16). Sie traf die Entscheidung, alles zurückzulassen und ihre Schwiegermutter in deren Heimat zu begleiten, obwohl sie diese nicht kannte und wusste, dass sie dort eine Fremde sein würde. Aus Treue zu Noomi und aus Treue zu deren Gott, den sie inzwischen auch als den ihren angenommen hatte, öffnete sie sich für Neues – ohne zu ahnen, was Gott alles Wunderbares daraus entstehen lassen würde. Es war kein einfacher, aber ein unglaublich mutiger Weg. Und Gott schenkte seinen Segen dazu. Ruth wurde schließlich die Frau von Boas, einem wohlhabenden Mann. Mehr noch: Sie wurde die Großmutter von Isai und damit die Urgroßmutter des späteren Königs David und eine Vorfahrin von Jesus. Was für eine unglaubliche Geschichte!

Wichtig ist im Zusammenhang mit dehnbaren oder erweiterbaren Grenzen die Tatsache, dass Grenzerweiterung oft nur bis zu einem gewissen Punkt möglich ist. Stellen Sie sich zum Beispiel eine Farm vor, deren eingezäuntes Gelände auf einer Ebene liegt, die von hohen Bergen umgeben ist. Der Farmer kann die Zäune mit Anstrengung, Willen und dem nötigen Kleingeld nun vielleicht mehrere Male erweitern. Doch irgendwann geht es nicht mehr weiter: Nämlich dann, wenn ein Zaun die hohen Berge und damit die maximale Ausdehnung erreicht hat. Dann ist die vierte Art von Grenzen erreicht, die ich erwähnen möchte.

> Manche Grenzen lassen sich bis zu einem gewissen Punkt erweitern.

4. Aus menschlicher Sicht *unüberwindbare Grenzen* stehen symbolisch für eine Sackgasse oder Endstation. Es sind Situationen oder Erlebnisse, in denen wir das Gefühl haben, vor einer Mauer zu stehen. Weder gutes Zureden noch die größte menschliche Anstrengung rücken diese Grenze auch nur einen Millimeter von der Stelle. Diese Grenze kann Menschen an einen Punkt der Verzweiflung führen, der Hoffnungslosigkeit oder gar der Resignation. Ohne Eingreifen einer höheren Macht ist diese Grenze nicht überwindbar. Dafür braucht es ein Wunder. Der spätere König David glaubte an diese Art von Wunder und das übernatürliche Eingreifen Gottes, indem er singt: *Mit meinem Gott kann ich über Mauern springen* (Psalm 18,30b). Mit dieser Art von Grenzen werden wir

uns im nächsten Kapitel, bei der Verpuppung, noch ausführlich auseinandersetzen.

Es kann sehr hilfreich sein, herauszufinden, um welche Art von Grenze es sich handelt, wenn wir in unserem Leben mit einer Grenzsituation konfrontiert sind. Wo gibt

Manche Grenzen sind wie eine Mauer.

es Grenzen, bei denen wir gut daran tun, sie zu respektieren, und wo lassen wir Grenzen unser Leben und Miteinander bestimmen, die wir eigentlich gar nicht hinnehmen sollten? Wo lassen wir zu, dass unsere menschliche Sicht von Grenzen auch unseren geistlichen Horizont einengt? Vielleicht gibt es Grenzen, die Jesus gerne sprengen möchte. Doch er kann es erst tun, wenn wir aufhören, an der Grenze festzuhalten, und bereit sind, sein Wirken zuzulassen.

Auf den ersten Blick ist die Raupe ein typisches Beispiel für die ersten beiden Arten von Grenzen, die ich erwähnt habe. Sie ist natürlicherweise ein begrenztes Wesen und hat faszinierende Überlebensstrategien zu ihrem Schutz entwickelt. Doch wenn man genau hinschaut, ist sie auch ein Paradebeispiel für *dehnbare Grenzen*, wie die nächste Lektion erläutern wird.

LEKTION 4: REIFE ZUR INNEREN GRÖSSE

Das Beispiel der Raupe zeigt, dass Fressen und Wachsen untrennbar miteinander verbunden sind. Die Wachstumsschübe äußern sich in besonderer Weise in den Häutungen. Pfarrer Morel, ein begeisterter Schmetterlingsbeobachter, beschreibt die Häutungen der Raupe wie folgt: „Wenn die Häutung beginnt, hat das alte Kleid die Leuchtkraft seiner Farben verloren [...]. Die Raupe hört auf zu fressen; unbeweglich liegt sie da wie krank, und sie ist es auch. Es ist ein Leiden für sie. Am dritten Tag spaltet sich die Haut und die ganze, vollkommene Raupe kriecht heraus mit neuer Montur. So bleibt sie ohne weiteres Wachstum bis zur nächsten Häutung. Selten bleibt ihr Kleid bei diesem Vorgang unverändert; meistens werden die Farben leuchtender."[15] Zusammenfassend umschreibt Morel die Häutungen als „Geschichte der Entwicklung der Raupe in [...] aufeinanderfolgenden Krisen".[16]

Auch die menschliche Entwicklung kann als Abfolge von aufeinanderfolgenden Krisen verstanden werden. Eine Erfahrung führt zur nächsten. Doch das Wachstum hat seinen Preis. Veränderungen sind auch im menschlichen Leben nicht selten mit Anstrengung und Schmerz verbunden. Sie stellen uns immer neu vor die Frage, wie wir damit umgehen: Wird die Krise zur Sackgasse der inneren Resignation oder zum Ausgangspunkt einer neuen Wachstumsstufe?

> Eine Krise kann zur Sackgasse oder zum Ausgangspunkt für neues Wachstum werden.

Wachstum ist bei der Raupe nur dort möglich, wo sie bereit ist, ihre alte Haut zurückzulassen. Nur um überrascht festzustellen, dass die neue, größere Haut im Inneren bereits nachgewachsen ist. Die Raupe lehrt uns, dass wir nur dann zu innerer Größe reifen können, wenn wir bereit sind, das loszulassen, was uns daran hindert weiterzuwachsen. Dabei kann es sich um ungesunde Verhaltensmuster handeln, Ängste, negative Gedanken, Abhängigkeiten und vieles mehr. Vielleicht auch um Menschen, die uns zutiefst verletzt haben oder die uns nicht guttun. Das Loslassen von schmerzhaften Erfahrungen ist oft ein intensiver Prozess. Es gibt kein Loslassen ohne Zulassen. Und kein Weg führt daran vorbei, dass wir uns derartige Gefühle eingestehen, die mit diesen Prozessen verbunden sind. Wir sind herausgefordert, achtsam zu sein, unsere Empfindungen wahrzunehmen, zu akzeptieren und uns mit ihnen auseinanderzusetzen.

> „Wer wachsen will, muss loslassen können."

Während sich gewisse Wachstumsprozesse in einem entsprechenden Umfeld automatisch vollziehen (zum Beispiel die körperliche Entwicklung vom Baby zum Teenager), geschieht inneres, geistliches Wachstum nicht einfach so. Bei Jabez hat Grenzerweiterung mit einem Gebet begonnen. Mit dem ausdrücklichen Wunsch nach Wachstum. Nur zwei Verse der Bibel beschäftigen sich mit diesem Mann. Wir wissen also nicht viel über ihn. In 1. Chronik 4,9-10 heißt es: *Ein Mann namens Jabez aber war angesehener als alle seine Brüder. Seine Mutter nannte ihn Jabez, denn sie sagte: „Ich habe ihn unter Schmerzen zur Welt gebracht." Er war es, der zum Gott Israels betete: „Segne mich doch und erweitere mein Gebiet! Sei bei mir in allem, was ich tue, und bewahre mich vor allem Kummer und Schmerz!" Und Gott erfüllte ihm seine Bitte.* Wir wissen nicht, in was für einer Atmosphäre Jabez groß geworden ist. Aber wenn seine Mutter ihm einen Namen gegeben hat, der sie tagtäglich daran erinnerte, dass sie ihn unter Schmerzen zur Welt gebracht hat, kann es gut sein, dass sie ihn das auch hat spüren lassen. Jabez hat sich davon aber nicht gefangen nehmen lassen. Er hat sich nach Gott ausgestreckt und ihn um seinen Segen, seine Förderung und seine Bewahrung gebeten. Und Gott hat ihn erhört. Auch bei uns beginnt Wachstum mit einem Gebet, einer inneren Entscheidung und dem sehnlichen Wunsch nach mehr. „Wenn wir beten", so Henri Nouwen, „gestehen wir ein, dass wir nicht wissen, was Gott tun wird, aber wir erinnern uns wieder daran, dass wir das auch nie herausfinden werden, wenn wir nicht offen sind für Risiken. Wir lernen, unsere Arme zum tiefen Meer und dem hohen Himmel hin auszustrecken, mit offenem Sinn und Herzen. In vielerlei Hinsicht wird das Gebet eine Lebenseinstellung, mit der wir uns für Gottes Geschenke öffnen. Wir finden den Mut, Neues zuzulassen, über das wir keine Kontrolle haben, das wir aber jetzt auch als weniger bedrohlich erleben."[17]

Ich denke, dass wir bis zu einem gewissen Punkt selbst über unser Wachstum entscheiden. Wir können nämlich nur in dem Maße wachsen, wie wir Gottes Geist in unserem Leben Raum zugestehen. Natürlich ist es letztendlich ein Zusammenwirken von unserem eigenen Tun und Gottes Wirken – wie so viele dynamische Spannungen, die wir in der Bibel finden. Aber ohne unsere innere Bereitschaft geschieht gar nichts. Auch Jabez hat zuerst um Grenzerweiterung gebetet. Er hat Gott gebeten, in seinem Leben aktiv zu sein, und Gott hat auf diese Bitte hin gehandelt. Gott nimmt uns ernst und geht sensibel mit uns um. Er zwingt niemandem eine Grenzerweiterung auf. Aber ich bin überzeugt, dass er sich auf besondere Weise über all jene freut, die es wagen, sich in diese Richtung aufzumachen. Denn sie dürfen feststellen, dass Gott selbst in ihrem Inneren bereits eine größere Haut für den nächsten Wachstumsschritt vorbereitet hat.

> Nur wenn wir Gottes Geist in unserem Leben Raum geben, können wir wachsen.

Rückblickend auf die letzten 15 Jahre meines Lebens bin ich überzeugt, dass ich nie an dem Punkt wäre, an dem ich heute bin, wenn ich nicht unzählige Male innere Hürden überschritten und mit viel Herzklopfen Dinge gewagt hätte, zu denen ich mich von Gott geführt sah. Ich finde, dass Grenzerweiterung oft ganz schön viel Mut braucht. Das ist für ängstliche Menschen nicht einfach. Vor vielen Jahren habe ich mich entschieden, dass ich mich nicht von meinen Ängsten daran hindern lassen will, mutige Schritte zu wagen. Ich will mich an den klammern, der mich ermutigt, keine Angst zu haben, weil ER bei mir ist. „Mut ist Angst, die gebetet hat", war Corrie ten Boom überzeugt.

Immer wieder wird im Neuen Testament betont, wie wichtig es ist, sich nach Wachstum und auch nach geistlichen Gaben auszustrecken. So zum Beispiel in 1. Korinther 12,31: *Bemüht euch um die Gaben, die der Gemeinde am meisten nützen!* Oder zwei Kapitel später in 1. Korinther 14,1: *Bemüht euch aber auch um die Fähigkeiten, die uns durch Gottes Geist gegeben werden [...].* Erst dann, wenn ich mich nicht nur danach sehne, sondern mich mit aller Kraft danach ausstrecke und darum bemühe, kann Gott Wachstum und Grenzerweiterung schenken.

Was ich hier schreibe, erinnert mich an die Zeit, in der unsere beiden Kinder noch klein waren. Sie haben es geliebt, wenn wir sie gefragt haben: „Wie groß ist Ruben?" Und später: „Wie groß ist Dina?" Faszinierenderweise war die Reaktion bei beiden genau dieselbe, ohne dass wir es ihnen je vorgemacht hätten. Kaum gefragt, haben beide die Arme wie auf Kommando hoch in die Luft gestreckt und sich so lang wie nur möglich gemacht. Mit ihrer Körpersprache antworteten sie auf die Frage „Wie groß bist du?" mit: „Soooooo groß!!!" Dasselbe habe ich auch bei anderen kleinen Kindern beobachtet. Wieso tun sie das? Ganz eindeutig halten sie es in jener Lebensphase für durchaus verlockend und erstrebenswert, größer zu sein, als sie tatsächlich sind.

Und plötzlich, wenn sie älter werden, hören sie damit auf. Liegt es daran, dass sie glauben, was man ihnen sagt? „Du bist noch viel zu klein dafür. Das kannst du noch nicht. Hör auf, du machst das nicht gut. Dich kann man nicht brauchen. Du nervst. Du hast die Schuhe schon wieder verkehrt herum angezogen." Plötzlich scheint der Gedanke daran, größer zu werden, seinen Glanz zu verlieren. Ich frage mich: Was würden wohl Erwachsene tun, wenn man sie fragte: „Wie groß bist du?" Irgendwie zweifle ich daran, dass jemand seine Arme begeistert in die Luft strecken würde. Viele fühlen sich klein, denken klein über sich, machen sich klein, halten sich klein. Doch das ist nicht Gottes Plan für unser Leben. Seine Lebensvorstellung für uns ist Horizonterweiterung, Wachstum und Verwandlung.

Vielleicht sollten auch wir Erwachsene Gott unsere Hände wieder neu entgegenstrecken, um damit unseren Wunsch auszudrücken: „Soooooo groß möchte ich sein! Dir näherkommen, mehr von dir empfangen! Meine Grenzen von dir erweitern lassen." Im Bewusstsein, dass es noch ganz viel Raum für Wachstum und Grenzerweiterung in unserem Leben gibt.

Und als ganz persönliche Antwort auf die Frage, die Gott in gewisser Weise jedem von uns immer wieder neu stellt: „Wie groß bist du?", beziehungsweise: „Wie groß willst du sein?".

> Wer wachsen will, muss sich nach Wachstum ausstrecken.

Lassen Sie nicht zu, dass andere Menschen, Lebensumstände, Ängste, mangelnder Glaube oder falsche Abhängigkeiten Ihren ganz persönlichen

Wachstumsprozess bremsen. Strecken Sie sich nach mehr aus! Gott freut sich darauf, Ihre Hände zu füllen.

Raupenwachstum ist nur bis zu einem bestimmten Punkt möglich und dann hört es auf. Damit ist der Übergang zu einer neuen Grenze markiert, die aus menschlicher Kraft nicht zu überwinden ist. Dieser Umstand führt uns zu einer weiteren zentralen Raupenlektion:

LEKTION 5: BEHALTE DAS GROSSE GANZE IM BLICK

Es war für mich eine echte Überraschung zu erkennen, wie unglaublich vielfältig Raupen sind. Was für einzigartige, faszinierende und beeindruckende Geschöpfe! Einige sogar wunderschön. Doch all dies darf uns nicht über die wichtige Tatsache hinwegtäuschen: Die Schmetterlingslarve ist nicht die Endgestalt! Es entspricht nicht ihrer Bestimmung, eine Raupe zu bleiben. Die Raupe ist vielmehr eine Übergangsform. Sie ist notwendiger Teil der Verwandlung in eine revolutionär andere Gestalt. Eine Gestalt, die in einer neuen Dimension lebt. Trotzdem ist die Raupenphase alles andere als unwesentlich. Sie ist vielmehr elementar für die weitere Entwicklung. Denn ohne Raupe gäbe es auch nie einen Schmetterling. Jede Raupe trägt in sich die vollkommene Anlage zum Schmetterling. Mitten in allem Fressen, Verdauen und Häuten wachsen die Raupen still ihrer eigentlichen Bestimmung entgegen.

Ohne Raupe gäbe es keinen Schmetterling.

Voller Respekt habe ich vorhin, während einer kurzen Schreibpause in der Sonne, eine winzig kleine Raupe auf meinem Geranienstock beobachtet und mich über sie gefreut (obwohl sie gerade dabei ist, immer größere Löcher in meine Pflanze zu fressen). Sie ist erst ein paar Millimeter groß und hellgrün. Noch vor ein paar Monaten hätte ich sie wohl achtlos entfernt, doch nun hoffe ich inbrünstig, dass die Geranie genügend Nahrung hergeben wird, damit ein Schmetterlingswunder geschehen kann. In diesem Gedanken schwingt mit, dass ich mehr sehe als nur diese kleine Raupe vor mir. Ich weiß um das Potenzial, das in ihr steckt und das sie in ein völlig neues Wesen verwandeln wird.

Was geht in mir vor, wenn ich andere Menschen beobachte? Lasse ich mich vom äußeren Schein trügen oder entscheide ich mich dafür, daran festzuhalten, dass auch in ihnen unerkanntes Potenzial steckt? Ich habe kein Recht, andere Menschen auf Lebzeiten in der Schublade meiner Vorurteile gefangen zu halten, selbst wenn das Miteinander nicht immer einfach ist. „Ich muss wohl zwei oder drei Raupen aushalten, wenn ich die Schmetterlinge kennenlernen will"[18], sagte bereits der Kleine Prinz ganz schicksalsergeben. Wo Menschen in Schubladen gesteckt werden, ist die Suche nach ihrem Potenzial abgeschlossen und mein Bild von ihnen verhärtet. Doch dieses verdeckt den wirklichen Menschen. Einen Menschen, den ich vielleicht nie in seinem vollen Potenzial erkennen werde. Gott aber sieht ihn mit allem, was in ihm angelegt ist.

Auf Richard Buckminster Fuller geht das Zitat zurück: „Da ist nichts an einer Raupe, das dir sagt, dass sie ein Schmetterling werden wird." Dasselbe gilt für uns Menschen – insbesondere auch in geistlicher Hinsicht: Jeder von uns trägt ein noch nicht sichtbar gewordenes Potenzial in sich.

> Gott sieht uns mit allem, was in uns angelegt ist.

Genau deswegen ist es so entscheidend, dass wir das große Ganze im Blick behalten. Wir Menschen sind für weit mehr bestimmt, als ein raupenähnliches Dasein mit eingeschränktem Lebens- und Diensthorizont, Schwachsichtigkeit, Unfähigkeit zu fliegen und uns fortzupflanzen. Wenn wir an unserer raupenähnlichen Existenz festhalten, verpassen wir die Entfaltung dessen, was der Schöpfer schon längst in uns angelegt hat. Seine Pläne für uns sind so viel größer als unsere Vorstellungen. Sie führen zu Freiheit, Fruchtbarkeit und Erfüllung. Was für eine Ermutigung zu wissen, dass wir auf diesem Weg zu unserer Bestimmung geführt werden und dabei niemals allein sind.

Gottes Pläne für uns sind
viel größer als unsere
Vorstellungen.

Die Sicht für das große Ganze ist zudem wichtig, damit wir nicht mitten auf der Strecke aufgeben. Dass durchschnittlich nur zwei von hundert Raupen zu Schmetterlingen werden, macht deutlich, wie schwierig der Weg zum Schmetterling ist. Ich denke, das ist auch bei den Menschen nicht anders. In meinem Leben habe ich zur Genüge erlebt – und erlebe es teilweise bis heute –, wie groß das Spannungsfeld zwischen dem Istzustand und der Sehnsucht nach dem, was Gott für uns bestimmt hat, sein kann! Und wie schwierig es auszuhalten ist.

Ein Gedicht von Hermann Traub, das ich vor rund 15 Jahren in mein Tagebuch geschrieben habe, bringt dies wunderbar zum Ausdruck:

noch ungebraucht
wartend
auf meine Bestimmung
so komme ich mir
oft vor

aber ich will
für jemand
Bedeutung haben

noch unerfüllt
gespannt
auf meine Aufgabe
so komme ich mir
oft vor

aber ich will
für meine Zukunft
offen sein

weil du mich in die Arme nimmst
mein Gott
kann ich meine Hände öffnen
und mein Leben einsetzen
bis an die Grenze
hingegeben
deinem Dienst

Die Raupe findet in dem Moment zu ihrer Bestimmung, wenn ihr Leben als Schmetterling beginnt. „Doch wie geschieht das bei uns Menschen?", fragen Sie sich jetzt vielleicht. „Wie wird man denn zum Schmetterling?" Es führt nur ein Weg dahin. Es gibt weder eine Abkürzung noch einen Umweg. Das Wunder der Metamorphose führt über die unüberwindbare Grenze, mitten durch die Dunkelheit der Verpuppung. Dies ist der geheimnisvolle Ort der Verwandlung.

Vertiefungsfragen Raupe

- Wo sind „Raupenanteile" in meinem Leben zu erkennen?
- Gehöre ich eher zur Sorte derer, die gerne auffallen, oder zu denen, die sich angestrengt tarnen, um ja nicht aufzufallen?
- Habe ich mich in meinem Leben schon unsichtbar oder übergangen gefühlt? (Schreiben Sie Ihr Erlebnis auf oder erzählen Sie es.) Welche Gefühle hat dies in mir ausgelöst?
- Wo halte ich an Lebenslügen fest? Um welche Lügen handelt es sich?
- Was könnte sich in meinem Leben verändern, wenn ich bereit bin, diese Lügen loszulassen?
- Was habe ich in der vergangenen Woche für meine *körperliche*, *geistige* (auf den Intellekt bezogene) und *geistliche* (den persönlichen Glauben betreffende) Fitness getan?
- Welcher der drei Bereiche macht mir am meisten Mühe und woran könnte das liegen?
- Wo führe ich mir im Moment Nahrung zu, die mir nicht guttut? Wo sind Anpassungen notwendig?
- Wo stoße ich zurzeit an meine Grenzen? Um welche Art von Grenzen handelt es sich? Gilt es, sie anzunehmen oder aber darum zu bitten, dass Jesus diese Grenzen sprengt?
- „Wie groß bin ich?" Strecke ich mich nach geistlichem Wachstum aus oder habe ich irgendwann damit aufgehört? Falls Letzteres zutrifft, wieso?

....

mein leben schlägt die augen auf im dunkeln
es hängt an einem seidenen faden
licht und wärme prallen an mir ab
wie regentropfen an der fensterscheibe

angstvoll ringe ich um atem
gefangen in der hülle der zersetzung
keine tür. kein ausweg. keine zukunft
der schmerz tickt in zeitlupe

gibt es licht am ende der hoffnungslosigkeit?
einen ausgang? heilung? schönheit im zerbruch?
wie kann es sein, dass im tiefsten schwarz des kokons
wenn alles zerfällt – ein wunder wächst?

Debora Sommer (19.10.2016)

....

2. VERPUPPUNG

....

„Ich weiß
diese Verwandlung ist schmerzhaft,
aber du wirst nicht auseinanderfallen;
du wirst bloß in etwas anderes fallen,
mit einer neuen Fähigkeit,
wunderschön zu sein."
WILLIAM C. HANNAN

Das Bild der Metamorphose, verbunden mit dem Lebensgefühl einer traurigen kleinen Raupe wurde zu meinem treuen Begleiter. Nachdem sich dieses Gefühl Anfang 2009 zunächst intensiviert hatte, begann sich plötzlich etwas in mir zu verändern. Es war, als ob ein inneres Flüstern den Beginn einer neuen Entwicklungsstufe ankündigte. Eine Vorahnung, die im Laufe der Monate immer stärker wurde. Im Grunde genommen bin ich bis heute erstaunt von der Bestimmtheit, mit welcher ich meine Überzeugung am 5. August 2009 festhielt.

An jenem Sommerabend wurde die Vorahnung der vorausgehenden Monate zur Gewissheit: *Doch jetzt bin ich in ein neues Entwicklungsstadium eingetreten. In die Phase der Verpuppung. Der Kokon wird zum Ort einer geheimnisvollen Metamorphose. Es ist ein Entwicklungsschritt, dem ich mich freiwillig stelle. Es ist ein harter, einsamer, isolierter und irreversibler Prozess! Schon seit Ende des letzten Jahres hatte ich immer mehr den Eindruck, dass ich mich aus meinen öffentlichen Wirkungsfeldern zurückziehen muss und dass Gott mich in einen verborgenen, aber umwälzenden Veränderungsprozess führen will. Es ist eine Phase der Schwachheit, des Loslassens, der Ernüchterung, der Melancholie, aber auch der Hoffnung.*

Ich kann mich nicht erinnern, dass es einen konkreten Auslöser für diese veränderte Wahrnehmung gegeben hätte. Mittlerweile war ich 34 Jahre alt. Unsere Kinder waren neun und sieben und ich stand in den Vorbereitungen meines Promotionsstudiums. Nachdem ich viele Jahre lang mit dem Gefühl gekämpft hatte, dass die Suche nach meinem Weg und Dienst vor allem von geschlossenen Türen gekennzeichnet war, begann sich das eine oder andere zu bewegen. Ich erhielt vereinzelte Anfragen für Referate und Schulungen, was mich mit der Hoffnung erfüllte, dass es vielleicht doch einen Weg geben könnte, Gaben und Leidenschaften, die in mir schlummerten, zu entfalten und mit anderen zu teilen.

Dass ich überhaupt Theologie studiert hatte, war ein Gehorsamsschritt Gott gegenüber gewesen. Eine klare Führung in diese Richtung hatte meine ursprünglichen Berufspläne durchkreuzt. Doch mehr als einmal fragte ich mich in den Folgejahren, was Gott sich bloß dabei gedacht hatte. Auch auf unser finanzielles Überleben als Familie wirkte sich diese Führung meiner Meinung nach nicht unbedingt positiv aus. In meiner idealisierten Vorstellung malte ich mir aus, wie viel leichter es gewesen wäre, teilzeitlich als Vertretungslehrerin zu arbeiten, um so etwas zu unserem knappen Familienbudget beizusteuern. Doch wer hatte schon Verwendung für eine Theologin? Für die meisten Tätigkeiten in diesem Berufsfeld schien ich ohnehin das falsche Geschlecht zu haben. Trotz allem erfüllte mich die ganze Zeit über die Gewissheit, dass ich genau dort war, wo Gott mich haben wollte. Und nun, als sich nach Jahren der Rückschläge endlich einige Türen einen Spaltbreit öffneten, standen die Zeichen in meinem Innern plötzlich auf Rückzug. Wider die menschliche Logik war ich bereit, auf die innere Stimme zu hören und mich auf den Weg ins Unbekannte einzulassen: *Es ist ein Entwicklungsschritt, dem ich mich freiwillig stelle. Es ist ein harter, einsamer, isolierter und irreversibler Prozess!* Genau dies sollte sich in den folgenden Jahren bewahrheiten.

IM KERN ANGELANGT

Mit dem Kapitel über die Verpuppung sind wir im Kern der Metamorphose angelangt. In der Regel wird „Metamorphose" als Umschreibung des gesamten Entwicklungsprozesses von der Raupe zum Schmetterling verwendet. Doch genau genommen vollzieht sich die Metamorphose einzig in der Phase der Verpuppung. Da, wo es dunkel ist und scheinbar alles auseinanderfällt.

Das Bild der Metamorphose in der Natur ist ein Geschenk an uns Menschen. Ein wunderbares, tröstliches und hoffnungsvolles Sinnbild für unser Leben. Ich lade Sie herzlich ein, mit mir über das Wunder der Metamorphose zu staunen. Und mehr noch: Ich lade Sie ein, etwas von der Kraft der Metamorphose in Ihrem eigenen Leben zu entdecken. Glauben Sie mir, diese dritte Stufe im

Das Chaos der Puppenphase ist die Voraussetzung für ein Leben als Schmetterling.

Lebenszyklus eines Schmetterlings hat uns einiges zu lehren! Das Chaos der Puppenphase ist die Voraussetzung für ein Leben als Schmetterling.

Von der Larve zur Puppe

Haben Sie sich schon einmal gefragt, wieso Raupen überhaupt mit der Verpuppung beginnen? Wer sagt ihnen, dass der Zeitpunkt dafür gekommen ist? Es ist ein Geheimnis. Als ob eine innere Uhr sie dazu bewegen würde, den nächsten Entwicklungsschritt einzuleiten.

„Wenn die Raupe ihre letzte Häutung überstanden hat", beschreibt Morel, „geht sie ihrer Nahrung mit besonderer Gier nach, wie wenn sie eine letzte Gelegenheit zur Kräftesammlung ausnützen wollte. Endlich hört sie auf; ihr Ende ist da. Sie verliert ihre glänzende Farbe, sie wird erdfarbig, kriecht unruhig dahin und sucht ein stilles Plätzchen, wo sie sich verbergen kann. Eine Zeit der Schmerzen und des Zerfalls beginnt für sie. Sie trifft selbst Vorbereitungen zu ihrem Begräbnis."[19]

DIE SUCHE NACH DEM VERPUPPUNGSORT

Vor der Verpuppung wird die Raupe von einer lang anhaltenden Unruhe erfasst. Im Verhältnis zu ihrer Größe legt sie auf dem Weg zum idealen Verpuppungsort oft eine beachtliche Strecke zurück. Es können drei bis vier Tage des rastlosen Umherkriechens vergehen, bevor der geeignete Ort gefunden ist. Die Raupe muss für dieses Unterfangen manchmal sogar ihre Wirtspflanze verlassen. Viele Raupen scheiden während dieser Phase größere Mengen an überschüssiger Flüssigkeit aus und schrumpfen dabei etwas zusammen.

Zusammengefasst:
Die Suche nach dem richtigen Verpuppungsort ist aufwendig und erfolgt meist allein.

Die Suche nach einem passenden Verpuppungsort geschieht meist im Alleingang. Die Raupen der Pinien-Prozessionsspinner bilden eine Ausnahme. Sie wandern gemeinsam – in Einerkolonne – zum Ort der Verpuppung. Auch die Verpuppung wird zum Gemeinschaftsprojekt. Einmal ins Puppenstadium eingetreten, gibt es für die Raupen kein Zurück mehr. Die Verwandlung muss vollendet werden oder der werdende Schmetterling stirbt.

VERSCHIEDENE PUPPENTYPEN

Wie alle anderen Stufen im Lebenszyklus des Schmetterlings zeichnet sich auch das Puppenstadium durch eine erstaunliche Vielfalt aus. Allerdings ist noch vieles unerforscht. Die verpuppte Raupe ist entweder von einer dünnen Hülle (der Puppenhaut) oder von einem mehr oder weniger fest gesponnenen Gespinst aus Seide umgeben. Dieses wird Kokon genannt. Einige Raupenarten, darunter die Gespinstmotte, verpuppen sich in einem Gemeinschaftsgespinst, einer Art Nest, in dem zahlreiche Tiere gemeinsam eingehüllt und geschützt sind. Solche Gespinste können ganze Bäume einhüllen und bieten ein gleichermaßen faszinierendes wie gruseliges Schauspiel.

Bei den Tagfaltern mit Puppenhüllen wird zwischen *Gürtel*- und *Stürzpuppen* unterschieden: Die Gürtelpuppen werden von einem um ihre Körpermitte geschlungenen Gürtel aus Seidenfäden, den die Raupe vor ihrer Verpuppung anfertigt, an einem Zweig oder Ähnlichem festgehalten. Die Stürzpuppen hängen frei baumelnd an ihrem Hinterende. Dieses hat die Raupe an einer Unterlage festgesponnen. Ein faszinierender Prozess! Dazu muss die Raupe zunächst ihre hinteren Bauchfüße an der Fläche befestigen, an der sie sich aufhängen will. Dies geschieht mithilfe eines kleinen Seidenkissens. Daran hakt sich die Raupe mit ihren Haftorganen fest und bleibt kopfüber hängen. In dieser Position verharrt sie für ein oder mehrere Tage. Während dieser Zeit finden alle möglichen chemischen Reaktionen statt. Die Raupe verändert ihre Farbe und beginnt langsam mit der Komprimierung ihres Körpers. Bevor die Haut endgültig weggeschoben wird, umgreift eine Verlängerung der Hinterleibsspitze der Raupe das Seidenpolster und lässt es nicht mehr los. Dann beginnt sich die Raupe zu drehen. Sie dreht

Zusammengefasst:
Bei der Verpuppung ist die Raupe entweder nur von einer dünnen Puppenhaut umgeben oder sie spinnt sich einen eher festen Kokon.

sich so lange aus ihrer alten Haut heraus, bis sie sie komplett losgeworden ist. Nun ist sie nur noch von einer extrem dünnen Puppenhaut umgeben, die sich in den folgenden Stunden etwas festigt. Damit ist die Puppenhülle fertig. Die Puppe hat ihre endgültige Gestalt angenommen.

Die Raupen der Nachtfalter verpuppen sich meist in der Erde. Gelegentlich bevorzugen sie auch Ritzen in Baumrinden oder andere Verstecke. Viele Nachtfalter spinnen sich einen Kokon aus Seide, der die Raupe vollständig umhüllt und vor äußeren Einflüssen und Austrocknung schützt.

Damit der Falter die zuweilen sehr feste Puppe später wieder verlassen kann, sind Vorkehrungen nötig. Entweder wird ein runder Deckel vorgesehen, der von innen aufgestoßen wird, oder es ist eine netzähnliche Vorrichtung aus starren Borsten hinter einer runden Öffnung platziert. Diese schützt vor Feinden, lässt aber die fertig entwickelten Falter leicht schlüpfen. Andere Arten sondern eine Flüssigkeit aus, die den Kokon aufweicht.

TIERISCH GUT GETARNT

Die Schmetterlingsarten, die bei der Verpuppung nur eine Puppenhaut und weder ein schützendes Gespinst noch einen festen Kokon haben, sind sehr empfindlich und brauchen eine besonders gute Tarnung. Schließlich haben sie keine zähe oder schwer zu durchdringende Außenhaut, die sie vor Fressfeinden schützt. Solche Puppen tarnen sich tatsächlich oft perfekt. Manche sehen aus wie frische oder getrocknete Blätter. Andere gleichen von ihrem Aussehen her einem dürren, abgebrochenen Ast. Einige Puppen können sogar zirpende Geräusche von sich geben, um Angreifer zu verwirren.

Auch die Kokons vieler Arten sind verblüffend gut getarnt.

Zusammengefasst:
Puppen tarnen sich oft perfekt.

Raupen, die sich in Kokons an der Rinde oder in der Erde verpuppen, sind oft erdfarben, um weniger aufzufallen. Der flache und dickwandige Kokon des Großen Gabelschwanzes ist auf der Rinde kaum zu erkennen. Man stelle sich vor: Da ist gerade ein Lebewesen dabei, sich aufzulösen und umzuwandeln und von außen ist nichts davon zu erkennen.

GETARNTER SCHMERZ

Auch wir Menschen können uns – trotz innerer Umwälzungen, die unsere ganze Energie beanspruchen – nach außen ganz unauffällig geben. Einige verbergen meisterhaft, bis zur Perfektion getarnt, dass ihr Leben gerade dabei ist auseinanderzufallen. Familien, in denen es zu Missbrauch kommt, spielen nach außen hin eine heile Welt vor. Ehepaare lächeln ihre Ehekrise weg. Menschen, die innerlich am Rand der Verzweiflung stehen, antworten auf die Frage „Wie geht es dir?" freundlich: „Danke, gut." Lassen wir uns nicht täuschen. Wir alle kämpfen unsere Kämpfe. Unser aller Leben ist herausfordernd. Und es gibt Phasen, in denen man nicht mehr allein damit klarkommt. Der Rückzug in eine Isolation, wo man niemanden mehr an sich heranlässt und mit niemandem seine wahren Gefühle teilt, kann gefährlich und selbstzerstörerisch

Bei uns Menschen kann zu viel Tarnung gefährlich werden!

werden. Nicht selten werden hier auch tragische Entscheidungen getroffen. Zum Beispiel dann, wenn jemand diese Maskerade nicht länger aushält oder innerlich zerbricht an den Trümmern seines eigenen Lebens. Der Schock sitzt tief, wenn die Nachricht die Runde macht, dass ein Mensch freiwillig aus dem Leben geschieden ist. Und immer wieder hört man Sätze wie: „Niemand hat etwas gemerkt. Es schien alles in Ordnung zu sein. Selbst seine Freunde und Familienangehörigen hatten keine Ahnung." Beten wir um Sensibilität, damit wir bei unseren Freunden oder

Familienangehörigen spüren, wenn sie sich in eine ungesunde Isolation zurückziehen. Und falls Sie selbst von diesem Verhalten betroffen sein sollten: Wagen Sie den Schritt aus der Isolation und vertrauen Sie sich jemandem an, bevor Sie innerlich zerbrechen.

PUPPENRUHE

Die Verpuppung dauert je nach Schmetterlingsart – und je nachdem, ob es sich dabei um die Verhärtung einer Puppenhülle oder um die Herstellung eines komplexen Kokons handelt – wenige Minuten bis einige Tage.

Die Puppenphase, auch Puppenruhe genannt, beträgt meist zwei bis vier Wochen. Bei manchen Arten dauert diese Phase länger, da die Puppen überwintern. Hier entwickeln sich die Falter schon vor dem Winter, schlüpfen aber erst im Frühling. Manchmal ruhen die Falter in den Puppen auch länger als einen Winter. So können zum Beispiel die Falter der Frühlings-Wollafter bis zu sieben (!) Jahre in ihrer Puppe überleben, bevor sie schlüpfen. Man nimmt an, dass Tiere, die mehrere Jahre ruhen, ungünstige Jahre überdauern und so ihrer Population das langfristige Überleben sichern. Die Zähigkeit, die einige verpuppte Raupen an den Tag legen, ist unglaublich: „Kann man sich die Lebenskraft eines solch kleinen Wesens vorstellen", fragt Morel, „das der Feuchtigkeit des Bodens, dem Reif kalter Herbstnächte und gar dem harten Frost des Winters trotzt, bis es an einem schönen Frühlingsmorgen sein Gefängnis öffnet und mit einem Kleid der Herrlichkeit, diesem Wunder der Schöpfung, geschmückt seine Flügel öffnet und sich in den blauen Himmel schwingt?"[20] Unvorstellbar, dass nach sieben Jahren ohne Nahrung überhaupt noch Leben in einer Puppe sein kann.

Zusammengefasst:
Die Puppenruhe beträgt zwei Wochen bis mehrere Jahre!

Geheimnisvolle Metamorphose

Doch was geschieht denn eigentlich während der geheimnisvollen Verpuppung, die von außen vielleicht ruhig erscheinen mag, in Wirklichkeit aber alles andere als ruhig ist? Ein Blick auf die Zellstruktur des Schmetterlings hilft dabei, die erstaunlichen Vorgänge im Inneren der Puppe besser zu verstehen.

LARVALZELLEN & IMAGINALSCHEIBEN

Von entscheidender Bedeutung ist die Tatsache, dass sich bereits der Körper der wachsenden Raupe aus zwei verschiedenen Arten von Zellen zusammensetzt: Den *Larvalzellen* und den *Imaginalscheiben*[21]. Während die Larvalzellen – wie der Begriff nahelegt – die Organe und Gliedmaßen der Larve bilden, ist in den Imaginalscheiben der neue genetische Code des Schmetterlings gespeichert. Noch während die Raupe als Kriechtier Nahrung sucht, ist in den Imaginalscheiben also bereits ein inneres Bild der zukünftigen Gestalt angelegt. Die Raupe und der Schmetterling tragen dasselbe Genom, dieselbe im Chromosomensatz gespeicherte Erbanlage beider Gestalten in sich.

Zusammengefasst:
In der Raupe ist bereits der genetische Code des Schmetterlings gespeichert.

Die Imaginalscheiben repräsentieren demzufolge eine Zukunft, die schon in der Gegenwart enthalten ist und nach ihrer Entfaltung strebt. Als Vorläufer in Warteposition warten sie darauf, ausgewachsene Strukturen zu bilden. Für jedes Körperteil des zukünftigen Insekts existiert in der Raupe eine Imaginalscheibe: Für die Augen, die Beine, die Flügel und die Fühler. Kurz vor der Verpuppung wird das Wachstum der Imaginalscheiben ausgelöst, was eine Abfolge von chemischen Reaktionen in Gang setzt.

Während der Verpuppung geschieht Unglaubliches. Zunächst werden die Larvalzellen systematisch auseinandergenommen und verdaut. Die Raupe zersetzt sich selbst, indem bestimmte Enzyme, die sie selbst produziert, ihr eigenes Gewebe verflüssigen. Was früher dazu gedient hatte, Nahrung zu verdauen, richtet sich nun gegen die Raupe selbst.

ZELLSUPPE

Das Resultat dieses Vorgangs ist eine Art Zellsuppe. Man könnte auch von einer lebendigen Raupensuppe sprechen. Doch nicht alles löst sich ganz auf. Einige Mini-Gewebeteile bleiben intakt und bilden die Basis für den Schmetterling. Die Imaginalscheiben, die das Geheimwissen des Schmetterlings in sich tragen, entgehen der Auflösung. Während sich die Raupe zerlegt, beginnen sich die imaginalen Zellgruppen zu vermehren und zu verbinden. Und dies, obwohl auch sie selbst von der Bedrohung der Auflösung betroffen sind, da das Immunsystem der Raupe die Imaginalscheiben als Fremdkörper wertet und versucht, sie zu zerstören. Aber die Imagozellen vermehren sich so schnell, dass das Immunsystem der Raupe schließlich kapituliert.

Zusammengefasst:
Nachdem sich die Raupe selbst zersetzt hat, bildet sich aus der lebendigen Zellsuppe der Schmetterling heraus.

In der Puppe wird einerseits aufgelöst, was der Schmetterling nicht mehr brauchen kann (zum Beispiel die Saugfüße, das Mundwerkzeug, der lange Körper, der enorme Verdauungstrakt), und andererseits angelegt, was ein Schmetterling zum Leben und zur Fortpflanzung braucht. Die Raupensuppe dient den Imagozellen als Nährstoff, aus dem die neuen Organe gebildet werden. Auf diese Weise vollzieht sich nach und nach die Verwandlung der Raupe zum Schmetterling.

Faszinierend und zugleich unglaublich ermutigend ist, dass

genau dasselbe auch auf uns Menschen zutrifft: Auch in uns ist schon alles für die neue Gestalt, unser zukünftiges Ich, angelegt, das sich am Bild des Schöpfers orientiert. Das, was sich im Moment des Auflösens wie ein Ende anfühlt, ist in Wirklichkeit der Anbruch von etwas ganz Neuem: „Und wenn du das Gefühl hast,

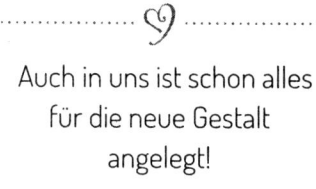

Auch in uns ist schon alles für die neue Gestalt angelegt!

dass gerade alles auseinanderfällt, bleibe ganz ruhig. Es sortiert sich nur neu."[22]

Die Imagozellen, die als Zellverbände schier Unmögliches bewegen, wurden in den vergangenen Jahren interessanterweise wiederholt auch als Analogie für kreativen Wandel und gesellschaftliche Umbrüche herangezogen.[23] Dabei geht es im Kern um die Feststellung, dass manche gesellschaftlichen Systeme im Zerfall begriffen sind, weil sie an ihre Grenzen stoßen und nicht mehr imstande sind, die Probleme, die sie schufen, zu lösen. Solche Krisenmomente sind jedoch zugleich Chancen für die Entstehung von Neuem. So beginnt der Prozess der gesellschaftlichen Transformation laut den Vertretern dieser Theorie mit dem Auftreten von Menschen, die wach werden für neue Möglichkeiten und eine andere Zukunft. Als Individuen oder Initiativen, die insofern „imaginal" sind, als sie in ihrem Erneuerungsbestreben ein Bild der Zukunft in sich tragen, kämpfen sie für den Aufbau einer besseren Gesellschaft. Beispielhaft erwähnt der philippinische Soziologe und Umweltaktivist Nicanor Perlas „die Umweltbewegung, die Bewegung für eine biologische Landwirtschaft, die Jugendbewegung, die Frauenbewegung, die Bewegung für die Rechte indigener Völker, die soziale Bewegung der Armen, die weltweite Demokratiebewegung, die neue Bildungsbewegung" und „die neue spirituelle Bewegung".[24]

ENTSTEHUNG EINER NEUEN GESTALT

Dem Biologen Richard Stringer ist es zu verdanken, dass wir heute eine genauere Vorstellung davon haben, was bei der wundersamen Verwandlung der Raupe in eine neue Gestalt vor sich geht.[25] Als Werkzeug für seinen Einblick in die Puppe wählte er die Kernspintomografie (MRT). In einem Zeitraum von zehn Tagen scannte er den vollständigen Kreislauf der Metamorphose einer Monarchfalter-Puppe. Jeder Scan unterteilte die Puppe visuell in mehr als 200 Abschnitte. Ausgehend von Stringers Daten wurde später ein dreidimensional zergliedertes Bild erstellt, das den Körper des Schmetterlings während seiner Entwicklung in der Puppe zeigt.

Zusammengefasst:

In der Puppe wird der Schmetterling völlig neu geformt. Er bekommt unter anderem ein neues Herz.

Bereits in der frühen Puppenphase (im Fall der Monarchfalter-Puppe nach acht Stunden) ist zu erkennen, wie Teile des Schmetterlings – der Kopf, das Gehirn, die Beinmuskulatur, die Fühler und Flügel – geformt werden. Der große Verdauungstrakt der Raupe ist am ersten Tag der Puppenphase noch beinahe ganz erhalten. Am zehnten Tag, wenige Stunden vor dem Schlüpfen des Monarchfalters, ist der ganze Trakt völlig neu aufgebaut. Dabei bleibt nur noch ein Viertel seines ursprünglichen Volumens übrig. Ideal für das ausgewachsene Insekt, das sich ausschließlich von Nektar ernähren wird. Zu den großen Neuerungen gehört auch die Entstehung der Fortpflanzungsorgane des Schmetterlings, die in der Raupe völlig fehlen. Zudem wird das röhrenförmige Herz neu geformt, um im Unterleib des Schmetterlings Platz zu finden.

Im vorderen Teil der Puppe finden weitere dramatische Veränderungen statt. Die sehschwachen Punktaugen der Raupen, die einzig zwischen hell und dunkel unterscheiden konnten, werden durch große, hochkomplexe Sehorgane ersetzt. Das neu gebildete Muskelsystem, das den Flug und die Bewegung des

Schmetterlings ermöglicht, wird sowohl aus Imaginal- als auch aus wiederverwerteten Larvalzellen zusammengesetzt. Die sechs Beine des Schmetterlings, die beiden Fühler und der Rüssel zur Nahrungsaufnahme werden individuell geformt und danach gegen die Wand der Puppe gepresst. Schließlich entstehen die vier Flügel. Jeder von ihnen ist mit kunstvollen Venen und Schuppennetzen dekoriert.

In weniger als zwei Wochen entsteht aus der Monarchfalter-Raupe also ein komplett anderer Organismus. Stringer ist begeistert: „Es ist ein großes Orchester und es gibt einen Dirigenten, irgendeine leitende Kraft, die für all diese unglaublichen Abläufe verantwortlich ist. Ich kann ohne Zweifel sagen, dass ich nie etwas Überwältigenderes gesehen habe."[26]

In den Tagen, bevor der Schmetterling schlüpft, verändert die Puppe ihr Äußeres. Je nach Art ist der Schmetterling durch die transparente Puppenhülle bereits zu erkennen. Wenig später bricht die Puppenhülle auf und ein vollkommen verändertes Wesen verlässt den Dunkelraum, in dem wenige Tage zuvor eine Raupe verschwunden war.

BIOLOGIE UND GANZ VIEL WUNDER

In der Puppe verwandelt sich ein erdgebundener, pflanzenfressender Gliederfüßer mit eingeschränkter Sicht und Bewegung in ein wunderschönes geflügeltes Insekt, das sich von Nektar ernährt und das – mit einem außergewöhnlichen Navigationssinn ausgestattet – bis zu 80 Kilometer am Tag zurücklegen kann. Es ist ein unglaubliches Geschehen, das sich nur schwer in Worte fassen lässt. Der Sprecher im Trailer zum Film *metamorphosis* kommt zu dem Schluss: „Es ist Biologie, aber auch Magie."[27] Die Filmemacher verwenden den folgenden Vergleich, um das Ausmaß der Verwandlung nachvollziehbarer zu machen: Metamorphose ist vergleichbar mit einem Ford Modell T, der sich plötzlich selbst eine Garage baut. Im Innern der Garage zerfallen die meisten Teile des Autos in Fragmente. Jene beginnen nun wie von Zauberhand, sich selbst zusammenzusetzen. Und zwar in Bauteile, die allesamt viel komplexer sind als die ursprünglichen Teile. Nach wenigen Tagen öffnet sich die Garage wieder und ein völlig neues Modell erscheint: In diesem Beispiel ein hochmoderner Hubschrauber, der abhebt und schon wenig später außer Sichtweite ist. Allerdings, so die Filmemacher, sei die Metamorphose in Wirklichkeit noch viel faszinierender und komplexer als dieser Vergleich.

Die Tatsache, dass sich in der Puppe zwei vollkommen verschiedene Lebensweisen verbinden, ist eine herausfordernde Vorstellung. Ein Insekt, das sich verwandelt, muss die Fähigkeit haben, zwei unterschiedlichen Bauplänen zu folgen, die beide perfekt funktionieren. Bereits die Entwicklung vom Ei zur Raupe ist ein hochkomplexer Prozess. Doch in der Puppenphase beginnt die Entwicklung erneut. Alles ist vorprogrammiert und koordiniert. Die Larvalzellen sind darauf programmiert zu sterben, die Imagozellen hingegen darauf, sich zu vermehren. Es ist ein großes Wunder, das sich hier im Inneren dieses kleinen Insekts abspielt. Und ebenso wundervoll sind auch die Verwandlungen, die Gott durch seinen Geist in uns Menschen wirken möchte.

Zusammengefasst:
In den Genen dieses Insekts sind zwei unterschiedliche Baupläne angelegt, die beide perfekt funktionieren.

Auch bei uns Menschen sind im Hinblick auf unsere geistliche Ausrichtung zwei unterschiedliche Baupläne angelegt. Unser Leben kann zwei grundsätzlich verschiedenen Entwicklungslinien folgen. Wir können entweder als Wesen leben, die ihre menschlichen Begrenzungen zu ihrem Lebenshorizont erklären, oder aber als Wesen, die im Vertrauen auf Gottes Möglichkeiten und seine Allmacht in eine neue Dimension der Lebensgestaltung eintreten. Eine Dimension, die nicht länger menschlichen Begrenzungen unterworfen ist, sondern die hoffnungsvoll in Anspruch nimmt, was in Gottes Wort versprochen ist. Während sich einige Menschen schicksalsergeben ihren Lebensumständen beugen und aufhören, mehr vom Leben zu erwarten, strecken sich andere erwartungsvoll nach Verwandlung aus und erleben, wie Gottes Kraft sie umgestaltet. Welcher Entwicklungslinie wir letztlich folgen, wurzelt in Entscheidungen, die wir treffen.

Tod in der Puppe

Der Weg zum Schmetterling ist untrennbar mit dem Sterben der Raupe (beziehungsweise der Larvalzellen) in der Puppe verbunden. Nach einem positiven Verlauf der Metamorphose schlüpft am Ende ein gesunder Falter aus der Puppe. Doch nicht alle Schmetterlinge überleben die Puppenphase. Einigen wird die Puppe zur Todesfalle.

TOD DURCH PARASITEN

Manchmal lässt die Färbung im oberen Teil der Puppe darauf schließen, dass die Puppe parasitiert ist. Zu den bekanntesten Beispielen für den Parasitenbefall in der Puppenphase gehören die Schlupfwespen. Diese sind im Besitz eines stachelförmigen Legebohrers, mit dem sie ihre Eier in lebende Raupen, Puppen und sogar Schmetterlingseier ablegen. Die Schlupfwespen-Larven ernähren sich zunächst nur von den Speicherorganen der Raupe, sodass jene am Leben bleiben und den Parasiten weiter ernähren können. Später bohren sich die Larven durch die Raupenhaut und verpuppen sich im Freien neben ihren Opfern, die dabei sterben, oder sie verpuppen sich gemeinsam mit den Raupen. So kann es geschehen, dass anstelle des Schmetterlings eine Schlupfwespe aus

Zusammengefasst:
Parasiten dringen in die Puppe ein und verhindern ihre Verwandlung in einen Schmetterling.

der Puppe schlüpft, während der Schmetterling stirbt. Dieses Beispiel zeigt, dass die natürliche Verpuppung nicht in jedem Fall zu einem verwandelten Wesen führt, sondern dass hier manchmal Endstation ist.

Pfarrer Morel stellt angesichts der Parasiten-Bedrohung im Hinblick auf das menschliche Leben die interessante Frage: Wer lebt denn unter deiner Haut? Wer nimmt den Mittelpunkt deines Denkens und Handelns ein? Seiner Meinung nach spielt sich in unserer Haut ein ähnliches Drama wie bei einer Raupe ab, die von einem Parasiten bedroht wird: „Auch in uns streiten sich zwei Leben darum, welches von beiden uns besitzen soll."[28]

Morel bezieht sich damit auf ein Bild, das im Neuen Testament beschrieben wird. Auf der einen Seite steht der „neue Mensch", der danach strebt, die Bestimmung zu finden, die Gott ihm zugedacht hat. In Verbindung mit Jesus wird ihm eine neue Identität geschenkt und er erhält das Bürgerrecht des Himmels. Auf der anderen Seite steht der „alte Mensch" – sinnbildlich für den Menschen, der ohne Gott lebt. Der alte Mensch, der unter der Herrschaft Satans stand, will Machtansprüche an den neuen Menschen geltend machen, die ihm nicht länger zustehen. Der Kampf zwischen dem Alten und Neuen spiegelt sich darin, dass der „neue Mensch" versuchlich bleibt und in Gefahr steht, in alte Lebensmuster – ungute Denk- und Handlungsweisen aus der „Raupenzeit" – zurückzufallen, die nicht länger seiner neuen Lebensrealität entsprechen. Dieser Prozess gründet sich auf das Wirken von Gottes Geist und wird nie abgeschlossen sein, solange wir auf der Erde leben.

Doch in dem Maße, wie wir dem Wirken von Gottes Geist in uns Raum schaffen, können sich die „göttlichen Imagozellen" in uns vermehren und uns für die neue geistliche Realität, die uns in Jesus geschenkt ist, sensibilisieren. In Kapitel 4 werde ich näher darauf eingehen, wie dies zu verstehen ist.

> Wir stehen immer in der Gefahr, in alte Lebensmuster zurückzufallen.

Ist Ihnen bekannt, dass eine ganz bestimmte Schmetterlingsart Wirtschafts- und Weltgeschichte geschrieben hat? Es ist der unscheinbar wirkende weiße Seidenspinner, der die Welt nachhaltig verändert hat: Er hat Kaiser und Könige gekleidet, Reichtum gebracht, Kriege verursacht und China über die Seidenstraße mit dem Rest der Welt verbunden.[29] Jahrtausendelang konnte China das Geheimnis der Seidenproduktion exklusiv für sich bewahren, bis es im Jahr 533 zwei christlichen Mönchen gelungen sein soll, ein paar wenige Schmetterlingseier sowie Samen der Futterpflanze (des Maulbeerbaums) aus China nach Byzanz zu schmuggeln. Im Laufe der Jahrhunderte verlor China sein Seidenmonopol. Heute werden auch außerhalb von China – zum Beispiel in Japan, Indien, Südeuropa, Brasilien und anderen Ländern – Raupen zur Seidengewinnung gezüchtet. Über die Seidenstraße, den alten Handelsweg der Seide, der quer durch Asien nach Europa führte, gelangten auch später immer wieder kulturelle Errungenschaften aus China in den Westen. Und alles nur dank dem Seidenspinner, diesem kleinen Insekt.

Seide ist die einzige in der Natur vorkommende Endlosfaser. Dies bedeutet, dass ein einzelner Faden eine praktisch unbegrenzte Länge hat. Verwebt man einzelne Seidenfäden zu einem Garn, ist dieses extrem reißfest und haltbar. Um das Garn des Seidenspinners zu gewinnen, werden die Puppen etwa am zehnten Tag nach Fertigstellung des Kokons mit kochendem Wasser oder heißem Dampf getötet. Der Kokon besteht aus einem einzigen Faden, der bisweilen beeindruckende 500 bis 900 Meter lang ist. In den Fabriken wird der Seidenfaden aufgerollt, von Kleberesten befreit und für die Weiterverarbeitung gereinigt.

Einen Eindruck von diesen Vorgängen erhielten mein Mann und ich im Frühling 1998 anlässlich einer Reise durch die Südtürkei. Beim Besuch einer Teppichfabrik im Taurusgebirge wurden uns die einzelnen Schritte bei der Herstellung eines Seidenteppichs vorgestellt: Ich erinnere mich an die Raupen, an Hunderte von Kokons in einem kochenden Behälter, die Haspel für die Seidenspinnerei, die Seidenfärberei mit dem Geheimwissen pflanzlicher Seidenfarben, die Spinnerinnen und schließlich die meist noch sehr jungen Teppichknüpferinnen, die bis zu drei Jahre am selben Seidenteppich arbeiten, bis dieser vollendet ist.

Die weltweit größte Tierrechtsorganisation PETA fand im November 2013 in einem Bericht über die Seidenindustrie deutliche Worte für den qualvollen Tod der Puppen.[30] Für ein einziges Seidenkleid oder einen indischen Sari werden 50.000 Seidenraupen benötigt. Bei einer weltweiten Seidenproduktion von 127.000 Tonnen im Jahr 2011 bedeutete dies laut PETA den Tod von Billionen von Tieren. Weil der Seidenspinner über die Jahrhunderte hinweg für die Seidenproduktion domestiziert wurde, kann er heute nicht einmal mehr fliegen und ist ausgesprochen anfällig für Krankheiten durch Pilze und Bakterien.

Abgesehen von der Nutzung der Kokons zur Seidengewinnung kommen die Raupen und Puppen einiger Arten auch als eiweißreiches Nahrungsmittel zum Einsatz. In Ostasien zum Beispiel werden gekochte Seidenraupenpuppen als Snack gegessen. Auf solche und weitere Art wird die Puppe für zahlreiche Raupen zum Grab und nicht zur Geburtsstätte einer neuen Gestalt.

Zusammengefasst:
Billionen Seidenraupen sterben jährlich, damit aus ihren Kokons Seide gewonnen werden kann.

Kokongedanken

Nach der Entscheidung, mich dem neuen Entwicklungsprozess zu stellen, geriet ich in den Monaten, die dem eingangs beschriebenen Sommerabend folgten, in eine Art Vorbereitungsphase der Verpuppung. Rein äußerlich war mir davon wahrscheinlich nichts anzumerken. Das ist nicht weiter verwunderlich. Wie bereits erwähnt: Auch Menschen können sich meisterhaft tarnen! Doch mein Inneres fühlte sich so ähnlich an wie eine Zellsuppe. Ich suchte nach Halt. Nach Antworten. War auf der Suche nach mir selbst und meinem Weg. Schonungslos mit meinen Grenzen konfrontiert, versuchte ich in all den Rollen, die mich herausforderten (und zum Teil überforderten), Haltung zu bewahren und nicht unterzugehen.

In den Folgemonaten zog ich mich aus verschiedenen Aufgabenbereichen zurück. Ich schränkte zum Beispiel meine Referententätigkeit ein, trat aus mehreren Teams aus und reduzierte mein Engagement in der Gemeinde, um mich neben der Familie auf meine Promotion zu konzentrieren. Mein Mann und ich waren beide zu der Überzeugung gelangt, dass dies die nächste Etappe meines Weges sein sollte. Meinem Empfinden nach war es ein weiterer Gehorsamsschritt auf meinem Weg mit Gott. Und es war alles andere als ein leichter Weg. Schon deswegen nicht, weil er bei einigen auf Unverständnis stieß. Außenstehende deuteten jene Jahre als erfolgreiches Erklimmen einer Karriereleiter, doch für mich waren sie eine Zeit des Kampfes, der Einsamkeit, vieler Fragen und Tränen. Auch meine Forschung – die Auseinandersetzung mit der Geschichte und Vergänglichkeit – bewegte mich zutiefst und trieb mich um. In meinen Tagebüchern versuchte ich mein Leben und das, was mich bewegte, schreibend zu verarbeiten.

Es war eine Zeit der Grenzerfahrung und zugleich der unglaublichen Horizonterweiterung. Während sich mir in der Forschungsarbeit auf einer geistigen Ebene neue Welten und Horizonte öffneten, schloss Gott auch in meiner realen Welt Türen zu neuen Horizonten auf: zum Beispiel durch die Teilnahme an einem Weltmissionskongress in Südafrika (Lausanne III), der meinen Denkhorizont erweiterte, oder durch die Begegnung mit Menschen, die mich bei meinen Forschungsarbeiten oder auch auf der Suche nach meinem Weg unterstützten. Unzählige Male hielt ich in jener Zeitspanne das kleine Stück Papier in den Händen, das die Entwicklung der Raupe zum Schmetterling zeigte, und fragte mich, wo in dem Prozess ich wohl gerade stand. Ob sich mein Kokon bald öffnen würde?

Als ich im Oktober 2012, also drei Jahre nach meinem Schmetterlingserlebnis in Herrnhut, mit einer Freundin zu meiner Promotion nach Pretoria reiste, schien ein bedeutender Meilenstein geschafft. Ich freute mich gemeinsam mit meiner Familie über den Abschluss des Promotionsstudiums und auf einen neuen Lebensabschnitt. Beruflich ergab sich die Option einer Teilzeitanstellung an einer theologischen Ausbildungsstätte mit flexiblen Arbeitszeiten. Eine ideale Lösung für uns als Familie. Der Kokon schien sich endlich zu öffnen. Dachte ich zumindest. Doch die eigentliche Kokonzeit stand mir erst noch bevor.

KOKONERFAHRUNG

Rund zwei Monate nach meiner Rückkehr aus Südafrika stolperte ich bei uns zu Hause unglücklich auf der Treppe. Nichts Tragisches. Einzig der Rücken schmerzte ein bisschen, woraufhin ich mich einige Wochen schonte und auch keinen Sport trieb. Im Anschluss an die erste kurze Sporteinheit nach dem Treppen-Zwischenfall – es war mittlerweile Anfang Januar 2013 – wandelten sich die Rückenschmerzen in ein unerträgliches Ziehen im Bein. Die Situation spitzte sich derart zu, dass ich zwei Tage später in der Notaufnahme landete, weil ich nicht mehr gehen konnte und die Schmerzen nicht länger auszuhalten waren. Einige Wochen später stand fest, dass ich einen schweren Bandscheibenvorfall erlitten hatte. Nachdem sich Lähmungen von meinem linken Bein in den Blasenbereich ausbreiteten, war klar, dass kein Weg an einer Operation vorbeiführen würde. Diese wurde auf den 20. Februar 2013 angesetzt.

Zwei lange Monate mit unerträglich starken Schmerzen hatten mich körperlich und emotional ausgelaugt. Dazu kam, dass in eben jener Zeit meine geliebte Tante im Sterben lag. In der Nacht vor der Operation erreichte ich einen emotionalen Tiefpunkt. Fast die ganze Nacht über hörte ich mir im Krankenhausbett unter vielen Tränen die CD *Level Ground* von Brian Doerksen an. Der Schlafmangel und die starken Schmerzen raubten mir jeglichen Lebensmut. Umso berührter war ich, als im Aufwachraum nach der Operation das Lied *Giver of life* („Lebensspender") von Brian Doerksen in meinem Kopf erklang. Mitten in meiner Schwachheit, Traurigkeit und totalen Erschöpfung war dieses Lied wie ein Händedruck von Gott:

Komm, wenn du hungrig bist, wenn du dich völlig leer fühlst
Die Nahrung, die ich gebe, will dich stärken und schützen
Komm, wenn du leidest, komm durch deinen Schmerz hindurch
Komm, wenn deine Zweifel immer noch bleiben.

Komm herein aus dem Schatten, dem Ort,
wo du dich zu verstecken suchst
Komm, empfange deine Freiheit,
lass dich mit Gnade und Liebe versorgen

Refrain: Lebensspender ... Ich werde dir das Leben geben

Komm, wenn du durstig bist, wenn die Welt dich ausgetrocknet hat
Nur lebendiges Wasser befriedigt
Komm in deiner Schwachheit, komm mit deinem Kummer
Hier gibt es Kraft und Trost für deine Notzeit

[...] Ich bin die Auferstehung, ich bin das Leben
Alle, die an mich glauben, werden nie sterben.[31]

Aus chirurgischer Sicht war der Eingriff ein Erfolg. Der Vorfall konnte vollständig entfernt werden und im Verlauf der Folgewochen und -monate kehrte die Kraft langsam ins gelähmte Bein zurück. Ich konnte mich wieder ohne Gehhilfen fortbewegen, was mein Herz mit großer Dankbarkeit erfüllte. Der schwierige Teil war: Es blieben unerträgliche Schmerzen zurück. Drei Monate nach der Operation war ich trotz starker Medikamente kaum imstande zu sitzen. Manchmal musste ich mich bereits nach zehn Minuten vor Schmerzen übergeben. Einige Monate nach der Operation (und viele Untersuchungen später) stand fest, dass es sich bei den Schmerzen um chronische Nervenschmerzen handelte, die in manchen Fällen zu den Spätfolgen eines Bandscheibenvorfalls gehören.

Zwei Wochen nach der Operation starb meine Tante. Meine Mutter, meine Schwester und ich durften sie in bewegenden Stunden zur Schwelle des Todes begleiten. Trotz der Gewissheit, dass es ihr in der neuen himmlischen Heimat gut geht, tat der Verlust unglaublich weh.

Die folgenden Monate und Jahre mit chronischen Schmerzen wurden zu einer Kokonerfahrung, wie ich sie niemandem wünsche. Wer selbst mit Schmerzen zu kämpfen hat, weiß, wovon ich spreche. Tag und Nacht mit Schmerzen zu leben, ist eine Grenzerfahrung, die nur schwer in Worte zu fassen ist. Oft wurde es so dunkel in meinem Kokon, dass ich daran dachte aufzugeben. Und dass ich allen Mut verlor weiterzukämpfen.

Lange Zeit konnte ich weder darüber sprechen noch in meinem Tagebuch festhalten, was ich empfand. Rund zwei Jahre nach der Operation, in einer schlaflosen Schmerznacht im Dezember 2014, entstand ein Gedicht mit dem Titel Kokon. Dieses Gedicht wurde nicht in der Absicht geschrieben, einmal in einem Buch abgedruckt zu werden. Es war eine Form von Selbsttherapie am Rande einer Erschöpfungsdepression. Ich war einfach nur noch müde und hatte es satt zu kämpfen.

....

Kokon

wie eine Raupe
im Kokon
gefangen in
tiefer Nacht

fühle ich mich

ich bin

verwirrt
verängstigt
orientierungslos
einsam

habe Angst

ich verliere

mein Leben
meine Gestalt
meine Würde
meine Tränen

meine Hoffnung

die Dunkelheit

verschlingt mich
krümmt mich
zersetzt mich
besiegt mich

ich gebe auf

ergebe mich dem

was ich nicht ändern kann

....

Die Poesie erwies sich als Rahmen, der meinem Schmerz standhielt. Im Juni 2015 erschien in Zusammenarbeit mit dem dänischen Künstler Jørn Henrik Olsen der dreisprachige Gedichtband *Sehnsucht*, in dem ich einige dieser Kokonerfahrungen verarbeitete.[32]

In jener Zeit hat das Bild des Kokons eine neue Dimension für mich erhalten. Anders als im August 2009, als ich mich der Kokonzeit freiwillig stellte, blieb mir diesmal keine Wahl. Niemand hatte mich gefragt, ob ich bereit dafür sei. Genau so erleben es viele Menschen. Sie werden nie um Erlaubnis gefragt. Die Kokonzeit ist einfach da. Von einem Moment auf den anderen. Erzwungen von Lebensumständen, die ihr Leben ohne Vorwarnung auf den Kopf stellen. Die Dunkelheit und der Schmerz ergriffen von mir Besitz wie nie zuvor. Das Ringen zwischen heilsamen und zerstörerischen Gedanken war manchmal fast mit Händen zu greifen. Doch mitten in der Dunkelheit gab es hin und wieder einen kleinen Lichtblick. Momente, in denen ich spürte: Jesus ist da. Er lässt mich nicht im Stich. Er trägt mich. Sei es durch Bibelworte, die mir in dunklen Momenten neuen Mut schenkten. Liebeszeichen meiner Familie oder von Mitmenschen, die mich genau im richtigen Moment erreichten. Meine Kinder, durch die Gott zu mir sprach und mich ermutigte. Selbst Facebook-Posts wurden mir zum Fingerzeig Gottes. Zum Beispiel Gedanken von Christine Caine, die genau in meine Lebenssituation zu sprechen schienen. Einmal schrieb sie: „Manchmal werden wir auf wundersame Weise [von unserem Problem, unserer Not, unserer Krankheit, D. S.] befreit und andere Male gibt uns Gott die Gnade, es durchzustehen. In beiden Szenarien wirkt Gott übernatürlich!"[33] Das hat mich sehr getröstet, da in meinem Denken vor allem die Variante der körperlichen Heilung in die Kategorie des übernatürlichen Eingreifens Gottes fiel. Wer möchte das denn nicht erleben? In meiner Schmerzzeit gab es immer wieder Diskussionen um das Thema übernatürliche Heilung. Ein unglaublich schwieriges Thema, vor allem dann, wenn kranken und leidenden Menschen das Gefühl vermittelt wird, dass Schuld in ihrem Leben sein muss, wenn Gott so etwas zulässt, und dass dieser Zustand nicht gottgewollt ist. Meiner Meinung nach ist es eine große Herausforderung, einerseits im Glauben daran festzuhalten, dass Gott übernatürlich heilen kann (das durfte ich schon miterleben!), und andererseits – wenn er entscheidet, es *nicht* zu tun – nicht den Glauben zu verlieren, dass er es trotzdem gut meint mit mir. Und dass er trotz allem der souveräne und mächtige Gott bleibt, dem alles möglich ist. Manchmal heilt Gott vielleicht nicht unseren Körper, aber unsere Seele.

Becky Hastings hat beides erlebt: Als 11-Jährige erlebte sie die übernatürliche Heilung einer seltenen Nervenkrankheit, die ihr linkes Bein gelähmt hatte. Neun Jahre später wurde bei ihr Epilepsie diagnostiziert und bis heute ist keine Heilung eingetreten. In ihrem Beitrag *Wenn Heilung anders aussieht, als wir es erwartet haben*[34] schreibt sie, dass göttliche Heilung viel mehr umfasst als die Heilung von körperlichen Krankheiten, Gebrechen oder Schmerzen. Erst wenn wir bejahen, dass Heilung viel umfassender ist als jede einzelne Lebenslage, mit der wir je konfrontiert werden, lassen wir zu, dass Gott unser Innerstes heilen kann. Selbst als sich Heilung anders äußerte als erhofft, durfte sie erfahren: „Wenn wir mit Jesus unterwegs sind, heilt Er unsere Seele."[35] In ihrem Fall bedeutet dies: „Gott mag mich zwar vielleicht nicht von meiner Epilepsie heilen, aber Er heilt *mich*. Die Hoffnung hat gesiegt. Die Heilung hat gesiegt. Gott hat gesiegt."[36] Auch Joni Eareckson Tada ist ein unglaublich beeindruckendes Beispiel im Umgang mit Leid. Trotz einer Querschnittlähmung in jungen Jahren, chronischen Schmerzen und Brustkrebs klammert sie sich vertrauensvoll an Gott und macht anderen Leidtragenden Mut, an Gottes Treue und Güte festzuhalten, auch wenn keine körperliche Heilung eintritt.[37]

In den Wochen nach der Operation habe ich einige Karten von Freunden erhalten. Auch einige wunderschöne Blumengrüße. Und immer wieder waren Schmetterlinge mit dabei. Als Motiv auf

> Manchmal heilt Gott vielleicht nicht unseren Körper, aber er heilt unsere Seele.

Karten oder zur Dekoration in Blumengestecken. Jeder einzelne Schmetterling hat mich zu Tränen gerührt. Für mich waren sie Botschafter der Hoffnung in meiner Kokonzeit. Ein Silberstreifen am Horizont.

Nun sind rund vier Jahre seit der Operation vergangen. In den vergangenen Monaten haben die chronischen Nervenschmerzen um einiges nachgelassen und ich konnte die hohe Schmerzmitteldosierung reduzieren. Dafür bin ich von Herzen dankbar. Die Situation ist insgesamt erträglicher geworden. Dennoch holt mich die Schmerzthematik in regelmäßigen Abständen wieder ein. Vor allem dann, wenn ich dünnhäutiger bin und es mir nicht so gut gelingt, den verbliebenen Schmerz auszublenden. Zum Beispiel gegen Ende des Jahres, wenn meine Psyche weniger widerstandsfähig ist. Es ist mir aber auch bewusst, dass unzählige Menschen noch viel schwierigere Situationen aushalten müssen. Etwa dann, wenn keinerlei Besserung oder Linderung der Schmerzen in Sicht ist. Sollten Sie dies aktuell durchmachen, kann ich nur dafür beten, dass Sie nicht daran zerbrechen und dass Sie trotz allem immer wieder neu erleben dürfen: Gott ist da. Er hat Sie nicht vergessen. Er sieht Ihren Zustand und leidet mit Ihnen.

Was mich die Puppe lehrt

Trotz allem Schmerz und aller Dunkelheit ist mir die Kokonerfahrung der vergangenen Jahre zu einer kostbaren Segenszeit geworden. Zu erfahren, dass Gott mich auch in den Tiefen meines Lebens trägt (selbst wenn ich das in dunklen Stunden nicht immer so empfinde), hat meinen Glauben gestärkt. Dies ist zumindest meine heutige Wahrnehmung, wenn ich auf die vergangenen vier Jahre zurückblicke. Die Erfahrung von körperlicher und psychischer Schwäche hat mich zudem barmherziger gemacht im Umgang mit Menschen, die an einem Tiefpunkt angelangt sind. Wenn die Dunkelheit zu groß wird, ist es manchmal beim besten

Willen nicht möglich, sich zusammenzureißen oder das Leben positiver zu sehen. Wir sind oft so voreilig und unbarmherzig in unseren Urteilen über Mitmenschen, dabei haben wir oft keine Ahnung, was sich hinter der Fassade verbirgt. In diesem Zusammenhang ist mir eine indianische Redensart wichtig geworden: „Urteile nie über einen anderen, bevor du nicht einen Mond lang in seinen Mokassins gegangen bist."

Mag sein, dass die nächste Kokonzeit bereits vor der Tür steht. Das kann man nie wissen. Aber die Verpuppung hat mich wertvolle Lektionen gelehrt. Einige davon möchte ich gerne mit Ihnen teilen. Vielleicht kann Ihnen der eine oder andere Gedanke zu einem Hoffnungsstrahl für Ihre eigene Kokonzeit werden. Ich wünsche es Ihnen von Herzen.

LEKTION 1: GIB NICHT AUF, WENN ES DUNKEL WIRD

Die erste Lektion, die mich die Puppe lehrt, ist: Gib nicht auf, wenn es dunkel wird! Nicht im Sinne einer billigen Durchhalteparole, sondern als Ausdruck eines tief verwurzelten, echten Glaubens, der zum Silberstreifen der Hoffnung wird. In meinem Büro hängt ein Bild, auf dem steht: „Glaube ist wie ein Vogel, der singt, wenn die Nacht noch dunkel ist."

Ähnlich wie sich die Verwandlung zum Schmetterling in der Dunkelheit und Enge der Puppe oder des Kokons vollzieht, können Zeiten der Dunkelheit auch in unserem Leben zum Ausgangspunkt von Veränderung und etwas Neuem werden. Doch erst müssen wir die Dunkelheit aushalten, uns dem Dunkel stellen, ohne dabei zu verzweifeln. Vielleicht belasten mich finanzielle Nöte, Krankheit, Altersbeschwerden, Lebenskrisen, Probleme am Arbeitsplatz, Beziehungsprobleme, Grenzerfahrungen, Zukunftsängste. Vielleicht leide ich an Nöten in meiner Ehe oder Familie, von denen niemand ahnt. Vielleicht hat ein guter Freund oder eine gute Freundin mich im Stich gelassen. Vielleicht bin ich durch eigenes Verschulden in eine Sackgasse geraten und weiß nicht mehr weiter. Vielleicht bin ich auch einfach nur müde geworden, ohne ergründen zu können, wieso. Zeiten des Zerbruchs und der Dunkelheit dürfen nicht bagatellisiert werden. Da hilft kein frommes Schönreden. Die Zeit im Kokon kann extrem dunkel sein. Die schmerzvolle Erfahrung der Dunkelheit kann so weit führen, dass man keinen Sinn mehr im Leben sieht und am liebsten aufgeben möchte.

Vielleicht sind auch Sie, während Sie dieses Buch lesen, gefangen in einer Dunkelheit, die Ihnen allen Lebensmut raubt. Vielleicht fühlen Sie sich lahmgelegt, traurig, einsam und verzweifelt. Aus eigener Erfahrung erlebe ich in Kokonzeiten folgende Dinge als hilfreich: Ein erster wichtiger Schritt ist, dass ich die Dunkelheit zulasse und sie beim Namen nenne. Sie zu verdrängen oder zu verleugnen, macht alles nur schlimmer. Wie bereits erwähnt: Es gibt kein Loslassen ohne Zulassen. Indem ich der Dunkelheit und meinem Schmerz Aufmerksamkeit schenke, beginnt ein Prozess, an dessen Ende Neues hervorgebracht werden kann. Oft gehört auch Trauer zum Heilungsprozess, weil ich Vergangenes hinter mir lassen muss – Menschen, Vorstellungen, Gewohnheiten, Pläne, Träume. C. S. Lewis soll einmal sehr treffend gesagt haben: „Über eine schmerzhafte Erfahrung hinwegzukommen, ist wie das Bezwingen eines Klettergerüstes. An einem bestimmten Punkt musst du loslassen, um voranzukommen."[38]

Bei einigen Herausforderungen reicht es aus, wenn ich sie schreibend in meinem Tagebuch verarbeite oder ehrlich im Gespräch vor Gott ausbreite. Doch wenn die Dunkelheit zu groß wird, braucht es manchmal Hilfe von außen – eine Vertrauensperson in der Familie, eine Freundin, eine Mentorin oder auch professionelle Hilfe. Dies ist keine Schande, sondern Ausdruck davon, dass ich bereit bin, mich dem zu stellen, was in mir vorgeht. Dass ich mich der Dunkelheit und Verzweiflung nicht

> Zeiten der Dunkelheit dürfen nicht bagatellisiert, sondern müssen benannt werden.

tatenlos überlasse. Dass ich bereit bin, an mir zu arbeiten und reifer zu werden. Und dass ich offen bin für das, was andere mir sagen. „Wir neigen dazu, unseren Schmerz um jeden Preis loswerden zu wollen", schrieb Henri Nouwen, „wir möchten ihm unbedingt entkommen. Wenn wir jedoch lernen, durch ihn *hindurchzugehen*, statt ihn zu vermeiden, nehmen wir ihn ganz anders auf. Wir werden bereit, etwas von ihm zu lernen."[39]

Für den Fall, dass Sie sich in einer Kokonzeit befinden, möchte ich Ihnen zusprechen: Geben Sie nicht auf, wenn es dunkel wird! Ein anonymes Zitat sagt: „Gerade als die Raupe dachte, ihr Leben sei vorbei, wurde sie zum Schmetterling!" Oder Mandy Hale ermutigt: „Es ist eine Zeit der Einsamkeit und Isolation, in der die Raupe ihre Flügel erhält. Erinnere dich daran, wenn du dich das nächste Mal allein fühlst."[40] Gehen Sie achtsam mit dem um, was in Kokonzeiten in Ihrem Inneren vorgeht. Es kann der Anfang einer tief greifenden Verwandlung sein. Und selbst für die verfahrenste und dunkelste Lebenssituation gilt: Gott ist da. An den Tiefpunkten unseres Lebens hält er uns in seiner Hand. Unmögliche Situationen und verzweifelte Menschen sind sein Spezialgebiet. Die Dunkelkammer ist nicht selten der Ort, wo Gott Menschen formt und verändert. Wo er sie vorbereitet auf das, was noch kommen wird.

LEKTION 2: VERTRAUE DEM GÖTTLICHEN BAUPLAN

Bei der Verwandlung der Raupe zum Schmetterling fasziniert mich am allermeisten, dass mitten im Chaos der Zellsuppe bereits alles für die zukünftige Gestalt bereit ist. Ohne irgendwelche äußeren Anzeichen folgt alles einem beeindruckend präzisen Ablauf und Bauplan. Die Imagozellen, die im Körper der Raupe nur eine Randerscheinung bilden, enthalten bereits die gesamten Strukturen und Informationen des Schmetterlings, der sich in der Zukunft bilden soll.

Der Begriff „Imagozellen" ist vom lateinischen Wort *imago* (Bild) abgeleitet und erinnert an ein anderes *imago*, von dem bereits ganz am Anfang der Bibel die Rede ist: Das *imago* Dei, das Bild Gottes, nach dem die Menschen erschaffen wurden (1. Mose 1,27). Wie auch immer diese Gottebenbildlichkeit im Detail gedeutet wird (ein spannendes Thema für Theologen!), fest steht: Auch wenn wir Menschen irdisch und vergänglich sind, so tragen wir als Ebenbilder des lebendigen Gottes doch unvergängliche Imagozellen in uns. Wie es dazu kommt, dass sich diese göttlichen Imagozellen entfalten und mehr und mehr unsere neue Identität formen, wird uns im Verlauf von Kapitel 4 noch eingehender beschäftigen. An diesem Punkt ist unser Vertrauen gefragt. Die Puppe wird mir zum Vorbild, dem göttlichen Bauplan zu vertrauen, selbst wenn ich im Moment nur Dunkelheit und Chaos erkennen kann.

> Als Ebenbilder Gottes tragen wir unvergängliche Imagozellen in uns.

Es gehört zu den schwierigsten Lektionen des Lebens, in dunklen Zeiten darauf zu vertrauen, dass Gott es gut mit mir meint. Vertraue ich darauf, dass Gott mich liebt und dass ihm die Kontrolle über mein Leben nicht entglitten ist? Auch wenn der jahrelang ersehnte Partner immer noch nicht zum Vorschein gekommen ist? Wenn mein Kind schwer krank und keine Besserung in Sicht ist? Wenn mir gekündigt wurde? Wenn ein tragischer Verkehrsunfall einen geliebten Menschen jäh aus dem Leben gerissen hat? Wenn mich mein Ehepartner/meine Ehepartnerin betrügt? Wenn ich selbst auf Abwege geraten bin? Wenn mir jemand eine hohe Summe Geld unterschlagen hat? Ist Gott dann immer noch vertrauenswürdig?

Wenn unsere Herzen voller Fragen, aber ohne Antworten sind und wir nicht einordnen können, was geschieht, stehen wir vor der Wahl: Vertrauen wir dem, dessen Wege und Gedanken viel höher sind als menschliche Wege und Gedanken, oder lassen wir negativen Gedanken und Bitterkeit freien Lauf? Auch wenn viele Fragen unbeantwortet bleiben und Leid und Schmerz eine Lebensrealität sind, gilt: Wenn jemand vertrauenswürdig ist, dann

Er. Als Einziger sieht er unser Leben. Er allein weiß, wie das, was wir jetzt erleben, mit seinen Plänen für unser Leben zusammenpasst. Eine biblische Gestalt, die mich in diesem Zusammenhang immer wieder neu fasziniert, ist Josef. Seine Geschichte (nachzulesen in 1. Mose 37-50) beginnt mit der Beschreibung eines 17-jährigen Jugendlichen. Josef war der Lieblingssohn seines Vaters und wurde zum Neid seiner Brüder bevorzugt. Der Hass der Brüder wurde schließlich so groß, dass sie einen schrecklichen Plan in die Tat umsetzten: Sie verkauften ihren Bruder als Sklaven nach Ägypten. Dort ging Josefs Leidensgeschichte weiter. Als Sklave im Haushalt von Potifar versuchte ihn die Hausherrin zu verführen. Josefs Verweigerung führte dazu, dass er unter falscher Anklage im Gefängnis landete. Zwei Jahre vergingen und Josef wurde einfach vergessen. Doch dann führte die Deutung eines Traums dazu, dass Josef der Kanzler des Pharao und später sogar Vizekönig von Ägypten wurde. Josef war mittlerweile 30 Jahre alt geworden. 13 Jahre lagen zwischen seinem Verkauf in die Sklaverei und seiner einflussreichen Position. Was mich an dieser Geschichte ganz besonders bewegt, ist die Tatsache, dass Josef all diese Schicksalsschläge durchsteht, ohne dabei bitter zu werden. Immer wieder wurde er zu Unrecht eingesperrt. Vergessen. Verraten. Doch selbst in der Dunkelheit des Gefängnisses gab er nicht auf. Trotz allem hielt er vertrauensvoll an Gott fest. Auf diese Weise wurde er zu dem Mann geformt, der später das Land vor der Hungersnot rettete. Und darüber hinaus seine Familie. Sogar die Brüder, die ihn als Sklaven verkauft hatten! Als sie zitternd vor ihm standen, hatte er ihnen nicht nur längst vergeben, sondern er beruhigte sie sogar mit den Worten: *Habt keine Angst! Ich maße mir doch nicht an, euch an Gottes Stelle zu richten! Was er beschlossen hat, das steht fest! Ihr wolltet mir Böses tun, aber Gott hat Gutes daraus entstehen lassen. Durch meine hohe Stellung konnte ich vielen Menschen das Leben retten. Ihr braucht also nichts zu befürchten. Ich werde für euch und eure Familien sorgen* (1. Mose 50,19-21). Er kaufte ein Landstück in Ägypten, wo seine Brüder im Frieden zum Volk Israel heranwachsen konnten. Ein wunderbares Beispiel dafür, wie Gott Kokonzeiten unseres Lebens gebrauchen kann, um uns auf unsere Bestimmung vorzubereiten.

In Jeremia 29,11 tröstet Gott sein Volk mit den Worten: *Denn ich allein weiß, was ich mit euch vorhabe: Ich, der Herr, werde euch Frieden schenken und euch aus dem Leid befreien. Ich gebe euch wieder Zukunft und Hoffnung.* Dasselbe spricht er auch über Ihrem Leben aus. Er hat gute Pläne für Ihr Leben und lässt Sie nicht im Stich. Er kann aus dem Dunkel, in dem Sie heute stecken, Wunderbares entstehen lassen. Im Dunkel des Kokons wächst das Wunder des Schmetterlings. Und wenn Sie verwirrt sind, gerade auch im Hinblick auf die Bestimmung, die Gott für Ihr Leben hat, entspannen Sie sich! Gönnen Sie Ihrem Herzen Ruhe, denn: Wir müssen nicht alles verstehen. Nicht den verborgenen Sinn hinter Gottes Plänen erkennen. Wir brauchen nicht mehr Klarheit, sondern mehr Vertrauen. Ein Vertrauen, das sich an die entlastende Tatsache klammert; *Er* weiß es! *Er* kennt die Pläne für unser Leben! Bleiben Sie dran, mit Sorgfalt und Exzellenz das zu tun, was Gott Ihnen vor die Füße legt, und er wird auch seine Versprechen treu einhalten.

Gott hat gute Pläne für Ihr Leben!

LEKTION 3: SCHAFFE RAUM FÜR VERÄNDERUNG DURCH COCOONING

Am Lebenszyklus des Schmetterlings wird deutlich, dass Wachstum wiederholt Phasen des kompletten Rückzugs voraussetzt. Während die Larve ganz zu Beginn im Schutzraum des Eis abgeschirmt ist, geht der Verwandlung zum Schmetterling eine Phase der totalen Abschirmung in der Puppe voraus. Die Tatsache, dass die Puppe im Prozess der Metamorphose fast die Hälfte ihres Gewichts verliert, zeugt von der Energie, die der Umwandlungsprozess kostet. Ohne den schützenden Raum der Puppenhülle oder des Kokons wäre eine Metamorphose gar nicht möglich. Die Stabilität der Puppenhülle beziehungsweise der Kokonwand sorgt dafür, dass die Zellsuppe geschützt bleibt, bis sich daraus die stabile Struktur der neuen Gestalt entwickelt hat.

Das Prinzip von Rückzug und Wachstum erscheint mir gleichermaßen bedeutsam für das menschliche Leben. Denn auch hier fordern innere Prozesse ihren Tribut und ist ein schützender Rahmen notwendig. So ähnlich wie sich die Raupe selbst ihren Kokon baut, liegt es an uns, Schutzräume zu schaffen. Zum Beispiel durch Cocooning!

Ist Ihnen bekannt, dass der englische Ausdruck „Cocooning" (von „sich verpuppen") vor Jahren als Trendwort in den deutschen Wortschatz aufgenommen wurde? Er tauchte erstmals in den späten 1980er-Jahren bei der US-amerikanischen Trendforscherin Faith Popcorn auf und steht laut Duden für „vollständiges Sichzurückziehen in die Privatsphäre" und „das Sichaufhalten zu Hause als Freizeitgestaltung". Der Lebensstil Cocooning wurde soziologisch als Folge einer immer bedrohlicher empfundenen Außenwelt erklärt, wie es beispielsweise in Krisenzeiten oder nach den Terroranschlägen vom 11. September 2001 zu beobachten war.[41] Als Sammelbegriff verschiedener Trendströmungen ist Cocooning auch heute ein viel diskutierter Begriff. Das gilt beispielsweise für den Ausdruck „Digitales Cocooning" als Statusverhalten der Neuzeit. Bei diesem kann man erreichen, ist aber nicht erreichbar.[42] Ganz abgesehen von den verschiedenen Trendbedeutungen scheint mir Cocooning ein hilfreiches Konzept zur positiven Unterstützung von Veränderungsprozessen im menschlichen Leben zu sein. Weniger im Hinblick auf den konkreten Rückzug in die eigenen vier Wände, sondern vielmehr im Hinblick auf Schutzräume für die Seele. Je nach Typ kann es sich dabei um eine Auszeit handeln, um Sport, Tagebuchzeiten, einen Tag der Stille, einen Spaziergang im Wald, einen Ort der Stille in der eigenen Wohnung, regelmäßiges Innehalten mitten im Alltag und so weiter.

Cocooning schafft Oasen der Ruhe und damit Raum und Zeit zur Innenschau und Selbsterziehung. Lassen Sie mich dies am Beispiel einer Schneekugel erklären: Manchmal kommt mir mein Leben vor wie eine Schneekugel, die geschüttelt wird. Vor Jahren habe ich ein besonders schönes, typisch schweizerisches Exemplar geschenkt bekommen. Mitten in der Kugel steht ein Alphornbläser in traditioneller Schweizer Tracht. Der Boden der Kugel ist mit hübschen Chalets vor einer prächtigen Alpenkette verziert. Im Vordergrund grasen Kühe. Die Schneeflocken, die im Ruhezustand auf dem Boden liegen, stehen für mich in diesem Beispiel stellvertretend für all die oft alltäglichen und belanglosen Aktivitäten oder Handlungen, die uns davon abhalten können, uns wichtigen, inneren Veränderungsprozessen zu stellen. Damit meine ich nicht primär die Erledigung von Alltagspflichten wie Kochen, Putzen, Waschen oder Ähnlichem. Gemeint sind vielmehr Ablenkungen wie die ziellose Nutzung sozialer Medien oder allabendlicher übermäßiger Fernsehkonsum. Vielleicht auch die Lektüre bestimmter Zeitschriften oder Romane, mit denen man sich bewusst gedanklich zerstreuen will. Möglicherweise auch Hobbys oder Beziehungen, die uns auf ungesunde Weise in Beschlag nehmen können. Schüttle ich die Schneekugel, so ist der Alphornbläser so stark vom Schneetreiben eingedeckt, dass er kaum noch zu sehen ist. Er kommt erst wieder vollständig zum Vorschein, wenn ich die Kugel ruhig halte und warte, bis sich das Schneetreiben gelegt hat. So ähnlich erlebe ich das auch manchmal in meinem Leben. Mitten im wilden „Schneetreiben" meines Lebensalltags mit Stress, Verpflichtungen und diversen Ablenkungen ist es kaum möglich wahrzunehmen, was in mir vorgeht. Zu stark ist mein Inneres von all dem überlagert, mit dem ich mich täglich viel zu leicht ablenken lasse. Um Zugang zu unseren Herzen zu finden, brauchen wir Ruhe und bewusst gesuchte Zeiten der Stille. Wie die Schneekugel müssen wir lange genug ruhen, bis auch unser Lebensalltag mit all seinen Ablenkungen zur Ruhe findet. Erst in dieser erlebten Stille finden

> **Cocooning schafft Oasen der Ruhe und damit die Chance zum Wachstum.**

wir den benötigten Raum, um mit dem Schöpfer ins Gespräch zu kommen. Um sein Wort zu studieren und über seinen Willen für unser Leben nachzudenken. Hier ist der Raum, in dem wir in der Tiefe unserer Persönlichkeit Veränderung erfahren können. Damit wir mehr und mehr zu der Person werden, die Gott schon lange in uns sieht.

Manchmal drängt uns das Leben aber auch geradezu in eine Phase des Cocooning. Und dann liegt es an uns, in welcher Haltung wir uns diesen Zeiten stellen. Paulus (hebräisch Saulus) erlebte als leidenschaftlicher Gegner des Christentums eine erzwungene Kokonzeit. Eine übernatürliche Begegnung mit Jesus, dessen Anhänger er verfolgt hatte, stellte sein Leben auf den Kopf. Geblendet vom göttlichen Licht blieb Paulus drei Tage lang blind. Seine Begleiter führten ihn nach Damaskus, wo er drei Tage lang im Dunkeln verbrachte (wie in einem Kokon). Er aß nichts und trank nichts. Erschüttert von dem, was er erlebt hatte, nutzte er diese (Kokon-)Zeit, um zu beten. Er zog sich also zurück und betrieb im Grunde genommen Cocooning! Dabei konzentrierte er sich ganz auf Gott. Erst nachdem ihm Hananias – ein Nachfolger von Jesus, der in Damaskus lebte – in Gottes Auftrag mutig (Saulus galt als bekannter Christenverfolger!) die Hände aufgelegt hatte, konnte Paulus wieder sehen. Jesus hatte Hananias zuvor über die Bestimmung von Paulus aufgeklärt: *Denn gerade ihn habe ich mir als Werkzeug ausgewählt, damit er meinen Namen in aller Welt bekannt macht – bei den nichtjüdischen Völkern und ihren Herrschern ebenso wie bei den Israeliten* (Apostelgeschichte 9,15). Völlig verwandelt setzte Paulus im Anschluss an diese Ereignisse (gewissermaßen „als Schmetterling") sein Leben fort. Ebenso leidenschaftlich, wie er zuvor die Christen verfolgt hatte, setzte er sich nun dafür ein, möglichst viele Menschen mit der Botschaft von Jesus Christus zu erreichen.

Beim Cocooning geht es darum, uns dem Schatten unserer Seele zu stellen und ihn zuzulassen: Schmerz, Trauer, Wut, Neid, Verbitterung, Identitätskrisen. Im Schutzraum der Seele gilt es, all die Gefühle, die wir fühlen, ernst zu nehmen: Ich darf traurig sein.

Angst haben. Mich einsam oder verletzt fühlen. Ich will mir aber auch Gutes tun. Lesen. Schreiben. Beten. Nachdenken. Lernen. Begegnung wagen. Wachsen. Auf Gott hören. Still sein. Mich durch das Gefühlschaos meiner inneren Zellsuppe durchkämpfen. Dabei in aller Verletzlichkeit Gottes Nähe spüren und zulassen. So wird Cocooning zum Ort der Heilung, der Wiederherstellung und zum Anfang von etwas ganz Neuem.

LEKTION 4: ACHTE AUF DEIN HERZ

„Das röhrenförmige Herz wird neu geformt, um im Unterleib des Schmetterlings Platz zu finden." Dieser Satz hat mich zum Nachdenken gebracht und ist mir zu einer weiteren Lektion geworden. In der Puppe wird das Herz der Raupe umgeformt und neu platziert, damit es der neuen Gestalt entspricht. In den Wochen der Umgestaltung finden einschneidende Veränderungen am Herzen statt. Im Grunde genommen ist das Herz das entscheidende Organ. Das röhrenförmige Herz des Schmetterlings pumpt in einem einfachen Kreislauf das Blut, das um die Organe herumfließt, durch den Körper. Das Blut transportiert Nährstoffe und ist dafür verantwortlich, dass der Schmetterling überhaupt fliegen kann. Die Flügel des Schmetterlings, welche direkt nach dem Schlüpfen noch schlaff und unbeweglich sind, müssen erst mit einer Blutflüssigkeit gefüllt werden. Nachdem die Flügel getrocknet sind, verlieren die für diesen Prozess notwendigen Adern ihre Funktion. Das umgeformte Herz macht den Schmetterling also nicht nur lebens-, sondern auch flugfähig. Umwälzende Veränderungen sind demnach ganz grundlegend eine Herzenssache.

Auch für das menschliche Leben ist das Herz von elementarer Bedeutung. Nicht nur als Organ, sondern auch im übertragenen Sinne als Sitz der Gefühle und der Seele. Bereits Aristoteles war der Überzeugung, dass die Seele im menschlichen Herzen sitzt. Während Menschen oft nur oberflächlich urteilen, sieht Gott mitten in unser Herz. So ist es auch in 1. Samuel 16,7 nachzulesen: *Ein Mensch sieht, was vor Augen ist; der Herr aber sieht das Herz an.* Dieser Vers ist Teil der Erzählung, wie David als der jüngste und unscheinbarste Sohn eines Hirten zum König von Israel gesalbt wurde. Und das, obwohl seine starken und schönen Brüder auf den ersten Blick viel eher für das Amt eines Königs prädestiniert zu sein schienen. Jenseits von allen Äußerlichkeiten sieht Gott als Einziger in unser Innerstes. Er sieht, was schon ist – und was noch werden kann. In der Verpuppung, im Cocooning und all den Prozessen, von denen bereits die Rede war, wird das menschliche Herz umgeformt. Und es gibt nichts, was größere Aufmerksamkeit verdient hätte als unser Herz. In Sprüche 4,23 steht der weise Rat: *Mehr als alles andere behüte dein Herz; denn von ihm geht das Leben aus.*

Das menschliche Herz ist voller unendlicher Sehnsüchte. Diese machen es kostbar, aber auch verletzlich und unruhig. Das war bereits dem Kirchenvater Augustinus im 4./5. Jahrhundert n. Chr. bewusst. In seiner Psalmenauslegung stellte er fest, dass unzählige Wünsche im Herzen eines Menschen wohnen. Der erste will Geld, der zweite Besitztümer, der dritte ein großes Haus, der vierte eine Frau, der fünfte eine angesehene berufliche Position und so weiter. Die menschliche Sehnsucht greift aber noch tiefer: Der Mensch sehnt sich nach Geborgenheit, nach bedingungsloser Liebe, nach Lebenssinn, nach wahrer Gerechtigkeit, nach Glück und Freude. Getrieben von dieser Sehnsucht ist das menschliche Herz von Natur aus unruhig. Augustinus kam zu dem Schluss, dass die Sehnsucht des Menschen prinzipiell durch nichts Endliches befriedigt werden kann, weil etwas Endliches der unendlichen Sehnsucht des Menschen nie entsprechen kann. Dies brachte ihn zu der Überzeugung, dass das menschliche Herz nur in der Verbindung mit dem Ewigen zur Ruhe findet: „... denn du hast uns auf dich hin geschaffen und unruhig ist unser Herz, bis es Ruhe findet in dir."[43] Anders ausgedrückt: Wir können in allen möglichen Dingen des Lebens Sinn und Erfüllung suchen – im Beruf, in materiellem Besitz, in der Ausübung eines Hobbys, der Verwirklichung von Lebensträumen, in unseren Kindern, in einer Beziehung – und doch reicht all dies nicht aus, die Leere in uns auszufüllen. Nur Gott allein und die Erfahrung seiner bedingungslosen Liebe vermag unsere tiefste Sehnsucht zu stillen.

Vor Jahren hat mich eine schlichte Zeichnung zutiefst berührt. Sie zeigte ein junges Mädchen, das sein Herz in den Händen hält, während es mitten in einem großen Herzen sitzt, das auf den Boden gemalt ist. Darunter stand der Satz: „Ich wohne in seiner Liebe. In seinem Herzen finde ich mein Herz."[44] Die Liebe dessen, der Sie erschaffen und sein Leben für Sie gegeben hat, bietet den schützenden Rahmen für die Heilung Ihres Herzens. Gott fordert Sie auf: *Gib mir dein Herz!* (Sprüche 23,26a). Er möchte unser durch Krisen, Enttäuschungen und negative Erfahrungen hart gewordenes Herz gegen ein erneuertes, lebendiges Herz austauschen (Hesekiel 36,26-27). Ein Herz, das von seiner Liebe und neuer Hoffnung erfüllt ist und von seinem Geist regiert wird. Geben Sie Gott Ihre Ängste, so kann er Ihnen ein mutiges Herz zurückgeben. Geben Sie ihm Ihren Unglauben, er gibt Ihnen Glauben. Geben Sie ihm Ihren Hass und er gibt Ihnen ein vergebendes Herz zurück. Geben Sie ihm Ihr Versagen und er gibt Ihnen die Möglichkeit für einen Neuanfang. All diese Dinge geschehen nicht auf Knopfdruck, sondern sind das Ergebnis eines Prozesses, der einiges von uns abverlangt. Die entscheidende Frage ist meist: Will ich das? Bin ich bereit, meine Ängste loszulassen? Meinen Unglauben? Meinen Hass? Mein Versagen? Oder klammere ich mich aus einem bestimmten Grund daran und bin gar nicht wirklich bereit, mich auf einen göttlichen Tauschhandel einzulassen? Meine Erfahrung ist, dass ich vor allem mir selbst schade, wenn ich nicht bereit bin loszulassen. Wenn ich keine Verwandlung meines Herzens zulasse, werde ich im Raupen- oder Puppenstadium meines Lebens stecken bleiben und schließlich verkümmern.

> Gottes Liebe bietet den schützenden Rahmen für die Heilung unseres Herzens.

Doch wenn ich mein Herz Gott überlasse, kann Großartiges geschehen. Ein beachtlicher Teil des Alten Testamentes ist der Geschichte der Könige von Israel gewidmet. Einer von ihnen, König Saul, erhielt vor seinem Amtsantritt ein neues Herz, damit er in der Lage war, dieses Amt zu übernehmen (1. Samuel 10,9). Auch wir brauchen ein erneuertes und geheiltes Herz, um bereit zu sein für die Aufgaben, die für uns bestimmt sind. Denn auch *uns* möchte Gott bestimmte Aufgaben anvertrauen. Wir alle sind mit unterschiedlichen Leidenschaften, Sehnsüchten und Fähigkeiten ausgestattet. Diese können ein Hinweis darauf sein, was Gott in unserem Leben zur Entfaltung bringen möchte. *Mehr als alles andere behüte dein Herz; denn von ihm geht das Leben aus* (Sprüche 4,23) ist auch eine Aufforderung an uns, dass wir aufmerksam hinhören, was unser Herz bewegt. Dass wir herausfinden, für welche Themen oder Aufgaben unser Herz in ganz besonderer Weise schlägt. Die Welt braucht Menschen, die immer wacher und aufmerksamer werden für Gott und seine Gegenwart und das, was er durch sie in dieser Welt tun möchte. Sie braucht Menschen, die die Aufgabe erfüllen, die ihnen zugedacht ist.

Ich hatte immer einen besonderen Bezug zum Fach Kirchen- und Missionsgeschichte. Nicht zuletzt, weil es die Geschichte unzähliger Männer und Frauen ist, die dem gefolgt sind, was Gott ihnen aufs Herz gelegt hat: Denken wir zum Beispiel an Martin Luther King, der seinen Traum für eine Welt, in der alle Menschen die gleichen Rechte haben – unabhängig von ihrer Hautfarbe oder Religion – mit dem Leben bezahlte. William Wilberforce, der für die Abschaffung der Sklaverei kämpfte.

> Wofür unser Herz brennt, kann ein Hinweis darauf sein, was Gott in unserem Leben zur Entfaltung bringen möchte.

Hudson Taylor, dessen Herz in besonderer Weise für China schlug. William und Catherine Booth, deren Herz für Ausgegrenzte zur Gründung der Heilsarmee führte. Elizabeth Fry, deren Herz für vernachlässigte Gefangene weltweite Gefängnisreformen bewirkte. Dies sind nur einige wenige Beispiele aus der

Vergangenheit. Die entscheidende Frage ist: Wofür schlägt *Ihr* Herz ganz besonders? Vielleicht für die Kunst? Für Randgruppen? Für einsame Menschen? Für Kinder? Für den Sport? Wie könnten Sie Ihre Leidenschaft entfalten, damit Sie anderen Menschen damit dienen können? Dabei kann es sich auch um kleine, verborgene Aufgaben handeln. Unsere Beiträge müssen keinen Eingang in einem Geschichtsbuch finden – in Gottes Augen ist auch der kleinste Beitrag wertvoll. Zögern Sie nicht, das einzubringen, was Gott Ihnen aufs Herz gelegt hat. Was auch immer Ihre besondere Begabung oder Leidenschaft sein mag, die Sache, für die Ihr Herz schlägt: Sie sind aufgerufen, die Welt mit Ihrer Einzigartigkeit zu bereichern und Jesus zu folgen, wohin er Sie führt.

LEKTION 5: WÄHLE DAS LEBEN

Angesichts der einschneidenden Prozesse im Kokon stellt sich die Frage: Kann ich denn überhaupt etwas zur Metamorphose beitragen? Bin ich dieser Dunkelheit, diesem Zerbruch nicht einfach hilflos ausgeliefert? Genau genommen ist die Metamorphose ein Kampf der Zellen. Die alten Zellen kämpfen gegen die neuen und umgekehrt. Dieser Kampf zwischen dem Alten und dem Neuen führt mich zur letzten Lektion. Mitten im Chaos, in der Trauer, der Dunkelheit und Angst können wir maßgeblich zur Fortsetzung unserer eigenen Lebensgeschichte beitragen. In 5. Mose 30,19 stellt Gott sein Volk vor eine schwerwiegende Entscheidung: *Himmel und Erde sind meine Zeugen, dass ich euch heute vor die Wahl gestellt habe zwischen Leben und Tod, zwischen Segen und Fluch. Wählt das Leben, damit ihr und eure Kinder nicht umkommt!* Das Volk wird aufgefordert, zwischen Leben und Tod, Segen und Fluch zu wählen. „Was für eine Wahl!?", denken Sie jetzt vielleicht. „Wer kann denn so dumm sein und sich gegen das Leben und den Segen entscheiden?" „Wir Menschen!", lautet die ernüchternde Antwort. Deshalb ist diese Lektion der Puppe so wichtig: Wähle das Leben! Im Kampf zwischen dem Alten und dem Neuen kann ich mit den

Entscheidungen, die ich treffe, Weichen für oder gegen das Leben stellen. An den äußeren Umständen kann ich zwar häufig nur begrenzt etwas ändern, vielleicht sogar überhaupt nichts – eine schwere Krankheit, schlimme Schmerzen, eine herausfordernde Familiensituation lassen sich nicht einfach wegdiskutieren –, aber ich kann selbst bestimmen, welche Haltung ich dazu einnehme. Henri Nouwen bringt das in folgendem Zitat sehr schön auf den Punkt: „Bei unseren Entscheidungen dreht es sich also nicht in erster Linie um das, was mit uns passiert, sondern darum, wie wir uns zu den Wendungen und Umständen unseres Lebens stellen und wie wir damit umgehen. [...] Die Verluste mögen zwar unwiderruflich sein, aber wir haben dennoch eine Wahl, nämlich wie wir mit diesen Verlusten umgehen und sie leben. Immer wieder werden wir aufgefordert zu entdecken, was der Geist Gottes in unserem Leben wirkt, in uns selbst, mitten in den ganz finsteren Augenblicken. Wir sind eingeladen, das Leben zu wählen."[45]

> Was uns geschieht, können wir häufig nicht beeinflussen, aber welche Haltung wir dazu einnehmen, schon.

Im Internet kursiert die eindrückliche *Geschichte von den zwei Wölfen*. Trotz unterschiedlicher Variationen bleibt der Kern im Wesentlichen derselbe:

Ein Indianerhäuptling erzählte seinem Sohn folgende Geschichte: „Mein Sohn, in jedem von uns tobt ein Kampf zwischen zwei Wölfen. Der eine Wolf ist böse. Er kämpft mit Ärger, Neid, Eifersucht, Sorgen, Gier, Arroganz, Selbstmitleid, Lügen, Überheblichkeit, Egoismus und Missgunst. Der andere Wolf ist gut. Er kämpft mit Liebe, Freude, Frieden, Hoffnung, Gelassenheit, Güte, Mitgefühl, Großzügigkeit, Dankbarkeit, Vertrauen und Wahrheit." Nachdenklich fragte der Sohn den Vater: „Und welcher der beiden Wölfe gewinnt?" Der Häuptling antwortete ihm: „Der, den du fütterst."

Es ist unsere Entscheidung, welchen „Wolf" wir füttern. Wenn wir den bösen Wolf – den Wolf der Verbitterung,

Unversöhnlichkeit, Lüge, Eifersucht, Resignation, Ängste etc. – füttern, wählen wir den inneren Tod. Dann wird die Puppe zur Endstation. Dann geht es uns nicht besser als den Puppen, in deren Inneren ein Parasit lebt, der immer mehr Raum gewinnt. Die gute Nachricht ist: Wir haben die Wahl! Wir können das Leben wählen! Ich wähle das Leben, indem ich anstelle der alten, schädlichen Denkmuster neue, heilsame Denkmuster einübe. Indem ich gegen das Alte ankämpfe, das mich zerstören will. Indem ich aufhöre, mich zu vergleichen. Indem ich dem Selbstmitleid den Kampf ansage. Indem ich mich gegen eine gedankliche Fixierung auf das Negative wehre und stattdessen Dankbarkeit trainiere. „Hüte dich davor, in trüben Gedanken zu versinken", warnte der Erweckungsprediger John Wesley im 18. Jahrhundert. „Du bist von zehntausend Gnadenerweisen umfangen. Sie sollen dich in demütige Dankbarkeit versetzen." Halten Sie auch in Ihrem Leben Ausschau nach solchen Gnadenerweisen! Und bewahren Sie diese Entdeckungen. Vielleicht, indem Sie ein „Buch der Dankbarkeit" führen. Notieren Sie in diesem Buch jeden Tag fünf Dinge, für die Sie dankbar sind. Anfangs wird es Ihnen mit Sicherheit schwerfallen, auf fünf Punkte zu kommen. In Krisenzeiten fehlt uns oft der Blick für die positiven Dinge in unserem Leben. Doch mit der Zeit werden Sie erleben, dass sich Ihr Blick dafür schärft und es Ihnen leichter fällt, das Gute in Ihrem Leben wahrzunehmen.

In unseren Gedanken finden die entscheidenden Schlachten unseres Lebens statt. Auch wenn es sich manchmal ganz anders anfühlt: Wir sind unserem Schicksal und unseren negativen Gedanken nicht hilflos ausgeliefert. Wir haben die Möglichkeit, unsere Perspektive zu verändern. Wenn wir uns mehr auf das konzentrieren, was Jesus für uns getan hat und für uns sein möchte, als auf das, was uns andere angetan haben, dann werden wir die Kraft finden aufzustehen und weiterzugehen. Unsere Entscheidung fürs Leben wird zum Nährboden, auf dem sich die Imagozellen in unserem Inneren vermehren und intensiv an der neuen Gestalt arbeiten. Ein Leben als Schmetterling setzt voraus, dass wir uns von schädlichen Gedanken, Gewohnheiten und

Einflüssen verabschieden, die uns gefangen halten. Was wählen Sie? Tod oder Leben? Fluch oder Segen? Die Entscheidung für das Leben führt in die Freiheit – zu einem Leben als Schmetterling.

Vertiefungsfragen Puppe

- Wo würde ich mich aktuell im Bild der Metamorphose positionieren?
- Wo fühlt sich mein Leben im Moment an wie eine Zellsuppe?
- Welche Kokonerfahrungen haben mich geprägt?
- Für den Fall, dass Sie sich mitten in einer Kokonzeit befinden: Wem kann ich mich in meiner Not anvertrauen?
- Welche Art von Schutzraum tut mir gut?
- Ist in meinem Leben zurzeit genügend Raum und Ruhe vorhanden, dass Verwandlung möglich wird?
- Was kann ich tun, um mein Herz besser zu schützen?
- Welchen Wolf habe ich in den vergangenen Tagen gefüttert – den bösen oder den guten?
- Welche Wahl treffe ich? Entscheide ich mich für oder gegen das Leben?
- Was wünsche ich mir im Hinblick auf die Fortsetzung meiner Lebensgeschichte?

....

ent-puppt

der dunkelheit entronnen
was im verborgenen gestalt annahm
wird sichtbar

ich sehe die welt mit neuen augen
koste den reichtum
mit allen sinnen

ich strecke mich aus
weiter und weiter und weiter
spüre leben in meinen adern

durchdrungen von licht
glauben. hoffnung. liebe
kraft. bestimmung. ewigkeit

öffne ich mutig
die tür zur freiheit

Debora Sommer (19.10.2016)

....

3. SCHMETTERLINGS-
WUNDER

„Was ist ein Schmetterling?
Eine verwandelte Raupe;
in ihrem besten, freisten Zustand."
MICHELLE 'CHAELLA' BODDIE

Gebannt beobachte ich, wie sich ein exotischer Schmetterling auf seinen ersten Flug vorbereitet. Er ist vor ungefähr 20 Minuten geschlüpft
und seit einer Weile intensiv mit dem Entfalten seiner Flügel beschäftigt. Obwohl meine Beine schon fast taub sind vom langen Stehen,
kann ich meinen Blick nicht von ihm abwenden. Ich stehe vor einem
Schlupfkasten im *Papiliorama*, dem größten Schmetterlingsgarten
der Schweiz. In einer Glaskuppel von 40 Metern Durchmesser
und einer Höhe von bis zu 14 Metern wirbeln ungefähr 1.500
Vertreter von 60 tropischen und subtropischen Schmetterlingsarten zwischen Palmen in dem dschungelartigen Gewächshaus
umher: Akteure aller Größen und Farben – aus den Philippinen,
Malaysia, Tansania, Costa Rica und anderen Ländern – veranstal-
ten ein buntes Schauspiel und nehmen die Besucher mit auf eine
Entdeckungsreise in den Tropenwald. Vorbei an Bananenstau-

den, Mangroven und kleinen Weihern mit tropischen Fischen. Über 120 verschiedene Pflanzenarten sorgen dafür, dass sich die Schmetterlinge wohlfühlen. Draußen, im *Swiss Butterfly Garden*, flattern zehn einheimische Schmetterlingsarten über die Naturwiesen. In einer Voliere mit einer Gesamtfläche von etwa 500 m² finden sie ideale Lebensbedingungen, um sich zu vermehren.

Die Flügel des Schmetterlings scheinen jetzt ihre volle Größe erreicht zu haben. Nachdem zunächst vor allem die bräunlich gefärbten Unterflügel mit zahlreichen Augenflecken (zur Verwirrung von Fressfeinden) sichtbar wurden, war meine Begeisterung umso größer, als plötzlich die leuchtend blaue Schönheit der Flügeloberseiten zum Vorschein kam. Einer Infotafel kann ich entnehmen, dass es sich um einen Blauen Morphofalter handelt. Das wunderbare Blau seiner Flügeloberseiten hat ihm auch den Namen Himmelsfalter eingebracht. Der Morphofalter kommt in den tropischen Regenwäldern Mexikos, Mittelamerikas, des nördlichen Südamerika und Trinidads sowie anderer westindischer Inseln vor. Von dort ist er auch im Schweizer Papiliorama gelandet. Der Falter sitzt mit ausgespannten Flügeln regungslos da, lässt sie trocknen und sammelt Kräfte für das, was kommt

Endlich ist es so weit. Der Himmelsfalter wagt seinen ersten Flug in der künstlichen Tropenwelt. Er lässt sich auf einer Bananenstaude nieder und klappt seine Flügel zu, woraufhin er mit seinen Punkten und Tarnfarben wieder ganz unscheinbar aussieht. Die strahlend blaue Farbe kommt erst beim Weiterflug erneut zum Vorschein.

Auf einem Foto betrachte ich verwundert die Raupe des Morphofalters: eine gelb und rot gepunktete Larve von bis zu 9 cm Länge. Wer käme auf die Idee, dass sich aus dieser Raupe ein leuchtend blauer Schmetterling entwickeln würde? Wie ist dieses faszinierende Wunder nur möglich? Es ist ein und dasselbe Wesen und doch so vollkommen anders.

Aus einem erdgebundenen, pflanzenfressenden Gliederfüßer mit eingeschränkter Sicht und Bewegung ist durch die Metamorphose ein wunderschönes geflügeltes Insekt entstanden, das sich von Nektar ernährt und – mit einem außergewöhnlichen Navigationssinn ausgestattet – viele Kilometer am Tag zurücklegen kann. Auch die Geschlechtsorgane sind ausgebildet und ermöglichen es dem Schmetterling (anders als der Raupe), sich fortzupflanzen.

Schmetterling: Die wahre Gestalt wird sichtbar

Alle bisherigen Entwicklungsstufen zielen darauf hin, dass der erwachsene Schmetterling schlüpft. Sobald die Verwandlung in der Puppe oder dem Kokon nach Tagen oder Wochen abgeschlossen ist, platzt die Hülle oder der Falter bricht sie selbst auf. Die Öffnung, in der zunächst der Kopf und die Beine sichtbar werden, erscheint auf den ersten Blick viel zu klein und es erfordert eine sichtbare Anstrengung des Schmetterlings, sich aus der Hülle zu befreien. Zwischendurch muss er pausieren, als ob er zuerst wieder neue Kräfte für die Fortsetzung des Befreiungsaktes aus der Hülle sammeln müsste. Doch dann ist es geschafft! Nach einer letzten Anstrengung werden auch die Flügel frei und der Schmetterling schlüpft mit einem kräftigen letzten Ruck aus seiner engen Hülle.

Zusammengefasst:
Es kostet den Schmetterling viel Kraft, sich aus seiner Hülle zu befreien.

Nichts an dem geschlüpften Insekt erinnert mehr an die Raupe, die es einmal war. Doch die Entwicklung zum Schmetterling ist noch nicht ganz abgeschlossen. Wenn sich der Schmetterling unter Anstrengung aus der Puppe oder dem Kokon gekämpft hat, ist er in einem sehr verletzlichen Zustand: Er kann zu jenem Zeitpunkt nämlich weder fliegen noch Nahrung zu sich nehmen. Daher müssen in einem nächsten Schritt der Saugrüssel und die Flügel funktionstüchtig gemacht werden.

Innerhalb der Puppe sind zwei verschiedene Teile entstanden, zwei Halbröhrchen, die später den Saugrüssel ergeben. Schlüpft der Schmetterling aus der Puppe, sind die beiden Halbröhrchen noch nicht miteinander verbunden und der Schmetterling muss sie zu *einem* Werkzeug zusammenfügen, damit er nicht verhungert. Das geschieht, indem er den Saugrüssel mehrfach aus- und einrollt, wobei die beiden Teile der Halbröhrchen zunächst in eine parallele Position gebracht und später durch eine Flüssigkeit aneinandergeheftet werden. Schließlich verhaken sich die Strukturen auf den Röhrenoberflächen miteinander. Sobald sie einmal sicher ineinander verhakt sind, sind sie nicht mehr zu trennen und der einrollbare Saugrüssel ist bereit. Die überwiegende Mehrheit der Falter saugt damit flüssige Nahrung auf.

Zusammengefasst:
Der Schmetterling muss die zwei Halbröhrchen, die den Saugrüssel ergeben, selbst zusammenfügen.

Während der Schmetterling den Rüssel zusammenfügt, nehmen auch die Flügel ihre endgültige Form an. Diese wirken direkt nach dem Schlüpfen deformiert und viel zu klein. Es ist offensichtlich, dass der Schmetterling noch nicht flugfähig ist. Die samtweichen und faltigen Flügelstümpfe müssen sich erst formen und ausdehnen. Daher folgt an diesem Punkt der Entwicklung zum flugfähigen Insekt ein weiterer wichtiger Akt: Die Entfaltung der Flügel. Meist sucht sich der Schmetterling für diesen Vorgang eine Rinde, einen Stein oder ein solides Blatt, an dem er sich senkrecht halten oder kopfunter aufhängen kann. Der Schmetterling benutzt dann seine Hinterleibsmuskulatur, um Blutflüssigkeit in die vielen Venen der biegsamen Flügel zu pumpen. So dehnen sich die Flügel schnell zu ihrer vollen Größe und Form aus. Nun kommt es zum Entrollen der Flügelhaut – so ähnlich wie man einen Schirm ausspannt, nachdem er zuvor fest zusammengerollt war. Nach ungefähr einer halben Stunde sind die Flügel fast vollständig entfaltet, aber sie sind noch weich wie nasses Papier. Für einige Zeit verharrt der Schmetterling vollkommen regungslos, die Flügel über dem Rücken fest aneinandergepresst. Plötzlich breitet er seine Flügel aus und bewegt sie auf und nieder. Je nach Art und Beschaffenheit der Umgebung braucht der Schmetterling noch einen Moment Ruhe – manchmal weitere ein bis zwei Stunden –, bis die Flügel ausreichend stabil sind. (Bei Tagfaltern und genügend Wärme kann der Vorgang auch deutlich schneller gehen.) Sobald die Flügel vollständig trocken sind und die nötige Festigkeit erlangt haben, ist der Schmetterling flugbereit.

Zusammengefasst:
Die Flügel müssen erst mit Blut vollgepumpt werden, damit sie sich voll entfalten.

Der erste Flug führt nicht selten zu einer Blume, wo sich der Falter niederlässt, um Nektar zu sich zu nehmen und sich damit zu stärken. Es ist der Anfang einer neuen Lebensphase.

FEINSINNIGE SCHMETTERLINGE

Schmetterlinge sind mit erstaunlich leistungsstarken Sinnesorganen ausgerüstet: Besonders beeindruckend sind die Fühler und die Facettenaugen.

Mit ihren Fühlern können Schmetterlinge riechen, manche auch tasten, schmecken und Temperaturen wahrnehmen. Zudem kontrollieren sie damit das Gleichgewicht beim Flug. Die Reizaufnahme erfolgt durch kleine Härchen, die auf den Fühlern verteilt sind. In gewisser Hinsicht sind die Fühler mit unserer Nase vergleichbar. Schmetterlinge können zwar weniger verschiedene Stoffe wahrnehmen als wir Menschen, diese aber viel intensiver riechen. Mit ihren überaus empfindlichen Geruchsorganen können Schmetterlinge sogar einzelne Moleküle eines Geruchsstoffes wahrnehmen. Die sensorischen Fähigkeiten der Fühler sind phänomenal.

Sie können zum Beispiel den Geruch ihrer Wirtspflanze aus einer Distanz von mehreren Kilometern wahrnehmen. Sobald sich die Schmetterlinge der Wirtspflanze nähern, wird der wahrgenommene Geruch immer stärker. Um sicherzugehen, dass es tatsächlich die richtige Pflanze ist, konzentrieren sie sich danach auf die Form der Blätter, wobei sie instinktiv erfassen, welche Blattform ihre Wirtspflanze hat. Sie trommeln auf die Blätter und kratzen sie mit ihren Vorderbeinen an, um mit ihren Fühlern den Geschmack zu riechen und mit ihren Rüsseln zu kosten.

Auch zur Fortpflanzung sind Männchen und Weibchen auf ihren exzellenten Geruchssinn angewiesen. Bei zahlreichen Schmetterlingsarten locken die weiblichen Falter die männlichen mit besonderen Duftstoffen an. Jene werden von Duftschuppen am Körper der Weibchen erzeugt. Die Männchen mancher Arten können die Weibchen auf eine Entfernung von mehreren Kilometern orten.

Beine und Füße ergänzen das sensorische System. Ein Schmetterling hat drei mit Gelenken versehene Beinpaare, mit Schuppen und feinen Haaren, die Vibrationen aufspüren und vermutlich auch Töne wahrnehmen können. Einige Schmetterlingsarten besitzen Geschmackszellen an den Beinen, so wie wir auf der Zunge. Diese helfen ihnen dabei, die richtige Futterpflanze zu finden. Außerdem sind die Beine und Krallen mit Nervenzellen ausgestattet, die bei Berührung auf den individuellen Geruch und Geschmack eines Blattes reagieren. Dieser in den Beinen gespeicherte Geschmackssinn wird nur dann aktiviert, wenn das Insekt an der Oberfläche eines Blattes kratzt.

Zusammengefasst:
Schmetterlinge können ausgezeichnet riechen, vor allem mit den Fühlern, mit denen sie außerdem tasten, schmecken und das Gleichgewicht halten. Aber auch in den Beinen sitzen Geschmackszellen.

HOCHKOMPLEXE AUGEN

Doch eines der größten sensorischen Wunder am Schmetterling sind meiner Meinung nach die zwei großen, ovalen Augen. Wenn ich an die sehschwache Raupe denke, die kaum zwischen hell und dunkel unterscheiden kann, dann frage ich mich: Wie kommt der Schmetterling plötzlich zu einem derart eindrücklichen Sehorgan? Es ist kaum zu fassen, dass bereits in der Raupe alles dafür angelegt war. Doch erst jetzt ist es ausgebildet und notwendig, um den neuen Lebensumständen zu entsprechen.

Die Augen des Schmetterlings sind wie bei anderen Insekten als Facettenaugen ausgebildet. Das bedeutet, dass sich das Auge aus mehreren Einzelaugen zusammensetzt. Ein einzelnes Schmetterlingsauge besteht aus bis zu 6.000 kleinen Einzelaugen. Der Schmetterling kann also bis zu 12.000 Einzelaugen haben! Die Einzelaugen erzeugen jeweils eigene Bildpunkte, die vom Gehirn zu einem mosaikartigen Gesamtbild zusammengefügt werden. Dabei erfasst jedes Facettenauge ein Sichtfeld von mehr als 180 Grad. Schmetterlinge verfügen des Weiteren über ein 4-Farben-Sehsystem, das es ihnen ermöglicht, ein Farbspektrum von Ultraviolett bis Infrarot zu sehen – also auch Farben, die das menschliche Auge nicht erkennen kann. Mit ihren Augen können Schmetterlinge etwa 200 Meter weit sehen und sich auf ein in diesem Abstandsbereich befindliches Flugziel zubewegen.

Zusammengefasst:
Die beiden Schmetterlingsaugen setzen sich aus bis zu 12.000 Einzelaugen zusammen und ermöglichen eine hervorragende Rundumsicht.

Neben den Facettenaugen haben viele Schmetterlingsarten zusätzlich ein Paar Einzelaugen, mit denen sie ihren Tag-Nacht-Rhythmus steuern. Im Gegensatz zu den Tagfaltern haben Nachtfalter, die großen Helligkeitsunterschieden ausgesetzt sind, Pigmentzellen in ihren Augen, mit denen sie die einfallende Lichtintensität regulieren können.

Was für Augen! Völlig fasziniert habe ich mir im Internet Makroaufnahmen von Schmetterlings-Facettenaugen angeschaut. Der Schmetterling ist in der Lage, sich aus einzelnen Bildpunkten ein Bild seiner Umgebung zusammenzusetzen. Dabei scheint weniger wichtig zu sein, dass er einzelne Details scharf sieht, als vielmehr, dass er fähig ist, das Gesamtbild in Form einer Rundumsicht zu erkennen. Auch ich wünsche mir mehr von dieser Sichtweise! Wie oft fokussiere ich mich auf Details und verzweifle fast daran, während das Gesamtbild die Dinge in eine ganz neue Perspektive rücken würde.

Absolut spannend finde ich auch die Tatsache, dass weder die Augen noch das Herz als solches neu sind. Bereits die Raupe hatte beides. Aber mit den Augen konnte sie kaum sehen. Auch ein Herz hatte sie schon, aber es passte nicht mehr in den Schmetterlingskörper. Das erinnert mich an das „neue Herz" und die „neuen Augen", die Teil des „neuen Menschen" sind, an dem Jesus wirkt. Es ist Teil des Verwandlungsprozesses, dass Jesus unsere Augen berührt, damit wir verändert sehen können. Dass wir Menschen und Situationen sehen lernen, wie *er* sie sieht. Auch dass er unser Herz berührt, damit sich unsere inneren Verhärtungen lösen und wir seine Liebe empfangen und weitergehen können.

Überwältigende Vielfalt

Schmetterlinge gehören zu den größten, vielfältigsten und farbenprächtigsten Insekten. Die Zahl der erfassten Schmetterlingsarten erreichte im Jahr 2011 einen neuen Wert von knapp 160.000 beschriebenen Arten. Diese wurden etwa 130 Schmetterlingsfamilien und 46 Überfamilien zugeordnet. In Mitteleuropa sind die Schmetterlinge mit ungefähr 4.000 Arten vertreten. Der größte Teil davon sind Nachtfalter. Weniger als 200 gehören zu den Tagfaltern. Nach dem derzeitigen wissenschaftlichen Stand bilden die Schmetterlinge die an Arten zweitreichste Insektenordnung nach den Käfern, gefolgt von den Ordnungen der Mücken und Fliegen. Es gibt mehr als 15-mal so viele bekannte Schmetterlingsarten wie

Vogelarten. Dabei ist der Artenbestand noch längst nicht erfasst: Jährlich werden etwa 700 neue Arten entdeckt. Die tatsächliche Artenzahl der Schmetterlinge wird auf bis zu 500.000 geschätzt. Über vier Fünftel gehören zu den Nachtfaltern. Andererseits sind auch viele Schmetterlinge vom Aussterben bedroht oder bereits ausgestorben, da ihr Lebensraum zerstört wurde und die für ihre Arterhaltung lebensnotwendige Futterpflanze verschwunden ist. „Rettet die Falter!" Diese Schlagzeile entdeckte ich neulich in einem Wartezimmer in der Zeitschrift *Bunte*. Dazu die Meldung: „Sie gehören zu den schönsten Geschöpfen in der Natur: Schmetterlinge. Naturschützer schlagen Alarm: Rund 60 Prozent unserer Tagfalter stehen auf der Roten Liste! Ein Grund: fehlende Blumenwiesen. Tipp: schon mehr Kräuterbeete im Garten helfen!"[46]

Schmetterlinge sind auf allen Kontinenten verbreitet, außer auf dem südlichsten Kontinent Antarktika. Falter besiedeln fast alle Lebensräume des Festlandes. Die meisten Arten leben in warmen tropischen und subtropischen Gebieten der Erde. Die Vielfalt der Schmetterlinge, die die Baumkronen des Regenwaldes bewohnen, ist erst in Ansätzen erforscht. Sogar in kalten Zonen kommen Falter vor: Schmetterlinge gibt es am Rand des ewigen Eises in Grönland ebenso wie in der Tundra, auf den menschenleeren Inseln des Südpazifiks und im Hochgebirge. Im Himalaya wurden selbst in 6.000 Metern Höhe noch Falter gefunden.

Zusammengefasst:
Schmetterlinge sind die zweitartenreichste Insektenordnung.

Die Größe der bunten Flugmeister schwankt beträchtlich: Die kleinsten Arten erreichen nur wenige Millimeter Flügelspannweite, während einige exotische Exemplare des Nachtpfauenauges, der Atlasspinner oder Eulenfalter bis zu 30 Zentimeter messen.

VERLETZLICHE SCHMETTERLINGSFLÜGEL

Das Hauptmerkmal der Schmetterlinge sind ihre Flügel. Das Berühren der Flügel hinterlässt auf den Fingern eine staubige Substanz. Dieser Staub zeigt sich unter dem Mikroskop als winzige Schuppen, die den Schmetterlingen den wissenschaftlichen Namen Lepidoptera (Schuppenflügler) eingebracht haben. Eine einzelne Schuppe ist etwa 0,1 Millimeter lang und 0,05 Millimeter breit. Tausende von ihnen sind dachziegelartig auf den hauchdünnen Schmetterlingsflügeln angeordnet. Ich frage mich, wo all die Tausenden von Schuppen plötzlich herkommen? Wie ist es möglich, dass aus dem Chaos der Zellsuppe solche Meisterwerke entstehen können? Wer hat all die winzigen Schuppen so zusammengefügt, dass sie durch Muster, Farben und Symmetrien bestechen? Was für ein Wunder!

Die Schuppen sind durch einen winzigen Stift, der sich in einer Hülse verhakt, mit der Flügelhaut verbunden. Bei Berührung lösen sich die Schuppen aus ihrer Halterung und fallen ab. Dies macht den Schmetterling sehr verletzlich. Die Schuppenbedeckung verleiht den Faltern ihr buntes Kleid, die schillernden Farben und die überwältigende Vielfalt der Musterung. Jede Schmetterlingsart hat ein anderes Farbmuster und anders geformte Flügel. Selbst unter den Nachtfaltern, die meist im Dunkeln unterwegs und oft schlicht gefärbt sind, gibt es schillernde Ausnahmen: So gehören zum Beispiel die Chrysiridia in Madagaskar zu den farbenprächtigsten Schmetterlingen der Welt. Neben der Farbgebung haben die Schuppen aber noch eine weitere Funktion: Da sie innen hohl und luftgefüllt sind, dienen sie dem Auftrieb beim Fliegen. Darüber hinaus fungieren sie auch als Solarkollektoren. Sie wärmen die Flugmuskulatur des kaltblütigen Insekts.

Zusammengefasst:
Die Schuppenbekleidung verleiht den Faltern ihr buntes Kleid, macht sie aber auch sehr verletzlich.

KURIOSITÄTEN AUF SCHMETTERLINGSFLÜGELN

Die Kreativität und Originalität, die an den Schmetterlingen sichtbar wird, ist enorm. Neben einer Fülle von Farben und Mustern findet man sogar ein vollständiges Naturalphabet auf den Flügeln der Schmetterlinge abgebildet: Der norwegische Fotograf Kjell Sandved verbrachte 24 Jahre seines Lebens damit, alle 26 Buchstaben des englischen Alphabets sowie die Zahlen 0–9 auf Schmetterlingsflügeln zu finden und fotografisch festzuhalten.[47] Er besuchte für sein Herzensprojekt mehr als 30 Länder. In Brasilien findet man im Atlantischen Regenwald und in anderen Gebieten häufig einen Schmetterling (namens Diaethria clymena), bei dem auf der Unterseite des hinteren Flügelpaares die Zahl 88 oder 89 abgebildet ist und in Ruhestellung bewundert werden kann. Als weitere Besonderheit sind ferner Schmetterlinge mit durchsichtigen Flügeln zu erwähnen (Greta morgane).

Zusammengefasst:
Die Kreativität und Originalität in der Gestaltung der Schmetterlingsflügel ist enorm.

Ich wünschte, ich könnte Ihnen an dieser Stelle eine Auswahl von fantastischen Exemplaren zeigen. Aber wie bei den Raupen kann man sich auch gut mit einer Internetsuche einen kleinen Einblick in die Wunderwelt der Schmetterlinge verschaffen. Bilder sprechen an dieser Stelle mehr als Worte. Als ich vor ein paar Monaten eine Präsentation zu diesem Thema für ein Frauentreffen zusammenstellte, merkte ich nach einer Weile, dass ich viel zu viele Schmetterlinge in die Präsentation eingefügt hatte. Aber immer wieder stieß ich auf ein weiteres Exemplar, das mir noch wunderbarer und außergewöhnlicher als das vorherige erschien, sodass ich kaum aufhören konnte, Bild um Bild in meine Präsentation einzufügen. Den Teilnehmerinnen zuliebe musste ich mich schließlich richtiggehend zwingen, meine Suche abzubrechen. Die Vielfalt war mir vorher noch nie so bewusst geworden.

Im bereits erwähnten Film *Metamorphosis* meint ein Forscher im Hinblick auf die Vielfalt der Schmetterlinge voller Ehrfurcht: „Selbst wenn ich der größte Künstler auf der Welt wäre, könnte ich mir niemals all diese Muster ausdenken." Und ein anderer ergänzt, dass die Schönheit des Schmetterlings im Kern nicht der Arterhaltung diene, sondern dazu da sei, von uns Menschen bewundert zu werden.

Und wenn man bedenkt, dass dies ja „nur" Aussagen über *ein* spezifisches Insekt unter Millionen von verschiedenen Insektenarten sind, dann ahnt man etwas von der unglaublichen Vielfalt und Einzigartigkeit der Schöpfung! Wenden wir uns den Menschen zu, geht das Staunen weiter ... Versuchen Sie sich einmal vorzustellen, dass genau in diesem Moment rund 7,4 Milliarden Menschen auf der Erde leben und jeder einzelne ist unverwechselbar und einzigartig – sowohl äußerlich als auch im Hinblick auf seine Persönlichkeit. Dasselbe gilt für all die Milliarden von Menschen, die bereits verstorben sind. Diese Vielfalt ist verblüffend. Und auch der menschliche Körper ist ein Wunderwerk. Leider wird mir dies oft erst dann bewusst, wenn etwas nicht so funktioniert, wie es sollte. Dann realisiere ich plötzlich schlagartig, wie vieles ich tagtäglich als Selbstverständlichkeit hinnehme, obwohl es alles andere als selbstverständlich ist: Selbst grundlegende Dinge wie die Tatsache, dass mein Herz schlägt. Dass ich sehen, hören und riechen kann. Dass ich gehen und mich bewegen kann. Wenn ich näher darüber nachdenke, scheint die Auflistung der Wunder schier endlos zu sein.

Im Reich der Schmetterlinge entdecken wir eine neue Dimension des Wundervollen, wenn wir einen näheren Blick auf die wandernden Monarchfalter werfen.

> Jeder Mensch ist einzigartig und ein wahres Wunderwerk!

Geheimnisvolle Monarchfalter

Der faszinierende Lebenskreislauf der Monarchfalter hebt sich vom Lebenskreislauf aller anderen Schmetterlingsarten ab und stellt die Wissenschaft vor zahlreiche Rätsel. Seit rund 40 Jahren reisen Wissenschaftler aus aller Welt in ein abgelegenes Waldgebiet in Mexiko, um ein Phänomen zu untersuchen, das in der Natur einzigartig ist: die Wanderung der Monarchfalter. Der Monarchfalter – auch Amerikanischer Monarch genannt – ist ein auffälliger, rötlichorangener Falter aus der Familie der Edelfalter. Ursprünglich kam er aus Amerika, hat sich dann aber über den Pazifik bis nach Australien ausgebreitet.

Weibliche Monarchfalter legen ihre Eier einzig auf Seidenpflanzen ab, die im Frühling und Sommer überall in den Vereinigten Staaten blühen. Da die Seidenpflanze den kalten Winter jener Region jedoch nicht überlebt, stoppt der Monarchfalter Ende August seine Fortpflanzungsaktivitäten. Er folgt seiner inneren Uhr und trifft Vorbereitungen für den bevorstehenden Transkontinentalflug. Im Gegensatz zur Frühlingsgeneration, die nur wenige Wochen lebt, ist die Generation, die im August zur Welt kommt, genetisch für neun Monate programmiert, was von entscheidender Bedeutung für das Überleben ist. Denn diese Wintergeneration, auch „Methusalem-Generation" genannt, begibt sich auf eine lange Reise in den Süden, übersteht dort vier Wintermonate und fliegt im Frühling wieder in Richtung Norden, um eine neue Generation zu gründen. Man vermutet, dass ein Unterschied in der DNA, in den Genen, für die unterschiedliche Lebensdauer der Monarchfalter verantwortlich ist.

Zusammengefasst:

Die Wintergeneration der Monarchfalter lebt anders als die Vorgängergenerationen nicht nur wenige Wochen, sondern neun Monate.

Die Wanderung der Monarchfalter beginnt jedes Jahr im September. Die Reise ist aus zwei Gründen notwendig: 1. Monarchfalter sind tropische Schmetterlinge, die den kalten Winter des amerikanischen Mittleren Westens und Kanadas nicht überstehen könnten. 2. Ihr Lebenskreislauf hängt von der Seidenpflanze ab, die den Winter ebenfalls nicht übersteht.

Die kürzeren Tage sind für die Schmetterlinge das Signal, ihre Wanderschaft zu beginnen und den nordamerikanischen Lebensraum zu verlassen. Die Wanderfalter fliegen meist in Gruppen von einigen Hundert Schmetterlingen und können bis zu 300 Kilometer pro Tag zurücklegen, wobei sie oft auf warmen Luftströmen segeln. Ihre Sensoren helfen ihnen, richtig zu navigieren und ihren Flug jeden Tag neu zu justieren, indem sie sich an der Sonne orientieren. Ende Oktober eines jeden Jahres können die Monarchfalter auf Bohrinseln beobachtet werden, wo sie sich ausruhen. Bei Tagesanbruch wärmen sie ihre Flugmuskulatur und setzen ihre Reise fort. Nachdem sie die südliche Grenze von Texas überquert haben, schließen sich die Monarchfalter, die aus unterschiedlichen Regionen herbeifliegen, auf einer gemeinsamen Flugroute zusammen.

Zusammengefasst:
Jede Wintergeneration der Monarchfalter fliegt aufs Neue bis zu 5.000 km in dasselbe Zielgebiet in Zentralmexiko.

Ihr Flugziel sind die Oyamel Kiefernwälder, die in den Bergen des Vulkangürtels Sierra Volcánica Transversal in Zentralmexiko versteckt sind. Seit 2008 steht das Monarch-Biosphärenreservat jener Gegend unter UNESCO-Schutz.[48] Nach einer zweimonatigen und bis zu 5.000 Kilometer langen Reise landen die Monarchfalter in einem etwa 1.000 Quadratkilometer kleinen Zielgebiet – das entspricht in etwa der Fläche der Insel Rügen.

Es ist ein Rätsel, wieso die Monarchfalter ausgerechnet zu diesen Oyamel Kiefernwäldern fliegen. Die transvulkanische Gebirgskette ist die höchste in Mexiko und reich an Schwermetallen. Ob die starke magnetische Anomalie der Schwermetalle nahe an der Oberfläche den Monarchfaltern vielleicht auch zur Orientierung auf ihrer Flugroute dient? Über die Antwort können nur Mutmaßungen angestellt werden. Erstaunlich ist: Keines dieser Tiere hat diese Reise schon einmal gemacht und doch folgen sie alle zielsicher einem inneren Kompass. Am Ende gelangen die Monarchfalter zu denselben Bäumen, die ihre Vorfahren im Vorjahr verlassen haben.

ENTDECKUNG DER MONARCHWÄLDER

Die Entdeckung des ersten Monarchwaldes geht auf den Januar 1975 zurück. Es sei ein Ort, wo Schmetterlinge durch die Luft wirbeln wie Herbstblätter, beschrieben ihn begeisterte Besucher. Seit 1975 konnte man insgesamt ein Dutzend überwinternde Kolonien in eben jenem Gebiet ausmachen.

An ihrem Reiseziel angekommen, hängen sich die Monarch-Schmetterlinge an die Äste und bilden dichte Trauben, um sich vor den niedrigen Temperaturen und dem Wind zu schützen. Bis zu einer Milliarde Schmetterlinge (!) überwintern im mexikanischen Biosphärenreservat. Ein orange-schwarzes Gewand überzieht dann die Bäume und ganze Wälder in den Bergen von Michoacán. Bei kalten Temperaturen bleiben die Tiere gerne in der wärmenden Traube hängen. Erst wenn es wieder wärmer wird, kehrt Leben ein und die Schmetterlinge flattern herum oder setzen sich auf den Boden, um sich zu sonnen.

Bevor die Wanderfalter im Frühling wieder nach Norden aufbrechen, suchen sie Wasser und Nektar, um sich von der Überwinterung zu erholen und für den bevorstehenden Rückflug zu stärken. Die Er-

Zusammengefasst:
Bis zu einer Milliarde Schmetterlinge überwintern auf einem Gebiet, das etwa so groß ist wie Rügen, und fliegen dann wieder gen Norden.

wärmung löst eine Veränderung in der Biologie aus und die Fortpflanzungsorgane werden wieder aktiv. Bevor die Monarchfalter in Richtung Norden zurückfliegen, paaren sie sich. Der Rückflug erstreckt sich über mehrere Generationen. Doch schließlich landen die Monarchfalter wieder in ihrer Heimat, von wo aus im Herbst die nächste „Methusalem-Generation" erneut in Richtung Süden aufbricht. Genau dorthin, wo ihre Vorfahren bereits waren.

MONARCHFALTER ALS VORBILD

Was für eine Geschichte! Schmetterlinge, die wie von Zauberhand einem inneren Navigationssystem folgen und zielgerichtet auf ein Ziel zusteuern, das sie nie zuvor gesehen haben. Dabei faszinieren mich zwei Dinge ganz besonders: 1. Die gemeinsame Ausrichtung auf ein Ziel und 2. Die Orientierung an der Sonne.

Die meisten Monarchfalter sind in Gruppen unterwegs. Gemeinsam fliegen sie ins Winterquartier und machen sich von dort aus wieder auf den Heimweg. Wie die filigranen Flugobjekte mit Miniaturmuskeln eine solche Reise überhaupt überstehen und den Winden trotzen können, ist mir schleierhaft. Das, was die Monarchfalter antreibt, nicht aufzugeben, und was sie unbeirrt vorantreibt, ist ihr gemeinsames Ziel. Im Neuen Testament finden wir viele Bibelstellen, in denen die christliche Gemeinde aufgefordert wird, sich ganz auf das gemeinsame Ziel, jetzt und für immer mit Jesus Christus verbunden zu sein (1. Korinther 1,9), auszurichten: *Geschwister, im Namen von Jesus Christus, unserem Herrn, fordere ich euch alle auf, eins zu sein. Redet so, dass eure Worte euch nicht gegeneinander aufbringen, und lasst es nicht zu Spaltungen unter euch kommen. Seid vielmehr ganz auf dasselbe Ziel ausgerichtet und haltet in völliger Übereinstimmung zusammen* (1. Korinther 1,10). Das gemeinsame Ziel soll auch den Umgang miteinander bestimmen. Zum Beispiel hinsichtlich der Bereitschaft, sich gegenseitig anzunehmen und einander respektvoll zu begegnen. Selbst dann, wenn man von der Wesensart her grundverschieden ist und vermutlich nie beste Freunde sein wird. Zum respektvollen Umgang gehört – wie es aus der Bibelstelle ersichtlich wird – die Fähigkeit, seine Zunge im Zaum zu halten und nicht negativ übereinander zu sprechen. Denn dies kann großen Schaden anrichten (vgl. Jakobus 3,6, wo die Zunge mit einem Feuer verglichen wird). Jakobus findet deutliche Worte im Fall von übler Nachrede. Über die Zunge schreibt er: *Sie ist ein ständiger Unruheherd, eine Unheilstifterin, erfüllt von tödlichem Gift. Mit ihr preisen wir den, der unser Herr und Vater ist, und mit ihr verfluchen wir Menschen, die als Ebenbild Gottes geschaffen sind. Aus ein und demselben Mund kommen Segen und Fluch. Das, meine Geschwister, darf nicht sein!* (Jakobus 3,8b-10). Im Umgang miteinander soll Ausdruck finden, was wir von Jesus empfangen. Das Erfahren der göttlichen Liebe soll zu einer liebevollen Haltung anderer Menschen gegenüber führen (1. Johannes 4,19-21). Die Tatsache, dass Jesus uns angenommen hat, soll uns dazu befähigen, auch einander anzunehmen (Römer 15,7). Und genauso wie Jesus uns vergeben hat, sollen auch wir einander vergeben (Kolosser 3,13). Wo Wertschätzung, Liebe, Annahme und Vergebung gelebt wird, herrscht ein Klima, das tiefe und echte Gemeinschaft möglich macht. Und das eine Fokussierung auf das

Fokussieren Sie sich als Gemeinde auf das gemeinsame Ziel!

gemeinsame Ziel ermöglicht, weil nicht irgendwelche persönlichen Streitigkeiten oder Antipathien vom Wesentlichen ablenken. *Denn von Gott kommt alle Ermutigung und alle Kraft, um durchzuhalten. Er helfe euch, Jesus Christus zum Maßstab für euren Umgang miteinander zu nehmen und euch vom gemeinsamen Ziel bestimmen zu lassen* (Römer 15,5). Im Hinblick auf eine christliche Gemeinschaft stellt sich also die Frage: Bestimmt tatsächlich in erster Linie das gemeinsame Ziel unser Tun und Handeln? Spiegelt die Art und Weise, wie wir miteinander umgehen, die Tatsache wider, dass wir ein gemeinsames Ziel verfolgen?

Dass es tatsächlich die Sonne ist, die den Monarchfaltern den Weg weist, wurde durch Professor Taylor vom Monarch-Forschungsprojekt der Universität Kansas bestätigt.[49] Als Menschen stehen wir oft in der Gefahr, die Orientierung und manchmal sogar das Ziel aus den Augen zu verlieren auf unserem Lebensweg. Doch genau in solchen Zeiten möchte Gott uns zur „Sonne" werden, an der wir uns orientieren können: *Denn Gott, der Herr, ist unsere Sonne, er beschützt uns wie ein Schild. Gnade schenkt der Herr und er lässt uns zu Ehren kommen. Denen, die aufrichtig ihren Weg gehen, enthält er nichts Gutes vor* (Psalm 84,12). In der Bibel finden wir Worte des Lebens und Orientierungshilfen für den Alltag. So kann zur Realität werden, was in Psalm 119,115 steht: *Dein Wort ist wie ein Licht in der Nacht, das meinen Weg erleuchtet.*

> Gott ist die Sonne, an der wir uns orientieren können.

Schmetterlingsgedanken

Vor ungefähr fünf Jahren habe ich das Buch *Wecke die Löwin in dir: Erhebe dich und verändere deine Umwelt mit neuer Leidenschaft* von Lisa Bevere durchgearbeitet.[50] Vieles in dem Buch hat mich angesprochen. Ganz besonders die Parallelen aus der Natur: die starke, mutige und leidenschaftliche Löwin, deren bloße Anwesenheit genügt, um Herrschaftsverhältnisse in der Gegend zu klären, ihre Jungen zu beschützen und dem Löwen den Rücken zu stärken. Da ich von meinem Typ her sehr stark auf Bilder anspreche, habe ich mir sogar eine kleine Löwenfamilie aus Schleich-Tieren angeschafft, mit zwei Löwinnen – einer schlafenden und einer, die aufgestanden ist. Dies sollte mich immer wieder daran erinnern, auch eine mutige Löwin zu sein. Im Buch von Lisa Bevere geht es unter anderem um einen Appell an die „Löwenschwestern", gemeinsam aufzustehen und ein „gemeinschaftliches Gebrüll" anzustimmen, das alles verändert. Löwinnen sind Rudeltiere. Seite an Seite gehen sie auf die Jagd, beschaffen Nahrung für ihre Familien und verändern die Welt um sich herum. Löwenschwestern kämpfen für ihre Familien und gegen das Böse. Sie sind wach, wild und gefährlich. Das Bild der Löwin hat mich fasziniert und doch gelang es mir nicht wirklich, mich damit zu identifizieren. Lange verstand ich nicht, wieso. Heute ahne ich, was der Grund dafür ist.

Das Bild der Löwin widerspricht in vielen Punkten Persönlichkeitsmerkmalen, die mich prägen und zum Teil auch begrenzen. Es gibt Dinge, die werde ich nicht ändern können, so sehr ich mich auch darum bemühe. Zum Beispiel, dass ich kein „Rudeltier" bin. Die Tatsache, dass ich stark introvertiert bin, hat zur Folge, dass es mich sehr viel Energie kostet, mit anderen Menschen zusammen zu sein. In der Stille und Einsamkeit kann ich neue Kraft und neuen Mut schöpfen und meine Gedanken ordnen. Natürlich ist mir bewusst, dass Beziehungen trotzdem wichtig sind und dass es nicht die Lösung ist, sich aus den genannten Gründen einer Gemeinschaft zu entziehen. Und doch ist dies eine ganz andere Grundvoraussetzung als bei Menschen, die stark personenbezogen sind und ihre Energie, Inspiration und ihren Mut aus Beziehungen und dem Miteinander mit anderen Menschen schöpfen. In einer Gruppe bin ich lieber in der Beobachterposition. Auch wenn ich mich aktiv in ein Gruppengespräch einbringen kann, höre ich doch viel lieber zu, als dass ich selbst spreche. Gemeinsam mit anderen „Löwenschwestern" aufzustehen und ein „gemeinschaftliches Gebrüll" anzustimmen, passt überhaupt nicht zu mir. Durch meine Hochsensibilität ist mir alles Laute und Kämpferische zuwider. Da fühle ich mich schon überfordert, bevor es nur begonnen hat. Ich bevorzuge das Leise, Bedachte und Behutsame. Auch *ich* möchte furchtlos, mutig und stark sein und doch suche ich das Rampenlicht nicht freiwillig. Heute weiß ich, dass das Rampenlicht zumindest gelegentlich zu meinem Auftrag dazugehört, aber es kostet mich jedes Mal viel Herzklopfen und eine gehörige Portion Mut und Überwindung.

> Bestimmte Persönlichkeitsmerkmale werden wir nie ändern können.

Vielleicht sind diese Dinge mit ein Grund dafür, dass mich das Bild des Schmetterlings so anspricht. Dieses stille, fragile und feinsinnige Wesen ist trotz seiner Verletzlichkeit zu unglaublichen Leistungen fähig (man denke nur an den Monarchfalter!). Es hat die Raupenphase und die Verpuppung durchgestanden und bewegt sich nun in neuer Gestalt in einer neuen Dimension. Hier habe ich gespürt: Dieses Bild passt zu mir. Ich schreibe das nicht, um die Bilder gegeneinander auszuspielen oder die Bedeutung der Löwin zu schmälern. Im Gegenteil: Ich denke, dass das Bild der Löwin vielen eine wertvolle Hilfe sein kann und genau der richtige Ansporn ist, sich aufzumachen und mutige Schritte zu wagen. Aber daneben gibt es vermutlich auch noch mehr von meiner Sorte. Menschen, die sich von ihrem Typ her eher mit einem Schmetterling als mit einer Löwin identifizieren. So möchte ich Lisa Beveres Leitsatz *Wecke die Löwin in dir* mit diesem Buch um ein *Entfalte den Schmetterling in dir* ergänzen. Es braucht beides. Die Lauten und die Leisen.

> Es gibt Löwen- und es gibt Schmetterlingstypen. Was entspricht eher Ihrer Natur?

Die Kämpfer und die Besonnenen. Gruppen und Einzelkämpfer. Wobei es natürlich auch bei den Schmetterlingen Gruppenbildungen gibt, zum Beispiel bei den Prozessionsraupen oder der Wanderung der Monarchfalter.

Die beiden Bilder haben einige Berührungspunkte. Beide Tiere können auf ihre Weise mutig sein und sind herausgefordert, Begrenzungen zu überwinden. Weder das Leben der Löwin noch das des Schmetterlings untersteht dem Selbstzweck. Es dient anderen. Während dies beim Schmetterling in keiner anderen Phase vorher der Fall war, geht es beim erwachsenen Schmetterling in erster Linie um die Fortpflanzung. Es geht darum, Spuren und ein Erbe zu hinterlassen. Und dies geschieht auf ganz unterschiedliche Weise. Der beste Weg ist: der jeweiligen Natur entsprechend. Dem entsprechend, wie Gott uns geschaffen hat und führt.

Dann kann nicht nur eine Löwin Großartiges vollbringen, sondern auch ein Schmetterling. Sagt Ihnen der Ausdruck „Schmetterlingseffekt" etwas? Der Begriff wurde im Jahr 1972 vom US-amerikanischen Meteorologen Edward Norton Lorenz (1917–2008) geprägt. Der Begründer der Chaostheorie stellte die Frage, ob ein Flügelschlag eines Schmetterlings in Brasilien einen Tornado in Texas auslösen könnte. Dieser Vergleich beschreibt vereinfacht, wie bei komplexen chaotischen Systemen wie etwa dem Wetter schon kleine Abweichungen in den ursprünglichen Bedingungen langfristig zu einem völlig anderen Resultat führen. Dies macht es zum Beispiel unmöglich, das Wetter auf Monate hinaus genau vorherzusagen. In der Alltagswelt der Menschen

Unsere Taten haben einen größeren Einfluss auf die Welt, als wir ahnen.

wurde der Schmetterlingseffekt aber vor allem dafür bekannt, dass eine kleine Ursache eine große Wirkung hervorruft. Es geht um die Erkenntnis, dass alles, was wir tun – oder nicht tun –, von Bedeutung ist. Dass es einen größeren Einfluss auf die Welt haben könnte, als wir ahnen. Und dass nicht nur die großen Taten von Bedeutung sind, sondern auch die ganz kleinen und alltäglichen. Jeder Mensch ist wichtig, bedeutsam, einzigartig und unersetzbar in dieser Welt. Das Verbreiten von ein bisschen Güte, Geduld, Freundlichkeit kann für jemand anders von unglaublicher Bedeutung sein.[51] So wird der Schmetterling zu einem Bild der Hoffnung und der Inspiration in ganz unterschiedlicher Hinsicht.

DER SCHMETTERLING ALS SYMBOL DER HOFFNUNG

Besonders fasziniert hat mich bei meinen Recherchen, dass der Schmetterling schon extrem lange als Symbol der Hoffnung verwendet wird. Was verbindet zum Beispiel den Schmetterling auf einem antiken ägyptischen Grabbild mit einem Schmetterling an der Wand eines ehemaligen Konzentrationslagers oder mit dem

Schmetterling auf einem Grabstein in unserem Dorf? Die Antwort lautet: Hoffnung! Sehnsüchtige Hoffnung darauf, dass das Leben nicht mit dem körperlichen Tod endet, sondern dass die Seele weiterlebt. Eine Erklärung dafür, dass die Seele bis heute in den verschiedensten Kulturen auffallend häufig mit dem Schmetterling in Verbindung gebracht wird, findet sich in der griechischen Sprache. Das altgriechische Wort *psyche* bedeutet nämlich nicht nur *Seele*, sondern auch *Schmetterling*. Diese Doppelbedeutung von *psyche* ist seit dem 4. Jahrhundert v. Chr. nachgewiesen. Wie vor ihnen die Ägypter sahen auch die Griechen in den Schmetterlingen Erscheinungsformen der Seele und damit ein Symbol für deren Unsterblichkeit.

Diese Deutung fand nicht nur Eingang in der griechischen und römischen Mythologie[52], sondern zieht sich wie ein roter Faden durch die Kunst und Literatur von der Antike bis in die Gegenwart. Der Schmetterling hat als Verkörperung der menschlichen Seele auch Eingang im Christentum gefunden. Als Zeichen der Auferstehungshoffnung hatten bereits frühe Christen gelegentlich Schmetterlinge auf Grabplatten und Sarkophage geritzt. In dieser Traditionslinie wurde der Schmetterling besonders im 18. und 19. Jahrhundert zu einem populären Symbol der Grabkunst. Darüber hinaus wurde er auch zum Sinnbild für die bereits vollbrachte Auferstehung Christi und infolgedessen als Symbol der Hoffnung, der Verwandlung und des neuen Lebens zu einem österlichen Zeichen.

Bis heute hat die Schmetterlingssymbolik weltweit nichts von ihrer Faszination eingebüßt. Es ist bewegend, wie der Schmetterling unzähligen Generationen zu einem Zeichen der Hoffnung wurde.

Symbole der Hoffnung sind auch in der heutigen Zeit dringend nötig. Als ich im Juli 2016 an diesem Abschnitt arbeitete, wurde Europa innerhalb weniger Tage von einer Vielzahl von Schreckensmeldungen erschüttert: Der Anschlag in Nizza (14. Juli), der Amoklauf in München (22. Juli), der Sprengstoffanschlag von Ansbach (24. Juli), die Ermordung eines Priesters in Rouen durch

Anhänger des IS (26. Juli) – um nur einige Beispiele aus Frankreich und Deutschland zu nennen. Was liegt angesichts dessen, was weltweit geschieht, näher, als in tiefer Hoffnungslosigkeit zu versinken und mutlos zu resignieren? Als von Natur aus ängstlicher und introvertierter Mensch kenne ich diese Gedanken und Gefühle nur zu gut. An mir

Augen der Hoffnung blicken über das Gegenwärtige hinaus.

selbst erkenne ich die Notwendigkeit, dass ich innerlich immer wieder neu zurechtgerückt werden muss. Ich muss mich daran erinnern, dass Augen der Hoffnung über das Gegenwärtige hinausblicken. Mitten in den Stürmen des Lebens richten sie sich auf den Ewigen, der keinem Wandel unterworfen ist.

„Alles verändert sich, aber dahinter ruht ein Ewiges", schrieb einst Goethe. Der erste Teil des Zitats bringt eine manchmal beunruhigende und auch anstrengende Realität des Lebens zum Ausdruck: Alles verändert sich. Doch der zweite Teil des Satzes wirkt unglaublich wohltuend, beruhigend und entlastend auf mich: „... aber dahinter ruht ein Ewiges." Das ist für mich so, als ob jemand den Nebelschleier der Unruhe wegziehen und den Blick auf eine wunderbare klare Berglandschaft freigeben würde. Es verändert nicht die Realität, setzt sie aber in einen neuen Zusammenhang. Die Veränderungen sind eine Realität, die schrecklichen Geschehnisse sind eine Realität, aber hinter allem gibt es eine unveränderliche Größe, auf die Verlass ist. Was Goethe unter dem „Ewigen" verstanden hat, kann ich nicht mit Sicherheit sagen. Für mich steht es als Synonym für Gott, über den in Psalm 90,1b-2 geschrieben steht: *Herr, eine Zuflucht bist du uns gewesen, wo man sicher wohnen kann, du warst es für uns durch alle Generationen. Ehe die Berge geboren wurden, ehe du die Erde mit ihren Lebensräumen hervorbrachtest – da warst du, Gott, schon da von Ewigkeit zu Ewigkeit.*

Das Ewige ist die Dimension, der unser Leben verpflichtet ist. Wie schnell verlieren wir dies aus den Augen. Die Metamorphose der Raupe zum Schmetterling erinnert uns wieder daran. Heinrich Böll bringt es auf den Punkt, wenn er schreibt:

Wenn die Raupen wüssten, was einmal sein wird,
wenn sie erst Schmetterlinge sind,
sie würden ganz anders leben:
froher, zuversichtlicher und hoffnungsvoller.
Der Tod ist nicht das Letzte.
Der Schmetterling ist das Symbol der Verwandlung,
Sinnbild der Auferstehung.
Das Leben endet nicht, es wird verändert.
Der Schmetterling erinnert uns daran,
dass wir auf dieser Welt nicht ganz zu Hause sind.

Was mich der Schmetterling lehrt

Im Frühling 2016 hielt ich im Raum Zürich eine Predigt über 2. Korinther 3,18. (In Kapitel 4 werde ich darauf eingehen, inwiefern dieser Bibelvers für unser Thema von Bedeutung ist.) Zur Illustration meiner Gedanken verwies ich auf die Verwandlung der Raupe zum Schmetterling. In den Monaten zuvor hatte ich mich intensiv damit beschäftigt, Bücher rund um das Thema Metamorphose und Verwandlung zu sammeln und zu lesen. Ganz besonders interessierte mich, ob bereits jemand in ähnlicher Art einen Vergleich des menschlichen Lebens mit dem des Schmetterlings angestellt hatte, wie es mir für dieses Buchprojekt vorschwebte. Schließlich hatte ich den Eindruck, mir einen recht guten Überblick über das Feld der Literatur in diesem Zusammenhang verschafft zu haben.

Umso überraschter war ich, als bei der Verabschiedung der Gottesdienstbesucher eine Frau zu mir sagte: „Was Sie heute gesagt haben, hat mich sehr an das Büchlein *Was mich der Schmetterling lehrt* erinnert." Ein Büchlein mit dem Titel „Was mich der Schmetterling lehrt"? Ich bedankte mich freundlich für den Hinweis, während ich innerlich erstarrte und es kaum erwarten konnte, auf dem Heimweg Recherchen anzustellen. War mir jemand zuvorgekommen im Hinblick auf meine Buchidee?

In der Straßenbahn auf dem Weg zum Hauptbahnhof fand ich den entsprechenden Titel im Internet. Allerdings ließen die knappen Angaben noch keine Rückschlüsse zu. Es schien ein älteres Büchlein zu sein und der einzige Weg, mehr herauszufinden, war, es zu bestellen und zu lesen. Ein paar Wochen später hielt ich das kleine Büchlein mit dem Titel *Was mich der Schmetterling lehrt* in den Händen und hatte es wenig später auch gelesen. Es war im Jahr 1972 in französischer Sprache von dem Schweizer Pfarrer Alexander Morel geschrieben worden. Jener lebte im französischsprachigen Teil der Schweiz und war zugleich ein leidenschaftlicher Schmetterlingsbeobachter. Mit Verweis auf die Schmetterlinge ist im Klappentext des Buches zu lesen: „Diese zarten Wesen sind dem naturkundigen Theologen Sinnbilder und Gleichnisse für ewige Wahrheiten geworden. Er sieht das Leben der kleinen, schwebenden Geschöpfe mit ihrem stufenartigen Wachstum und ihren geheimnisvollen Verwandlungen [...] gleichnishaft für das Leben der Menschen und darin flicht er seine Gedanken über das natürliche Leben, das Wachsen des geistlichen Menschen, über Tod und Auferstehung mit ein."

In den Folgemonaten stieß ich mehrfach darauf, dass dieses Sinnbild – auch von einzelnen Theologen – aufgegriffen wurde. Einmal mehr wurde mir bewusst: Es gibt nichts Neues unter der Sonne! Spannend ist, dass trotz vieler Übereinstimmungen schlussendlich doch jeder seinen eigenen Zugang zum Thema findet und seine eigenen Schlüsse zieht. Dies hat mich schließlich darin bestärkt, dieses Buch dennoch zu schreiben. Es geschieht nicht in der Haltung, dass meine Sicht richtiger wäre als die von anderen. Vielmehr soll mein Buch Sie dazu ermutigen, sich eigene Gedanken zum Angesprochenen zu machen und das zu übernehmen, was für Ihr Leben von Bedeutung und eine Hilfe ist. Vielleicht entwickelt das Bild von der Entwicklung der Raupe zum Schmetterling sogar eine solche Eigendynamik, dass es Sie Lektionen lehrt, die in diesem Buch gar nicht erwähnt werden. Das wäre großartig!

Mir ist bewusst, dass jedes Bild seine Grenzen hat. Das gilt selbstverständlich auch für dieses Sinnbild. Was in der Natur ein einmaliger Prozess ist, kann sich im menschlichen Leben mehrfach wiederholen. Als menschliche ‚Schmetterlinge' können wir wieder in Verhaltensweisen der „Raupe" zurückfallen. Und wie bereits klar geworden sein dürfte, denke ich auch, dass sich in unserem Leben mehrere Kokonzeiten ereignen können. Petrus – mit seiner spontanen und leidenschaftlichen Art – scheint mir ein spannendes Beispiel dafür zu sein, wie leicht wir Menschen wieder in Raupenverhalten zurückfallen können. Selbst dann, wenn wir eigentlich gerade so herrlich am Fliegen sind und meinen, den Dreh endlich herauszuhaben. Petrus war einer der ersten Jünger, die Jesus Christus in seine Nachfolge rief. Von Anfang an war er mit Jesus unterwegs und erlebte viele Wunder mit. All diese Erlebnisse stärkten seinen Glauben. Er wagte mutige Schritte und erfuhr dabei etwas von der Macht Gottes und von dieser göttlichen Dimension, die menschliche Grenzen sprengt. Zum Beispiel, als er mitten im Sturm aus dem Fischerboot stieg, um Jesus – auf dessen Aufforderung hin – auf dem Wasser entgegenzugehen (Matthäus 14,29). Im Vertrauen auf Jesus war Petrus über sich hinausgewachsen (er hatte es gewagt, in eine Schmetterlingsdimension einzutreten). Und das Wunder geschah: Petrus konnte auf dem Wasser gehen! Doch dann realisierte er plötzlich, wie unmöglich das alles war: Er sah nicht länger auf Jesus, sondern auf die Stärke des Sturms und erkannte seine Schwäche. Das altvertraute Raupendenken nahm wieder von ihm Besitz. Angst erfasste ihn und er drohte zu sinken. Trotz allem hatte er den Jüngern, die im Boot sitzen geblieben waren, etwas voraus. Er hatte Gottes Wirken an seinem eigenen Leben erfahren und ein unglaubliches Wunder erlebt! Später, im Garten Gethsemane, beteuerte Petrus vor der Verhaftung von Jesus kühn: *Wenn dich auch alle anderen verlassen – ich halte zu dir!* (Matthäus 26,33). Als Leser staunt man, wie mutig und entschieden sich Petrus hier

Was in der Natur ein einmaliger Prozess ist, kann sich im menschlichen Leben mehrfach wiederholen.

positionierte. Kämpferisch stellte er sich den Soldaten entgegen, um Jesus zu verteidigen. Doch kurze Zeit später finden wir einen ganz anderen Petrus vor. Aus Angst davor, als Jünger von Jesus Christus entlarvt zu werden, leugnete er, diesem je begegnet zu sein, indem er sagte: *„Ich schwöre euch: Ich kenne diesen Menschen nicht! Gott soll mich verfluchen, wenn ich lüge!"* (Matthäus 26,74). Auch hier wieder ein Rückfall in altvertrautes Raupenverhalten. Und zugleich eine wichtige Lektion: nämlich, dass Schmetterlings-verhalten nie allein aus eigener Kraft und Anstrengung möglich ist. Jesus hatte Petrus den Ausgang der Geschichte vorausgesagt (Matthäus 26,34), doch Petrus hatte ihm nicht geglaubt. Er war sich selbst so sicher gewesen, dass er das schaffen würde. Am Ende blieben Ernüchterung und tiefe Verzweiflung. Nach dem Tod und der Auferstehung von Jesus herrschte eine gewisse Ratlosigkeit unter den Jüngern. Sie gingen wieder zurück in ihre alte Heimat und ihren alten Beruf. Doch das ist nicht das Ende der Geschichte. Eines Morgens, nach einem erfolglosen Fischzug, begegnete der Auferstandene seinen Jüngern am See (Johannes 21). Jesus gab Petrus eine neue Chance und vertraute ihm sogar eine Führungsrolle an (Johannes 21,17). Er sah in ihm weiterhin den Schmetterling, der in ihm steckte, nicht die Raupe.

Auch der Schmetterling hat mich so einiges gelehrt. Fünf dieser Lektionen möchte ich gerne mit Ihnen teilen.

LEKTION 1: KÄMPFE FÜR EINEN DURCHBRUCH

Als ein kleiner Junge eines Tages draußen spielte, fand er eine wunderschöne Raupe. Sorgfältig hob er sie auf und nahm sie mit nach Hause. Zu Hause fragte er seine Mutter, ob er die Raupe be-halten dürfe. „Ja, wenn du gut auf sie achtgibst", antwortete die Mutter und überließ ihm ein geeignetes Gefäß. Der Junge richtete es liebevoll ein. Er holte eine Menge Blätter von der Pflanze, auf der er die Raupe gefunden hatte, und einen kleinen Ast. Danach beobachtete er die Raupe jeden Tag und versorgte sie mit frischer

Nahrung. Nach einigen Tagen kletterte die Raupe auf den Ast und begann, sich seltsam zu bewegen. Der Junge war beunruhigt und rief nach seiner Mutter. Diese erklärte ihm, dass die Raupe dabei sei, einen Kokon zu bauen, und dass sie sich bald in einen Schmetterling verwandeln würde. Der Junge war begeistert. In den kommenden Tagen ließ er den Kokon nicht mehr aus den Augen. Auf keinen Fall wollte er den Moment verpassen, in dem der Schmetterling schlüpfen würde. Als der Tag kam, wurde ein kleines Loch im Kokon sichtbar und der Schmetterling startete seinen Kampf, den Kokon zu verlassen. Die anfängliche Begeisterung des Jungen verwandelte sich in Sorge. Es schien, als ob es der Schmetterling trotz aller Anstrengung nicht schaffen würde. Der besorgte Junge entschied sich, dem Schmetterling zu helfen. Mit einer kleinen Schere vergrößerte er das kleine Loch, damit der Schmetterling leichter schlüpfen konnte, was bald darauf geschah. Der Junge betrachtete nachdenklich den geschwollenen Körper des geschlüpften Schmetterlings und seine zusammengeschrumpften Flügel. Ihm war zuvor erzählt worden, dass sich der Körper des Schmetterlings verkleinern und die Flügel sich ausdehnen würden. Aber nichts davon geschah. Der Schmetterling verbrachte den Rest seines kurzen Lebens damit, mit einem geschwollenen Körper und geschrumpften Flügeln herumzukriechen. Unfähig, zu fliegen.

In seiner guten Absicht, dem Schmetterling zu helfen, hatte der Junge ihm schwer geschadet. Er hatte nicht gewusst, dass der Kampf des Schmetterlings beim Verlassen des Kokons dessen Flügel stärkt und so die entscheidende Voraussetzung dafür schafft, dass der Schmetterling später fliegen kann.[53]

Kämpfe und Hindernisse machen uns stärker.

Auch im menschlichen Leben ist das Ankämpfen gegen Hindernisse oft genau das, was wir brauchen, damit wir gestärkt aus Krisen hervorgehen und „flugtüchtig" werden. Eine herausfordernde Perspektive! So anders, als wir die Kämpfe, die wir auszufechten haben, erleben, wahrnehmen und bewerten. Ich zumindest verstehe oft nicht, wofür gewisse Kämpfe gut sein sollen. Der Gedanke, dass alles, was wir in unserem Leben durchkämpfen, einem höheren Ziel dienen könnte, ist herausfordernd ... und tröstlich zugleich. Dasselbe gilt für die Vorstellung, dass ausgerechnet umkämpfte Zeiten, in denen wir uns so hilflos und schwach fühlen, Zeiten sind, in denen wir an Stärke gewinnen. Der ehemalige österreichische Bodybuilder Arnold Schwarzenegger, später Hollywoodschauspieler und Gouverneur von Kalifornien, sagte einst: „Stärke kommt nicht von Gewinnen. Du wächst an Deinen Herausforderungen. Wenn Du auf Widerstände triffst und Dich entscheidest dranzubleiben, das ist Stärke.[54]

Neulich haben wir uns auf Wunsch unserer Tochter gemeinsam den Film *Soul Surfer* angeschaut. Der Hollywoodfilm basiert auf der gleichnamigen Biografie der Surferin Bethany Hamilton (geb. 1990) und kam im Jahr 2011 in die amerikanischen und 2012 in die deutschen Kinos. Bethany Hamiltons Andachtsbuch *Soul Surfer*[55] hat uns zudem als Familie durch das Jahr begleitet. Ich hatte den Film bereits vor ein paar Jahren gesehen, aber er hat mich wieder ganz neu berührt. Gerade auch im Zusammenhang mit dem Thema dieses Buches. Am 13. Oktober 2003 griff ein Tigerhai die damals 13-Jährige vor der Hawaii-Insel Kauai an und riss ihr den linken Arm ab. Insgesamt verlor Bethany 60 Prozent ihres Blutes. Wie durch ein Wunder überlebte sie. Der Film zeigt aber auch schonungslos die Kämpfe, mit denen sich Bethany konfrontiert sah. Nach dem ersten Schock und der Dankbarkeit darüber, dass sie noch am Leben war, kam die große Ernüchterung. Wie sollte sie mit nur einem Arm leben können? Abgesehen von der körperlichen Missbildung und den Einschränkungen im alltäglichen Leben war vor allem ihr Lebenstraum angegriffen. Sie hatte von einer Zukunft als Profisurferin geträumt. Das schien jetzt ausgeschlossen. Drei Monate nach dem Unfall nahm sie erstmals wieder an einem Wettkampf teil. Sie gab alles, kam jedoch zu dem Schluss, dass sie es nie mehr an die Spitze schaffen würde. Kurze Zeit vor dem Unfall hatte die Leiterin einer christlichen Jugendgruppe, der Bethany angehörte, darüber gesprochen, dass wir manchmal eine veränderte Perspektive auf Dinge brauchen, die in unserem Leben geschehen. Und dass Gott alles, was geschieht, zum Guten wenden kann. Bethany war verzweifelt und konnte beim besten Willen nichts Gutes an ihrer Geschichte entdecken. Am Tiefpunkt angelangt entschied sie, ihren Traum von einer Zukunft als Profisurferin aufzugeben, und verschenkte ihre Surfbretter. Als Bethany wenig später mit ihrer Jugendgruppe nach Thailand reiste, um dort Tsunami-Opfern zu helfen, brachte sie einem Waisenkind das Surfen bei und verstand, dass Surfen nicht das Wichtigste im Leben ist. Wieder zu Hause, erwartete Bethany eine Flut von Post aus aller Welt. Sie hatte keine Ahnung gehabt, dass ihre Teilnahme an dem Wettkampf (der aus ihrer Sicht in einer Niederlage geendet hatte) auf so großes mediales Echo gestoßen war. Die Botschaft von der einarmigen Surferin, die nicht aufgab, umrundete die Welt. Bethany wurde zur Inspiration für Tausende von Menschen. Nicht, weil sie siegte, sondern weil sie nicht aufgab und weiterkämpfte. Davon ermutigt, fing Bethany wieder an zu trainieren. Sie trainierte so hart, dass sie irgendwann mit der Weltspitze mithalten konnte. 11 Jahre nach dem Unfall gewann sie im Jahr 2014 ihren ersten Profiwettkampf. Sie heiratete und wurde im Jahr 2015 Mutter eines Sohnes. Rückblickend auf die vergangenen Jahre schreibt Bethany: „All die Surfhoffnungen und -träume, die mich seit meiner Kindheit begleitet hatten, schienen vorbei zu sein. Aber weißt du was? Gott hatte Pläne mit mir und die waren größer, als ich mir jemals hätte vorstellen können. Vor dem Haiangriff wäre ich vielleicht Profisurferin und damit in der Surferwelt berühmt geworden. Vielleicht wäre mein Foto auf dem Titelblatt von Surf-Magazinen erschienen. Aber jetzt kann Gott mich ganz anders einsetzen, auf eine Art und Weise, um die ich nicht gebeten habe und die ich mir auch gar nicht hätte vorstellen können. Er tut Dinge in meinem Leben, die ich mir vor der Haiattacke niemals hätte vorstellen können. Er hilft mir, weiter zu sehen als nur bis zu meinem eigenen kleinen Horizont. Auch für dein Leben hat Gott große Pläne. Wahrscheinlich werden sie anders sein als die Pläne für mein Leben. Aber Pläne hat er. Große Pläne. Du musst nur bereit sein, dich von Gott benutzen zu lassen.

Vertrau ihm. Folge ihm nach. Bitte ihn, dein Herz für seine Pläne vorzubereiten."[56]

Fast unerträglich ist es, Menschen, die wir lieben, kämpfen zu sehen und hilflos danebenzustehen, ohne eingreifen zu können. Mitzuleiden mit dem Ehemann, der Schwierigkeiten am Arbeitsplatz hat. Mit dem eigenen Kind, das in der Schule gemobbt wird. Mit der Freundin, die unheilbar krank ist. Mit der Nachbarsfamilie, die den Tod eines Familienmitglieds betrauert. Mit dem Freund, der seine Arbeitsstelle verloren hat. Wie gerne würde man in solchen Situationen – wie der kleine Junge in der Geschichte – eine Schere nehmen und das Loch im Kokon vergrößern, damit die Situation leichter für sie würde. Es braucht viel Sensibilität zu spüren, wo unsere Hilfe wirklich erforderlich und sinnvoll ist und wo es unsere Aufgabe ist, zu warten und den Prozess aus der Distanz mitzutragen. Folgende Frage kann bei der Klärung helfen: Kann ich die Situation durch mein Eingreifen grundlegend verbessern oder will ich mit meiner Aktion in erster Linie mir selbst helfen, damit ich mich besser und weniger hilflos fühle? Manchmal kann allein schon das Formulieren der eigenen Hilflosigkeit ein Trost für Notleidende sein. Denn jene erwarten meist gar nicht, dass jemand anders ihre Lebensprobleme löst – aber zu spüren, dass sie nicht allein sind in der Not, tut ihrer Seele gut. Dieses Dilemma ist auch im Film *Soul Surfer* deutlich zu spüren. Für die Eltern (die beide ebenfalls leidenschaftliche Surfer sind) war es eine unglaubliche Zerreißprobe, ihre Tochter so verzweifelt zu sehen. Als Bethany ihre Surfbretter verschenkte, brach für ihren Vater eine Welt zusammen. Er wollte sie überreden weiterzumachen und nicht aufzugeben. Doch schließlich wurde den Eltern klar, dass ihre Tochter diesen Kampf allein durchstehen musste. Sie waren einfach da für sie. Liebten sie und litten mit ihr. Aber bedrängten sie nicht mehr im Hinblick auf die Zukunft und das Surfen. Als Bethany dann wieder bereit war, hatte der Vater bereits ein neues Surfbrett für sie präpariert. Mit einer Sondervorrichtung, damit sie sich mit einem Arm daran festhalten konnte.

Überaus tröstlich zu wissen inmitten der Kämpfe ist Folgendes: Es gibt einen, der alle Sorgen und Nöte sowie alle Kämpfe, die wir ausfechten, kennt und versteht. Er mutet uns dieses innere Ringen zu und bietet uns gleichzeitig seine Unterstützung an (vgl. 1. Korinther 10,13). Wir müssen nicht allein kämpfen. Er schenkt uns seine Weisheit und Kraft – dort, wo unsere Weisheit und Kraft zur Neige gehen. Wer eine bewusste Entscheidung für ein Leben mit Jesus trifft, wird mit derselben Kraft ausgestattet, mit der Jesus von den Toten auferweckt wurde (vgl. Philipper 3,10). Gott verspricht in der Bibel durch den Propheten Jesaja in Kapitel 40, Vers 31: *Aber alle, die ihre Hoffnung auf den Herrn setzen, bekommen neue Kraft. Sie sind wie Adler, denen mächtige Schwingen wachsen. Sie gehen und werden nicht müde, sie laufen und sind nicht erschöpft.*

Mit dem Verlassen des Kokons hat der Schmetterling einen lebensverändernden Durchbruch geschafft. Vielleicht sind auch Sie einem Durchbruch viel näher, als Sie ahnen. Doch wir werden erst erleben, wie Wunder geschehen oder Menschen verändert werden, wenn wir selbst mutige Schritte wagen – im Vertrauen auf Gottes Macht und seine Treue. Leider neigen wir Menschen oft dazu, viel zu schnell aufzugeben. „Es hat keinen Sinn, die Prüfung zu wiederholen, ich bin ja schon beim ersten Mal durchgefallen." „Es bringt nichts mehr, in meine Ehe zu investieren. Die Gefühle stimmen sowieso nicht mehr." „Ich bete nicht mehr. Nun habe ich acht Monate lang für eine neue Arbeitsstelle gebetet, unzählige Bewerbungen geschrieben und es hat sich nichts getan." Geben Sie Gott und die Hoffnung auf ein Wunder nicht auf. Vertrauen Sie sich nach Möglichkeit jemandem an (Ihrer Kleingruppe, Ihrem Ehepartner, einem guten Freund/einer guten Freundin ...) und geben Sie anderen dadurch die Möglichkeit, Sie in Ihrer Entmutigung zu tragen und mit Ihnen um einen Durchbruch zu ringen. Falls Ihnen die Worte fehlen, können vielleicht andere an

Vielleicht sind Sie einem Durchbruch näher, als Sie ahnen.

Ihrer Stelle Gott um einen Durchbruch in Ihrem Leben anflehen. Hören Sie nicht auf, weiterhin mutige Schritte zu tun im Vertrauen auf Gott. Kämpfen Sie weiter – so viel in Ihrer Kraft und in Ihren Möglichkeiten steht – für einen Durchbruch, so wie ein Schmetterling dafür kämpft, seinen Kokon zu verlassen.

LEKTION 2: BEJAHE DEINE VERGANGENHEIT

Schaut man sich den Schmetterling an, würde nichts näherliegen, als zu vermuten, dass seine neue Gestalt rein gar nichts mehr mit seinem früheren Raupenleben zu tun hat. Weit gefehlt. Ein Schmetterling wäre kein Schmetterling, wenn er nicht vorher alle Stadien einer Raupe durchlebt hätte. Und sein Nachwuchs sind wiederum Raupen. Doch es geht noch weiter: Durch die Raupensuppe wird nicht einfach alles, was vorher war, ausgelöscht. Bei einigen Schmetterlingen können direkte Rückschlüsse auf die Raupenzeit gezogen werden. So ist etwa der Monarchfalter giftig und für Fressfeinde unbekömmlich. Wieso? Weil sich die Monarchfalterraupe hauptsächlich von giftigen Seidenpflanzengewächsen ernährt hat! Oder beim Segelfalter ist es so, dass der Geruch der Nährpflanze nicht nur in die Raupe, sondern auch in den Schmetterling übergeht: Beide riechen deutlich nach Fenchel.

Seit vielen Jahrzehnten beschäftigt sich die Wissenschaft mit der Frage, ob Erinnerungen die Metamorphose überdauern können. Im Jahr 2007 ist Douglas Blackiston und seinen Kolleginnen von der Georgetown University in Washington ein Durchbruch in dieser Frage gelungen. Sie konnten wissenschaftlich beweisen, dass sich der Tabakfalter an Erlebnisse aus seiner Zeit als Raupe erinnert.[57] In einem Apparat mit zwei Röhrenausgängen trainierten Forscher die Raupen darauf, einen bestimmten Geruch zu meiden. Der erste Ausgang war mit reiner Luft gefüllt, der andere war mit Ethylacetat, einem nach Klebstoff riechenden Lösungsmittel, gesättigt. Da Tabakschwärmer keine natürliche Abneigung gegen diesen Geruch haben, legten die Forscher an den zweiten

Schmetterlinge erinnern sich an ihre Raupenerlebnisse.

Ausgang zusätzlich Strom an, um den Tieren bei Betreten der Röhre einen leichten Stromschlag zu versetzen. Die Tiere lernten schnell – und vermieden bei weiteren Versuchen den Ethylacetatgeruch, wenn sie mit ihm konfrontiert waren.

Nach erfolgter Metamorphose unterzogen die Wissenschaftler die Tiere dem gleichen Test und stellten fest, dass diese den Geruch des Lösungsmittels weiterhin mieden.[58] Dies konnte kein Zufall sein, da Nachtfalter, die nicht trainiert wurden, kein solches Verhalten zeigten. Die Tabakfalterraupe schaffte es also, eine Konditionierung von Geruch und Strafreiz im Gedächtnis abzuspeichern und sie später in ihrem Falterleben wieder abzurufen. Dieser Versuch bewies, dass Schmetterlinge erinnerungsfähig sind. Dies könnte auch eine Erklärung dafür sein, wieso Schmetterlinge fähig sind, die richtige Futterpflanze zu finden: indem sie sich an die Pflanze erinnern, die sie im Raupenstadium gefressen haben.

Wie der Schmetterling wurde auch ich nicht einfach von heute auf morgen zu der Frau, die ich jetzt bin, sondern ich bin „geworden" – durch die Höhen und Tiefen des Lebens. Dasselbe gilt für Sie und Ihr Leben. Die Vergangenheit hat Sie zu dem Menschen geformt, der Sie heute sind. Das kann positive, aber auch negative Seiten haben. Bewusst oder unbewusst tragen wir eine große Hypothek aus der Vergangenheit mit uns herum. Was machen wir damit?

Eine ungesunde Entscheidung ist sicherlich die Leugnung der Vergangenheit. Wenn wir das tun, verschließen wir die Augen vor der Tatsache, dass die Vergangenheit ein sehr wichtiger Teil unseres Lebens ist, egal ob sie positiv oder negativ war. Sich dem zu stellen, was war, und heilsame Schlüsse für die Gegenwart und Zukunft zu ziehen, kostet allerdings eine gehörige Portion Mut. Doch nur wenn ich genau hinsehe und bereit bin, daraus zu lernen, kann ich gewisse Verhaltensmuster durchbrechen und dabei auch Lebenslügen loslassen, die mich daran hindern, zu meiner eigentlichen Entfaltung vorzudringen. Henri Nouwen schrieb im Hinblick auf die Frage, wie wir mit Enttäuschungen aus unserer Vergangenheit umgehen sollen: „Solange wir verbittert bleiben und Groll hegen wegen Dingen, von denen wir uns wünschten, sie wären nicht passiert, wegen Beziehungen, von denen wir wünschten, sie wären anders ausgegangen, und wegen Fehlern, von denen wir wünschten, wir hätten sie nicht gemacht –, so lange liegt ein Teil unseres Innern brach, unfähig, Frucht zu bringen in dem neuen Leben, das vor uns liegt. Wir enthalten dadurch Gott einen Teil von uns vor."[59]

Diese Worte erinnerten mich an eine Situation in meinem Leben vor rund 15 Jahren. Viele Rollen hatten sich innerhalb kürzester Zeit verändert. Zu meiner Rolle als Ehefrau kamen die Rolle der Pastorenfrau sowie diejenige der Mutter und irgendwie kam ich mit all den Veränderungen nicht mehr klar. Ich wusste nicht, wo mein Platz war, und fühlte mich in Rollenmuster gedrängt, denen ich nicht entsprechen konnte. Schließlich ermöglichte mir mein Mann, der meine wachsende Unruhe während einiger Monate beobachtet hatte, ein Wochenende ganz für mich allein. Hoch über dem Vierwaldstättersee suchte ich Zuflucht. Es machte mich zutiefst betroffen zu realisieren, wie viel Ballast sich in meinem Herzen angesammelt hatte: Unzufriedenheit darüber, dass viele Dinge in meinem Leben nicht so waren, wie ich sie haben wollte. Neid anderen gegenüber, die ihre Bestimmung gefunden hatten. Bitterkeit über Entscheidungen in der Vergangenheit und wegen (aus meiner Sicht) geschlossener Türen und vieles mehr.

Im Verlauf des Wochenendes erkannte ich, dass es zu einem großen Teil in meiner Verantwortung lag, wie sich mein Leben weiterentwickeln würde. Als ich von einer Sitzbank aus die fantastische Aussicht genoss, erkannte ich im Seebecken unter mir plötzlich meine Lebenssituation. Eine Seeenge trennte dieses Becken vom übrigen See. Ich beobachtete ein Schiff, das stetig seine Runden in dem Becken drehte. Es kam mir vor, als wäre ich jenes Schiff. Vor allem die Seeenge zog meine Blicke auf sich. Ich nannte die Seeenge Ja/Nein-Schranke und erkannte, dass es nun zu einem großen Teil an mir lag, wie mein Leben weitergehen würde. Ein Nein zu mir, meiner Vergangenheit und meiner aktuellen Lebenssituation hätte bedeutet, dass mein Lebensschiff weiterhin im bekannten Seebecken Runden gedreht hätte. Ein Ja zu mir, meiner Vergangenheit und meiner aktuellen Lebenssituation könnte der Anfang von etwas ganz Neuem werden. Am 18. April 2002 schrieb ich in mein Tagebuch: *Heute habe ich vor Gott ein vorbehaltloses JA zu mir, meiner Vergangenheit und aktuellen Lebenssituation ausgesprochen, weil ich nicht mit meiner Unzufriedenheit und Schuld seinen Plänen mit mir im Weg stehen will.* Im Anschluss daran sagte ich Schritt für Schritt Ja zu verschiedensten Dingen, die mir Mühe machten. Dadurch änderten sich die Lebensumstände, die mich herausforderten, keineswegs schlagartig und die Herausforderungen lösten sich auch nicht in Luft auf. Doch ich stellte innerlich eine entscheidende Weiche. Indem ich meine negative Einstellung und undankbare Haltung gegenüber der aktuellen Lebenssituation bewusst losließ, wurde mein Blick wieder offener dafür, auch das zu erkennen, womit ich in meinem Leben reich beschenkt war. Und wenn ich in Gefahr stand, mich wieder von negativen Gedanken vereinnahmen zu lassen, versuchte ich, mich an jenes Ja zu erinnern und es wieder neu zu bekräftigen. Das gilt bis heute. Auch heute gibt es Zeiten, in denen mir dies besser gelingt, und andere, in denen ich um eine veränderte Perspektive ringen muss.

Das Bejahen der Vergangenheit ist untrennbar mit Entscheidungen verbunden – genauso wie das Bejahen der Gegenwart. Denn selbst wenn unsere Lebensumstände unbefriedigend oder schwierig sind, bleibt uns immer noch die Entscheidung, was wir mit dem Geschehenen tun. „Eine der größten Fragen des Lebens konzentriert sich nicht darauf, was uns widerfährt, sondern wie wir mit dem, was uns widerfährt, umgehen und wie wir es durchstehen."[60] Die Psalmen lehren uns, dass es sehr wohl Zeiten gibt, in denen es wichtig ist, unserem Herzen Luft zu verschaffen und unseren Gefühlen Ausdruck zu geben. Auch Klagen und das Betrauern von Dingen ist manchmal Teil des Heilungsprozesses. Wichtig ist jedoch, dass wir dabei nicht in Selbstmitleid versinken. Denn:

„Letztlich bedeutet Klagen nichts anderes, als uns das, was uns verletzt hat, in der Gegenwart dessen anzusehen, der heilen kann."[61]

Die Vergangenheit zu bejahen, ist daher oft mit einem Prozess der inneren Heilung verbunden. Es geht darum, berührt zu werden von dem, der als Einziger Heil und Heilung schenken kann. Auch von Wunden der Vergangenheit. Dabei ist wichtig, dass wir dem, was Gott über unserem Leben ausspricht, mehr Gewicht geben als dem, was wir erlebt haben. In Johannes 5,5-9 ist die Geschichte eines Mannes beschrieben, der seit 38 Jahren krank war. Jesus begegnete ihm und fragte ihn: „Willst du gesund werden?" Die Frage ist nicht: „*Kann* Jesus gesund machen?" oder: „Tut er das noch heute?". Jesus fragte den Mann respektvoll, ob er überhaupt gesund werden wolle. Er wollte. Und Jesus heilte seine Seele und seinen Körper. Wie steht es mit mir: Ist es mein aufrichtiger Wunsch, gesund zu werden? Befreit zu werden von dem, was mich innerlich und äußerlich krank macht? Wie steht es mit Ihnen? *Wollen Sie* gesund werden? Der Weg zur Zukunft, die Jesus für Sie bereithält, führt nur über den Weg, sich nicht länger an den Schmerzen der Vergangenheit fest-

Wenn Sie bereit sind, Enttäuschungen loszulassen, wird das Ihr Leben und Ihre Zukunft verändern!

zuklammern, sondern sie Jesus zu überlassen. Jesus will Ihnen dabei helfen, heilsame Entscheidungen zu treffen. Denn wenn Sie *keine* Entscheidungen treffen, werden Lebensumstände oder andere Menschen für Sie entscheiden. Es wird Ihr Leben und Ihre Zukunft verändern, wenn Sie bereit sind, Enttäuschungen loszulassen. Wenn Sie vergeben, wo andere Ihnen Unrecht getan haben. Wenn Sie bereit sind, eine Lebenshaltung der Dankbarkeit, Zufriedenheit und Gelassenheit einzuüben.

Die Vergangenheit hat Sie an den Punkt geführt, an dem Sie heute sind. Die Vergangenheit zu bejahen, bedeutet nicht zu bagatellisieren, was an Negativem geschehen ist. Es bedeutet vielmehr, die Vergangenheit als Fundament der Gegenwart und Zukunft zu betrachten. Denn ohne sie wären Sie nie die Person, die Sie heute sind, ohne sie hätten Sie nie diesen Erfahrungsschatz, der Sie heute ausmacht. „Die Schmerzen, die wir erleben, unsere Sorgen und Kämpfe, dienen einem Zweck. Gott lässt alle Dinge zu unserem Guten mitwirken. ER ist dabei, ein atemberaubendes Kunstwerk zu gestalten. Die Schönheit, die durch die Kraft des Leidens in uns geformt wird, ist so beschaffen, dass sie uns mit ewiger Dankbarkeit erfüllt" (Stacy Eldredge).[62] Alles, was Sie erlebt und durchlebt haben, formt Ihre Einzigartigkeit.

LEKTION 3: ZEIGE DEINE EINZIGARTIGKEIT

Auf dem Heimweg von jenem Wochenende der Stille begleitete mich der Bibelvers *Handelt damit, bis ich wiederkomme* (Lukas 19,13) aus dem Gleichnis der anvertrauten Talente. Mir war durch diese Geschichte, die Jesus erzählt, neu bewusst geworden, dass Gott auch mir Dinge anvertraut hat: Beziehungen, Aufgaben, Leidenschaften, Begabungen. Und genau wie die Diener bin auch ich aufgefordert zu handeln und dieses Kapital nicht nur zu schützen, sondern zu vermehren. Ich soll meine Talente weiterentwickeln, anstatt sie zu vergraben. Dabei darf ich mich nicht von Ängsten gefangen nehmen lassen, wie es der dritte Diener getan hat. Und es ist auch nicht sinnvoll, darauf zu warten, dass sich die Lebensumstände nach meinen Wünschen geändert haben, bis ich bereit bin, mein Bestes zu geben. Wer weiß schon, ob diese Veränderungen jemals eintreten werden? Ich bin vielmehr dazu aufgerufen, mein Potenzial genau jetzt zu entfalten, inmitten der Lebensumstände, in denen ich mich befinde. Doch das geht nur, wenn ich aufhöre, mich zu vergleichen, mich zu bemitleiden, und wenn ich damit beginne, in den kleinen Dingen, die mir anvertraut sind, treu zu sein und ihre Bedeutung zu erkennen (Lukas 16,10).

Ich hatte an jenem Wochenende mein „Lebensherz" gezeichnet. Es war mir wichtig gewesen, aufzuzeichnen, welche Dinge mein Herz auf besondere Weise bewegen, und nach Wegen zu suchen, wie ich dem, was mir am Herzen liegt, nachgehen und in meinem

Leben Raum geben kann. Dazu hatte ich ganz einfach ein Herz auf ein Blatt Papier gemalt. In die Mitte dieses Herzens hatte ich ein Haus gezeichnet – unser kreatives Familienhaus. Es steht symbolisch für die Verantwortungen, die ich mit der Entscheidung für diesen Weg eingegangen bin. Die linke obere Herzhälfte hatte ich meiner Leidenschaft fürs *Schreiben* gewidmet. Die rechte obere Herzhälfte der *Musik*. Blieb noch die kleine Herzspitze unten übrig, die ich mit dem Stichwort *Lehre* gefüllt hatte. Es schien mir, als ob ich mit diesen Stichworten das erfasst hatte, was neben meiner Rolle als Ehefrau und Mutter wichtig war für mein inneres Gleichgewicht und wozu ich mich auch in besonderer Weise von Gott geführt sah. Das Lebensherz sollte aber auch aufzeigen, in welchen Bereichen ich meine Grenzen bewusst erweitern wollte, indem ich Talente weiterentwickelte und nach Möglichkeiten suchte, anderen damit zu dienen. Zu Hause bastelte ich mein Lebensherz in einer größeren Version mit Moosgummi und platzierte es auf einer Pinnwand. Nun hatte ich die Möglichkeit, mir in jedem der Bereiche kleine Aufgaben zu geben und diese direkt in den entsprechenden Bereich auf die Wand zu pinnen. Dabei achtete ich darauf, dass ich mich in jedem dieser Bereiche bewusst herausfordern ließ. Im Bereich der Musik entschied ich mich, wieder Gesangsunterricht zu nehmen, Geld dafür zu sparen und mich auf die Suche nach einem Lehrer zu machen. Im Bereich Schreiben plante ich eine erste kleine Schreibauszeit und ein erstes kleines Projekt. Im Bereich der Lehre notierte ich mir, dass ich mich mal über Möglichkeiten schlau machen wollte, als Referentin bei Frauentreffen mitzuwirken. Drei kleine Schritte, die am Anfang eines langen Weges standen.

Das Wochenende hatte mir also sehr wichtige Erkenntnisse beschert – doch diese erwiesen sich als äußerst schwierig in der konkreten Umsetzung! Sieben Jahre später kämpfte ich immer noch mit ähnlichen Zweifeln und Ängsten. Aber ich wollte auf dem eingeschlagenen Weg weitergehen, selbst wenn es nur in kleinen Schritten voranging. In meinem Tagebucheintrag vom 5. August 2009 begründete ich meine Bereitschaft, mich dem Kokonprozess zu stellen, mit der Hoffnung auf ein Schmetterlingswunder:

Es ist eine Phase der Schwachheit, des Loslassens, der Ernüchte-
rung, der Melancholie, aber auch der Hoffnung. Denn ich will in der
Kraft Gottes ein Schmetterlingswunder erleben: Verwandelt möchte ich
meinen Kokon wieder verlassen. In neuer Gestalt in eine neue Dimensi-
on eintreten. Eine Freiheit erleben, die ich so noch nie erlebt habe. Dort
dienen, wo Gott mich haben will – flexibel sein! FARBE BEKENNEN!
Nicht zurück in den Kokon. In alldem bleibe ich komplex und sehr zer-
brechlich – auch verletzlich! Ich brauche ein geeignetes Wirkungsfeld,
in dem ich mich ENT-FALTEN kann. Ich kann davonfliegen, wenn ich
will. Bin nicht gefangen. Darf neu aussuchen, wo ich mich niederlasse ...

Diese Tagebuchzeilen sind Ausdruck einer tiefen Sehnsucht
nach Echtheit und Verwandlung. Sehnsucht danach, ich selbst
sein zu dürfen, ohne mich zu verstellen oder zu verbiegen, um
es anderen recht zu machen. Frei zu sein. Nicht länger in alten
Verhaltensmustern und Lebenslügen gefangen zu sein. Zu wagen,
meine Einzigartigkeit in all ihrer Begrenztheit, Zerbrechlichkeit,
aber auch Schönheit zu erkennen und der Welt zu zeigen.

Der erwachsene Schmetterling heißt „Imago". Er ist das eigentliche „Bild". Im anstrengenden Prozess des Schlüpfens wird der
Schmetterling im wahrsten Sinn des Wortes zu seiner wahren Ge
stalt „entpuppt". Das, was von Anfang an in ihm angelegt war, findet Ausdruck und bestimmt die Lebensbedingungen seiner neuen
Gestalt. Genau danach sehnte ich mich! Ich spürte, dass vieles in
mir schlummerte und nach Entfaltung schrie. *Meine Gaben kom-*
men mir im Moment vor wie eingesperrte Vögel, die nur darauf warten,
frei zu sein und sich zu entfalten, hatte ich im April 2002 in mein
Tagebuch geschrieben. Doch gleichzeitig hatte ich große Angst
davor zu versagen, kritisiert zu werden oder jemanden durch den
Einsatz bestimmter Gaben zu enttäuschen. In regelmäßigen Abständen wälzte ich mich im Selbstmitleid, glaubte meinen Min-
derwertigkeitsgefühlen und ließ meinen dunklen Gedanken frei-
en Lauf. Mitten in einer solchen Phase – wenige Monate vor dem
Schmetterlingserlebnis in Herrnhut – sprach mir meine Mentorin
Auszüge aus Hohelied 2,8-14 zu.

Da kommt mein Geliebter! [...] Schon steht er vor dem Haus! Er späht durch das Gitter, blickt zum Fenster herein. Er sagt zu mir: „Steh auf, meine Freundin, meine Schöne, und komm! Die Regenzeit liegt hinter uns, der Winter ist vorbei! Die Blumen beginnen zu blühen, die Vögel zwitschern und überall im Land hört man die Turteltaube gurren. Die ersten Feigen werden reif, die Reben blühen und verströmen ihren Duft. Steh auf, meine Freundin, meine Schöne, und komm! Versteck dich nicht wie eine Taube im Felsspalt! Zeige mir deine Gestalt[63] und lass mich deine wunderbare Stimme hören!"

Dieser Text traf mich mitten ins Herz. Genauso fühlte ich mich: zurückgezogen und versteckt in meinem Lebenshaus, hinter vergitterten Fenstern, die niemanden an mich heranließen. Wie eine verängstigte Taube in einem Felsspalt. Voller Angst und Scham, mich zu zeigen und hören zu lassen. Voller Zweifel darüber, dass mein Beitrag irgendeine Bedeutung haben könnte. Und plötzlich stand Jesus vor mir und bat mich, aus meinem Gefängnis zu treten. Mich nicht länger zu verstecken, sondern mich so zu zeigen, wie ich bin. Er nannte mich seine „Freundin" und seine „Schöne". Seine Bestätigung, Liebe und Wertschätzung tat mir bis tief in der Seele gut. In seinen Augen bin ich schön, geliebt, ist mein Beitrag wertvoll. Und ist *seine* Sicht der Dinge nicht viel wichtiger als die von allen anderen – meine eingeschlossen? Gott möchte, dass mein Leben aufblüht, wie die Natur im Frühling zu neuem Leben erwacht. Er möchte, dass ich meinen Kokon verlasse und wage, mein wahres Ich zu zeigen und mich auszudrücken – in Worten und Liedern: *Lass mich deine wunderbare Stimme hören.*

Und genau dies wünscht er sich auch für Sie! Der Schöpfer sehnt sich danach, dass entpuppt und sichtbar wird, was er in Sie hineingelegt hat. Dass Sie sich nicht länger verstecken, sondern dass Sie die Schönheit, die er Ihnen schenkt, und die Botschaft, die er Ihnen aufs Herz legt, auch andere sehen und hören lassen. Dass Sie Ihre Flügel ausstrecken, zeigen, wie wunderschön Sie sind, und erste Flugversuche unter-

Gott wünscht sich, dass wir es wagen, unser wahres Ich zu zeigen.

nehmen. Hier geht es übrigens nicht um eine äußere, vergängliche Schönheit. Es ist in erster Linie eine unvergängliche, innere Schönheit gemeint: *Eure Schönheit soll von innen kommen! Schmückt euch mit Unvergänglichem wie Freundlichkeit und Güte. Das gefällt Gott* (1. Petrus 3,4). Diese Schönheit hängt damit zusammen, dass Sie zu Ihrem Inneren stehen, und damit, wie Gott Sie geschaffen hat. Dass Sie es wagen, Sie selbst zu sein und das Einzigartige, das in Sie hineingelegt wurde, zu entfalten. Diese Schönheit ist bei einem jeden von uns mit Narben und Spuren unserer Lebensgeschichte gezeichnet. Auch das macht schön und einzigartig. Niederlagen, Leiden, Kämpfe, Verluste, dunkle Zeiten sind wie Negative, die in der göttlichen Dunkelkammer in Schönheit verwandelt werden können.

Wie würde Ihr Lebensherz aussehen, wenn Sie den Auftrag erhielten, es aufzuzeichnen? Wo erkennen Sie Einzigartiges an sich? Geben Sie dem, was Ihnen besonders am Herzen liegt, in Ihrem Alltag auch wirklich Raum oder verkümmert es in der Kategorie Wunschtraum? Wagen Sie es, Ihre Talente zu entdecken, zu entfalten und mutig einzusetzen! Wagen Sie es, Ihre Einzigartigkeit zu zeigen, indem Sie dem nachgehen, was Ihr Herz bewegt! Lassen Sie andere Ihre Stimme hören! Ihr einzigartiger Beitrag in dieser Welt – und mag er Ihnen noch so klein erscheinen – kann für jemanden von größter Bedeutung sein!

LEKTION 4: ENTDECKE DIE KRAFT DEINER VERLETZLICHKEIT

Am Rande einer Internetsuche zur Verletzlichkeit des Schmetterlings stieß ich auf ein Video, das mir so sehr zu Herzen ging, dass ich eine ganze Weile brauchte, bis ich mich wieder gefasst hatte. Das Video zeigt die Geschichte eines „Schmetterlingskindes" oder anders gesagt die Geschichte eines tapferen 14-jährigen amerikanischen Jungen, der an der „Schmetterlingskrankheit" leidet. Einer Krankheit, von der ich nie zuvor gehört hatte.[64] In der Fachsprache *Epidermolysis bullosa* (EB) genannt, steht die

Schmetterlingskrankheit für einen derzeit unheilbaren Gendefekt, der eine Blasen bildende Hautablösung mit sich bringt. Betroffene werden „Schmetterlingskinder" genannt, weil ihre Haut so verletzlich ist wie der Flügel eines Schmetterlings. Da die einzelnen Hautschichten nicht richtig zusammenhalten, löst sich die Haut beim geringsten Druck vom Körper ab, ähnlich wie sich beim Schmetterling bei der geringsten Berührung Schuppen aus ihrer Halterung lösen und abfallen, was dem Schmetterling schwer schaden kann. Schwere Turen oder Flaschen öffnen, in ein knuspriges Brot beißen, Briefe von Hand schreiben, barfuß gehen, enge Kleidung tragen und vieles mehr ist für EB-Betroffene unmöglich, weil ihre Haut das nicht aushält. Im Video wird deutlich, was diese Krankheit für eine betroffene Familie bedeutet. Bis zu drei Stunden dauert die tägliche Prozedur, in der die Mutter ihrem 14-jährigen Sohn neue Schonverbände von Kopf bis Fuß anlegt, um seinen Körper, der voller offener Wunden ist, für die nächsten 24 Stunden zu schützen. Was für ein emotionaler Kraftakt für Mutter und Sohn! Auf die Verletzlichkeit der Schmetterlingskinder angesprochen, ergänzte der Junge, der sich mittlerweile fast nur noch im Rollstuhl fortbewegen kann: „Aber wir sind sehr viel stärker, als wir nach außen erscheinen." Das glaube ich dem tapferen Jungen aufs Wort. Was EB-Betroffene und ihre Angehörigen durchmachen, ist kaum in Worte zu fassen.

Mich hat der Gedanke nicht mehr losgelassen, dass wir Menschen innerlich auch eine Art Schmetterlingskinder sind. Dabei strengen wir uns unheimlich an, diese Tatsache zu verbergen und uns ja nichts davon anmerken zu lassen. Was bei EB-Betroffenen schmerzlich sichtbar wird, gibt es auch in einer schmerzlich unsichtbaren Version. Einige leiden stärker, während andere robuster sind. Trotz unterschiedlichem Ausmaß ist Verletzlichkeit jedoch eine menschliche Realität. Egal, ob wir über unsere tiefsten Gefühle sprechen oder nicht, ob wir dazu stehen, an körperliche oder emotionale Grenzen zu stoßen: Wir Menschen *sind* verletzlich. Wir leben in einer Welt voller Verletzlichkeit. Wir alle durchleben Krisen. Wir alle zweifeln. Wir alle scheitern. Wir enttäuschen andere Menschen und manchmal auch uns selbst. Und genau dies versuchen viele Menschen mit großer Anstrengung vor anderen zu verbergen.

Keiner von uns möchte verletzlich sein. Im Gegenteil! Wir versuchen, Momente der Verletzlichkeit so gut es geht zu vermeiden. Wir umgehen Situationen, in denen wir auf Ablehnung stoßen könnten. Wir zeigen ungern Schwäche und bitten lieber nicht um Hilfe. Wir tun so, als würde uns nichts etwas ausmachen. Als hätten wir alles jederzeit im Griff. Es ist, als ob wir einem eingepflanzten Glaubenssystem folgen würden, das uns eintrichtert: „Verletzlichkeit darf nicht sein. Wenn ich mich verletzlich zeige, bin ich schwach, werde ich als Versager abgestempelt, ausgenutzt, nicht ernst genommen." Indem wir uns entsprechend verhalten, betrügen wir uns selbst. Wir spielen etwas vor, was wir gar nicht sind.

Es geht mir hier nicht darum, dass man jederzeit alle Hüllen fallen lassen und jedermann Einblick in die tiefsten Gefühle seiner Seele geben soll. Denn sich zu öffnen, setzt ja auch einen geeigneten Rahmen voraus. Und das Preisgeben von Verletzlichkeit hat auch seine Grenzen. Verletzlichkeit darf nicht als Vorwand missbraucht werden, um unliebsamen Situationen auszuweichen. Manchmal gibt es Situationen, in denen wir tapfer und mutig sein müssen, ungeachtet unserer Befindlichkeit. Es geht mir vielmehr darum, dass Angst vor Verletzlichkeit es schwer macht, echte Nähe zuzulassen. Denn Nähe bedeutet, erkannt zu werden, wie ich bin, und birgt die Gefahr, deshalb auch entlarvt zu werden.

Aus lauter Angst davor, was passieren könnte, wenn ich meine wahren Gefühle offenbare, habe auch ich mich während vieler Jahre hinter einer Art innerer Schutzmauer verschanzt. Nach außen hin habe ich mich stark, souverän und gelassen gegeben, während ich innerlich tausend Tode gestorben bin. Mit der Zeit habe ich festgestellt, dass das Bild, das andere von mir hatten, in großem Kontrast zu meinem eigenen Selbstbild stand. Während andere eine starke und leidenschaftliche Referentin erlebten, die das Leben im Griff zu haben schien, steckte ich in der Haut einer Frau, die permanent an sich zweifelte, die manchmal sogar unterwegs zu einem Einsatzort Tränen vergoss, weil sie sich unfähig fühlte, anderen etwas weiterzugeben. Als unbarmherzige Perfektionistin konnte ich meinen eigenen Ansprüchen ohnehin nie genügen. Wenn ich in meinen Referaten Beispiele erzählte, bemühte ich mich darum, praktisch und anschaulich zu bleiben, ohne jedoch mein wahres Ich preiszugeben. Viel zu groß war meine Angst, mich damit verletzbar zu machen.

Es war die Zeit meiner Kokonerfahrung, die ein Umdenken einleitete. Die Kräfte reichten kaum mehr aus, meine Schutzmauer aufrechtzuerhalten, aber noch immer versuchte ich es. Ich gab vor, die Situation mit Fassung zu tragen, während ich innerlich verzweifelt war. Damit nahm ich Familienmitgliedern und Freunden die Möglichkeit, mich in meiner Verzweiflung zu trösten und zu tragen. Ich fühlte mich einsam und unverstanden. In diese Zeit fiel auch die intensive Auseinandersetzung mit meiner Hochsensibilität. Ein Thema, das ich immer verdrängt hatte, aber das nun mit einer solchen Wucht in meine Grenzsituation trat, dass ich ihm nicht länger ausweichen wollte. Anhand von Literatur und später auch mit professioneller Hilfe habe ich mich mit dem Thema auseinandergesetzt und damit, was es für mich, meine Familie und meine Berufung bedeutet.

Ich erkannte, dass meine Schutzmauer ein hilfloser Versuch war, mich vor Dingen zu schützen, von denen ich dachte, sie nicht ertragen zu können. Doch ein solches Verhalten bringt große Probleme mit sich. Es stellt sich die Frage: Kann ich mich dadurch wirklich davor schützen, verletzt zu werden? Oberflächlich gesehen mag es vielleicht so scheinen. In Wirklichkeit jedoch lassen sich Verletzungen kaum von Schutzmauern abhalten, sondern sie lagern sich dahinter ab. Dies kann mit der Zeit zur Folge haben, dass ich weniger spüre – weniger Verletzung, aber auch weniger Freude, Trost, Zuwendung, Schönheit oder Berührung. Je länger ich in diesem Zustand verharre, desto gefühlloser werde ich, und nicht selten entwickeln Menschen in solchen Situationen ein Suchtverhalten. Sie betäuben sich mit Alkohol, Arbeit, Konsum, dem Internet – einfach, um sich wieder ein bisschen lebendiger zu fühlen.

So kann die für eine gewisse Zeit manchmal durchaus notwendige Schutzmauer, die auch an einen Kokon erinnert, letztlich zum Verhängnis werden, wenn man keinen Ausweg aus seiner inneren Gefangenschaft findet. So stellt sich die neue Frage: Wie kann ich mit meiner Verletzlichkeit und den unvermeidlichen Verletzungen leben, ohne mein Herz zu verschließen?

Was mir Kraft gibt und mich mutig macht, ist die Überzeugung, dass es Einen gibt, der meine inneren Verletzungen nicht nur sieht, sondern auch die Macht hat, sie zu verbinden. In Psalm 147,3 steht: *Gott schenkt denen Heilung, die ein gebrochenes Herz haben, und verbindet ihre schmerzenden Wunden.* Gott sieht als Einziger mitten in Ihr Herz, das sich hinter einer Schutzmauer zu verstecken sucht. Er wendet sich Ihnen in Liebe zu und möchte Ihre inneren Verletzungen verbinden und heilen. Gott kennt Sie durch und durch und liebt Sie trotzdem zutiefst. Er weiß, wie es sich anfühlt, ausgelacht, angegriffen, ausgegrenzt zu werden, kann Ihren Schmerz nachvollziehen. Er fühlt mit Ihnen und versteht, wie es Ihnen geht. Und seiner Liebe zu Ihnen tut das keinen Abbruch. Lassen Sie mich das noch einmal wiederholen, damit es tief in Ihr Herz hineinsinkt: Gott sieht Sie in all Ihrer Zerbrochenheit und seiner Liebe zu Ihnen tut das keinen Abbruch! Vom Verstand her wissen wir das vermutlich alle, aber ich glaube, erst wenn wir diese Tatsache auch gefühlsmäßig begreifen, kann sie ihre volle Macht entfalten. Denn letztlich ist es die Erkenntnis, dass wir unendlich geliebt sind und niemandem etwas beweisen müssen, die uns frei macht, uns Heilung schenkt und uns hilft, neue Verletzungen auf gute Weise zu bewältigen. Und das Großartige ist: Gott sieht nicht nur den Zerbruch in Ihrem Leben, sondern anders als Sie es in diesem Moment vielleicht tun, kann er auch all das Wundervolle sehen, das in Ihnen steckt. Denn er hat es in Sie hineingelegt. Er weiß bereits, wie wunderschön Ihre Flügel aussehen werden, wenn Sie es wagen, sie auszustrecken und loszufliegen.

Ein Schmetterling zu werden, ist für mich heute stark mit der Herausforderung verbunden, meine Verletzlichkeit zu zeigen und zuzulassen. Keine künstliche Gefühlsduselei zu produzieren, sondern den Mut zu haben, mich so zu zeigen, wie ich bin – begrenzt, unvollkommen, ängstlich und vieles mehr. Dieser Mut ist unverzichtbar, um authentisch und damit echt zu sein. Menschen wünschen sich, nicht nur von Gott, sondern auch von anderen Menschen geliebt zu werden als die, die sie sind. Aber es ist nicht möglich, auf diese Weise geliebt zu werden, ohne dass wir etwas von dem zeigen, was und wie wir sind. In meinen ersten Referaten nach meiner Kokonerfahrung habe ich einige zaghafte Versuche gewagt, etwas von dem zu zeigen, was lange hinter meiner Schutzmauer verborgen war. Die positiven Reaktionen darauf haben mich zutiefst berührt. Das Preisgeben meiner Verletzlichkeit erwies sich als Brücke zu meiner Zuhörerschaft. Das Anteilgeben an meinen Lebenskämpfen, meinem Scheitern, meinen Fragen, meiner Traurigkeit machte mich in den Augen der Zuhörer zur Weggefährtin und Leidensgenossin in den Herausforderungen des Lebens. Das, was ich vorher nicht gewagt hatte zu teilen, entpuppte sich nun als wertvollster Anknüpfungspunkt. Und so nutzt Gott häufig gerade das, was wir als Zerbruch oder Defizit wahrnehmen, als Brücke zu anderen Menschen.

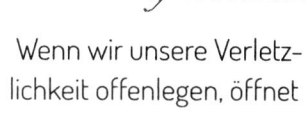

Wenn wir unsere Verletzlichkeit offenlegen, öffnet uns das oft Türen zu anderen Menschen.

Im Laufe der Monate und Jahre festigte sich in mir die Überzeugung, dass meine Sensibilität und Verletzlichkeit, die ich jahrelang als große und unwillkommene Schwächen ansah, vielleicht sogar zu meinen größten Stärken gehören. Natürlich kostet es mich immer wieder Mut, meine Verletzlichkeit auch zu zeigen. Besonders deutlich habe ich dies erlebt, als ich im Kunstband *Sehnsucht* sehr persönliche Texte zu intimen Gefühlen wie Sehnsucht, Wehmut, Einsamkeit öffentlich machte. Zu meiner Überraschung war dies sehr viel schwieriger als akademische Publikationen, bei denen in erster Linie meine Fähigkeit als Wissenschaftlerin bewertet wird. Aber im Gedichtband geht es um mich. Ungeschönt und echt. Genau wie in diesem Buch, das zu einer weiteren Mutprobe für mich wird. Es ist so viel einfacher, über irgendwelche Dinge oder die Erlebnisse anderer Menschen zu schreiben, als über mich selbst. Doch wenn das Eingeständnis meiner eigenen Verletzlichkeit in diesem Buch dazu beiträgt, dass auch andere dazu ermutigt werden, sich als die zu zeigen, die sie sind, dann hat es sich gelohnt.

Dass Verletzlichkeit auch zu einer besonderen Stärke werden kann, ist kein neuer Gedanke. Im Juni 2010 hat ein TED-Talk von Brené Brown über die Macht der Verletzlichkeit eingeschlagen wie eine Bombe. Bis heute haben sich mehr als 25 Millionen Menschen allein die deutsche Übersetzung ihres Videos angeschaut.[65] Brené Brown, die sich selber als „Verletzlichkeits-Forscherin" bezeichnet, hat in jahrelanger Forschungsarbeit festgestellt, dass Menschen, die ein sehr erfülltes Leben führen, viel eher bereit sind, sich verletzlich zu machen. Verletzlichkeit ist gemäß Brown zwar die Ursache von vielen Ängsten und Unsicherheiten.[66] Doch auf der anderen Seite ist sie auch der Ursprung von Liebe, Verbundenheit, Freude, Kreativität und des Glücks. Wenn ich berührbar sein will, muss ich dafür Verletzlichkeit in Kauf nehmen. Und genau das ist es, was ich mir wünsche: Wirklich berührt werden – von einer zärtlichen Hand, einem Gespräch, von der Schönheit der vertrockneten Blüte im Schnee, von Geschenken, die ich erhalte. Aber auch vom Schmerz, meinem eigenen und dem von anderen. So wird Verletzlichkeit zu einem Ort der Stärke in uns.

LEKTION 5: NUTZE DEINE BEGRENZTE LEBENSZEIT

Bei vielen Schmetterlingsarten ist die Falterzeit sehr kurz im Vergleich mit den anderen Stadien. Die meisten Arten verbringen den Hauptteil ihres Lebens in den Entwicklungsstadien Ei, Raupe oder Puppe.

Das Leben des Sackträger-Männchens dauert zum Beispiel nur wenige Stunden. In den meisten Fällen beträgt die Lebensdauer jedoch einige Wochen. Es gibt nur wenige Schmetterlingsarten, die im Stadium des ausgewachsenen Schmetterlings überwintern.

Dazu gehören das Tagpfauenauge und der Zitronenfalter. Letzterer verfällt im Spätherbst dank einem körpereigenen Frostschutzmittel in eine Winterstarre und kann auf diese Weise Eis und Schnee trotzen, bis er im März wieder erwacht und weiterfliegt. Dies ermöglicht ihm eine Lebensdauer von bis zu zehn Monaten. Das ist allerdings die Ausnahme. Die durchschnittliche Lebensdauer eines erwachsenen Schmetterlings beträgt ungefähr einen Monat. In dieser Zeit pflanzen die Schmetterlinge sich fort. Das Schmetterlingsweibchen nutzt seine verbleibende Lebenszeit, um den bestmöglichen Ort für die Eiablage auszuwählen und durchschnittlich 100 bis 300 Eier zu legen. Je nach Art können es auch nur 20 oder aber über 1.000 Eier sein.

Auch das menschliche Leben ist vom Tag der Geburt an von Vergänglichkeit gezeichnet. „Vom Baum des Lebens fällt / Mir Blatt um Blatt", schrieb Hermann Hesse im Februar 1919 am Anfang seines Gedichtes *Vergänglichkeit*. Auch in der Bibel werden zur Illustration der menschlichen Vergänglichkeit Bilder aus der Pflanzenwelt herangezogen. Zum Beispiel in Hiob 14,1-2: *Wie vergänglich ist der Mensch! Wie kurz sind seine Jahre! Wie mühsam ist sein Leben! Er blüht auf wie eine Blume – und verwelkt; er verschwindet wie ein Schatten – und fort ist er!"* Oder in Psalm 103,15-16: *Der Mensch ist wie das Gras, er blüht wie eine Blume auf dem Feld. Wenn der heiße Wüstenwind darüberfegt, ist sie spurlos verschwunden und niemand weiß, wo sie geblüht hat.* Die Realität der Vergänglichkeit erschüttert das menschliche Leben in seinen Grundfesten und macht es auf schmerzvolle Weise verletzbar. Insbesondere dann, wenn wir mit Schicksalsschlägen konfrontiert werden oder einen lieben Menschen loslassen müssen. Wenn wir miterleben oder erfahren, dass ein Mensch, der uns nahestand, die Schwelle vom irdischen Leben zur Ewigkeit überschritten hat, sehen wir uns von einem Moment auf den anderen mit den wirklich wichtigen Fragen des Lebens konfrontiert. Was ist der Sinn meines Lebens? Wofür nutze ich meine Zeit? Spiegelt meine Zeiteinteilung das wider, was mir im Leben wirklich wichtig ist? Woran wird deutlich, dass mein Leben nicht nur einer irdischen Zeitdimension verpflichtet ist, sondern auch einer ewigen? Wie viel von meiner Zeit schenke ich Gott, damit seine Wahrheit mehr und mehr mein Innerstes berührt und ich dadurch verändert werde?

Im Zusammenhang mit der Frage nach den Prioritäten erzählt man sich die folgende Geschichte: Ein Philosophieprofessor begann seine Vorlesung damit, ein leeres Glas bis zum Rand mit großen Steinen zu füllen. Anschließend fragte er seine Studenten, ob das Glas voll sei. Sie bejahten es. Der Professor nahm daraufhin eine Schachtel mit kleinen Kieselsteinen und schüttete sie in das Glas. Die Kieselsteine rollten dabei in die Räume zwischen den größeren Steinen. Erneut fragte der Professor seine Studenten, ob das Glas jetzt voll sei. Die meisten nickten. Es wurde ganz still im Saal, als der Professor einen Beutel voller Sand hervorholte und auch diesen in das Glas schüttete. Der Sand passte und füllte nun noch die letzten Zwischenräume aus. Zu seinen Studenten gewandt sagte der Professor: „Ich möchte, dass Sie erkennen, dass dieses Glas wie Ihr Leben ist. Die großen Steine sind die wichtigen Dinge im Leben: Ihre Familie, Ihr Partner, Ihre Freunde, Ihre Kinder, Ihre Berufung, Ihre Gesundheit. Dinge, die – wenn alles andere wegfiele und nur Sie übrig blieben – Ihr Leben immer noch erfüllen würden. Die Kieselsteine sind andere, weniger wichtige Dinge. Zum Beispiel Ihr Job, Ihre Wohnung, Ihr Haus oder Ihr Auto. Der Sand symbolisiert schließlich die kleinen und nebensächlichen Dinge des Lebens. Entscheidend ist: Wenn Sie den Sand zuerst in das Glas füllen, bleibt kein Raum für die Kieselsteine oder die großen Steine. So ist es auch in Ihrem Leben: Wenn Sie all Ihre Energie für die kleinen Dinge in Ihrem Leben aufwenden, haben Sie für die großen keine mehr. Nehmen Sie sich daher Zeit für das, was Ihnen am meisten am Herzen liegt, und für das, was wirklich zählt. Übernehmen Sie Verantwortung und treffen Sie mutige Entscheidungen für das, was Ihnen wichtig ist im Leben."

Womit füllen wir unser Lebensglas? Genau darum geht es in dieser Lektion: Nutze deine begrenzte Lebenszeit! Die letzte Lebensphase im Leben eines Schmetterlings zeigt, dass Leben kein Selbstzweck ist. Im Fokus dieses Stadiums steht die Fortpflanzung. Auch die Entfaltung dessen, was Gott in uns Menschen hineingelegt hat, ist kein Selbstzweck. Wie bei den Schmetterlingen geht es nun um Fruchtbarkeit und Fortpflanzung. Und zwar auch im übertragenen Sinn. Welches Erbe will ich hinterlassen? Wem kann und soll ich mit meinen Gaben dienen?

Henri Nouwens Buch *Du schenkst mir Flügel* endet mit der zentralen Einsicht: „Wenn wir uns der Tatsache unseres eigenen Todes stellen, ermöglicht das uns letztlich, besser zu leben. Und besser zu tanzen mit der Freude Gottes inmitten der kummervollen Nächte und an jedem hoffnungsvollen Morgen."[67] Ähnliches kommt auch in Psalm 90,12 zum Ausdruck, einem Bibelvers, der mir sehr viel bedeutet: *Mach uns bewusst, wie kurz unser Leben ist, damit wir endlich zur Besinnung kommen!* Dies gilt einerseits im Hinblick auf das menschliche Leben allgemein, aber in besonderer Weise auch im Hinblick auf die „Schmetterlingszeit" im Leben eines Menschen. Also im Hinblick auf *die* Zeit, in der zur vollen Entfaltung findet, was der Schöpfer in uns angelegt hat, und in der wir mutiger werden, das umzusetzen, was uns auf der Seele brennt. Der Gedanke daran, dass unser Leben begrenzt ist, soll uns helfen, unsere Lebenskräfte sinnvoll einzusetzen. So viel Kraft geht verloren, wenn wir uns mit anderen vergleichen, wenn wir mit unserer Lebenssituation unzufrieden sind oder an der Schuld, die andere Menschen an uns begangen haben, festhalten. Ist es mir das wirklich wert, meine kostbare und begrenzte Lebenszeit für solche Dinge zu vergeuden?

Der Gedanke an meine Vergänglichkeit verändert meine Sicht für die Gegenwart. Er macht mir die Kostbarkeit eines jeden einzelnen Augenblicks auf besondere Weise bewusst. Der heutige Tag wird nie zurückkehren. Mein Kind, das ich heute in den Arm schließen kann, wohnt vielleicht schon in wenigen Jahren weit entfernt von mir. War die Bagatelle, über die ich mich heute Mittag so aufgeregt habe, diese Aufregung wirklich wert? Ich möchte lernen, achtsamer mit meiner Energie, meinen Gedanken und Worten umzugehen. So, dass sie anderen zum Segen werden und ihnen keinen Kummer bereiten. Und ich möchte lernen, einzelne Momente mitten im Alltag dankbar in mich aufzunehmen und das Leben zu spüren. Ich möchte das Licht der Sonnenstrahlen tief in mein Herz fallen lassen und mein unterkühltes Herz daran erwärmen. Den strömenden Regen meine Gedankengespinste wegschwemmen lassen. Meinem Kind tief in die Augen schauen und dankbar sein für diesen kostbaren Augenblick. Mich hinsetzen, tief durchatmen, meinen Herzschlag spüren und über das Wunder des Lebens staunen. So möchte ich inmitten meines begrenzten Lebens unbegrenzten Frieden erfahren. Ich möchte mehr und mehr Anteil erhalten an der göttlichen Fülle, Freiheit und einer Freude, die unabhängig von äußeren Lebensumständen ist. Mich klammern an eine Hoffnung, die in der Ewigkeit zu Hause ist, und schon heute davon kosten. „In vielerlei Weise ist es das, was mit dem Begriff geistliches Leben gemeint ist", erklärt Henri Nouwen, „das Nähren des Ewigen inmitten des Zeitlichen, des Dauerhaften inmitten des Vergänglichen, Gottes Gegenwart in der Familie der Menschheit. Es ist das Leben des Geistes Gottes in uns."[68]

Das Bewusstmachen der eigenen Vergänglichkeit verändert den Blick auf die Gegenwart.

VERTIEFUNGSFRAGEN SCHMETTERLING

- Erkenne ich etwas von der Einzigartigkeit, die Gott in mein Leben legt? Wie würde ich sie beschreiben? (In einer Gruppe, die sich gut kennt, könnte man auch den Versuch wagen, die Einzigartigkeit der anderen Gruppenteilnehmer zu skizzieren, wobei die beschriebene Person dann ehrlich Stellung dazu nehmen sollte, ob die Beschreibung auch ihrer Wahrnehmung entspricht oder nicht.)

- In welcher Hinsicht wird mir der Schmetterling auch für mein Leben zum Symbol der Hoffnung? Für welche Situationen, Umstände oder Menschen brauche ich dringend neue Hoffnung?

- Bin ich mit meiner Vergangenheit versöhnt oder gibt es Erlebnisse oder Erfahrungen, die mich bis heute belasten?

- Welche Schritte wären notwendig, damit ich meine Vergangenheit voll und ganz bejahen könnte?

- Was hindert mich daran, mich anderen Menschen so zu zeigen, wie ich bin?

- Was bedeutet Verletzlichkeit für mich?

- Sehe ich Verletzlichkeit als Schwäche oder als Stärke? Inwiefern könnte sie zu einer Stärke werden?

- Was lösen Gedanken an mein Lebensende bei mir aus?

- Was möchte ich unbedingt verändern in meinem Leben, solange mir noch Zeit dazu bleibt?

- Spiegelt mein Lebensglas die Prioritäten wider, die mir wirklich wichtig sind? Mit welchen großen Lebenssteinen möchte ich mein Lebensglas füllen?

- Wie kann ich sicherstellen, dass meine Lebensprioritäten den Stellenwert erhalten und behalten, den ich ihnen beimessen möchte?

. . . .

einzigartiges Leben

entfaltet sich in der Stille
orientiert sich am Bild des Ewigen
widerspiegelt SEINE Herrlichkeit

ich wage
Einzigartigkeit
und lebe

sichtbar – weil ER mich sieht
nahbar – weil ER mir nahekommt
berührbar – weil ER mich berührt
liebevoll – weil ER mich liebt
geistvoll – weil SEIN Geist durch mich wirkt
hoffnungsvoll – weil ER meine Hoffnung ist
überfließend – weil ER mich erfüllt
befähigt – weil ER mich beruft
entfesselt – weil ER mich befreit
gesegnet – weil SEIN Segen auf mir ruht
zielgerichtet – weil ER mein Ziel ist

einzigartig – weil ER mich dazu bestimmt hat

Debora Sommer (19.10.2016)

. . . .

4. METAMORPHOSE ALS GEISTLICHER WEG

„Du kannst eine Raupe nicht gewaltsam
in Schmetterlingsgestalt pressen
und sie zum Fliegen bringen.
Sie muss von INNEN her verwandelt werden."
WAYNE JACOBSEN

Während sich manche Menschen der Illusion hingeben, dass Veränderung einfach so, auf wundersame Weise, ohne eigene Anstrengung und Wachstumsschmerzen geschieht, lehrt uns die Metamorphose der Raupe zum Schmetterling genau das Gegenteil. In der Realität steht am Anfang eines Verwandlungsprozesses meistens eine Grenzerfahrung. Auf der Suche nach Auswegen aus solchen Situationen meinen wir den Schlüssel zur Lösung nicht selten in einem veränderten Lebensumfeld zu erkennen. „Bei einem höheren Einkommen hätten wir all diese Probleme nicht." „Wenn mein Ehepartner nicht ständig an mir herumnörgeln würde, hätten wir auch keine Ehekrise." „Wenn mein Arbeitgeber mich nicht immer so ungerecht behandeln würde, könnte ich eine viel bessere Arbeitsleistung zeigen." „Wenn sich die mühsamen Mitglieder unserer Kirche endlich ändern würden, stünde einem geistlichen Aufbruch nichts mehr im Wege."

Solche Gedanken machen immer etwas oder jemand anderen verantwortlich für die schwierigen Lebensumstände, in denen wir stecken. Es scheint im menschlichen Naturell zu liegen, Schuld und Verantwortung lieber bei anderen zu suchen als bei sich selbst. Doch unabhängig davon, ob die Grenzerfahrung, die wir durchleben, von uns mitverschuldet ist oder nicht: Der Schlüssel zur Verwandlung liegt weder in äußeren Umständen noch bei anderen Menschen. Es ist nur *eine* Person notwendig, um mein Leben zu verändern. Ich selbst! Im Zusammenhang mit dem Schmetterlingseffekt führte ich aus, dass der Flügelschlag eines Schmetterlings die Welt verändern kann. Wer weiß, vielleicht hat auch etwas, das Sie tun, viel größere Auswirkungen, als Sie für möglich halten! Beginnen Sie bei sich selbst und die Welt ändert sich mit Ihnen. Gott lässt Grenzerfahrungen in Ihrem Leben nicht zu, um Sie zu strafen, sondern damit Sie daran wachsen und reifen.

> Der Schlüssel zur Verwandlung liegt weder in äußeren Umständen noch bei anderen Menschen, sondern allein bei Ihnen.

Wie das konkret geschehen kann, ist Inhalt dieses Kapitels. Wie die Puppenphase eindrücklich demonstriert, führt der Prozess der Verwandlung durch eine Phase der Dunkelheit, die sehr schmerzvoll sein kann. Allerdings ist sie nicht zwingend schmerzvoller, als sich selbst ohne Veränderungen weiter auszuhalten. Mit den Worten des Schriftstellers Elias Canetti: „Man weiß nie, was daraus wird, wenn die Dinge verändert werden. Aber weiß man denn, was daraus wird, wenn sie nicht verändert werden?"

So kann selbst der dunkle Ort der Metamorphose zu einem Segensort und einem Ort des Neuanfangs werden. Lassen Sie die Gefühle zu, die Sie empfinden, und erkennen Sie damit verbundene Wachstumschancen: „Sei verwirrt, denn dann lernst du etwas Neues. Sei zerbrochen, denn dann kann dein Heilungsprozess beginnen. Sei frustriert, denn dann triffst du authentischere Entscheidungen. Sei traurig, denn wenn wir mutig genug sind, können wir durch unsere Traurigkeit hindurch die Weisheit unseres Herzens hören. Sei, was auch immer du im Moment bist. Versteck dich nicht länger. Du bist es wert, jederzeit" (S. C. Lourie).

VERÄNDERUNG BEGINNT BEI MIR!

Bezüglich der Veränderung von Lebensumständen oder Menschen sind uns in der Regel die Hände gebunden. Wir können jedoch sehr wohl Einfluss darauf nehmen, was die Situation mit *uns* macht, wie *wir* darüber denken und zu welchen Handlungen *uns* dies führt. Indem ich mich auf diese Weise verändere, verliert so manche belastende Grenzsituation ihre Macht über mich. Maya Angelou, die selbst viele traumatische Erlebnisse verkraften musste, hat sich standhaft geweigert, dass diese schrecklichen Erlebnisse ihr Leben bestimmten. In ihrer typisch unverblümten Art schrieb sie in einem ihrer Bücher: „Wenn dir etwas nicht passt, solltest du es ändern. Wenn du es *nicht* ändern kannst, ändere die Art und Weise, wie du darüber denkst. Beklag dich nicht."[69] Ein anderes Mal sagte sie: „Du magst auf viele Niederlagen stoßen, aber du darfst dich nicht geschlagen geben. Genau genommen könnte es sogar notwendig sein, dass du auf Niederlagen stößt, damit du verstehst, wer du bist, was du alles bewältigen und wie du das Schwere überwinden kannst."[70] Es geht viel Lebenszeit und Energie verloren im Warten auf Dinge, die sich vielleicht bis an unser Lebensende nie ändern. Die gute Nachricht für jeden, der seit Jahren darauf wartet, dass sich seine Ehe, Familie oder Kirche verändert, ist: Sie können etwas dagegen unternehmen! Hören Sie auf, darauf zu warten, dass sich Dinge oder Menschen verändern. Lassen Sie stattdessen Veränderung an sich selbst zu!

> „Wenn du etwas nicht ändern kannst, ändere die Art, wie du darüber denkst."
> Maya Angelou

Wie eine Raupe von innen verändert werden muss, um ein Schmetterling zu werden, muss auch ein Mensch von innen verändert werden, um die volle Entfaltung des Potenzials zu erleben, das der Schöpfer in ihn hineingelegt hat. Diese Veränderung kann niemand von außen erzwingen oder bewerkstelligen. Anders als bei der Raupe, bei der die Metamorphose einem natürlichen Verlauf folgt, steht die Entscheidung zur Veränderung jedem Menschen frei. Sind Sie bereit, in Empfang zu nehmen, was Gott für Sie bereithält? Sind Sie bereit, Ihre Komfortzone zu verlassen? Spüren Sie die Sehnsucht, mehr von dem zu erleben, was uns in der Kraft Gottes verheißen ist? Dann lassen Sie sich auf einen Prozess der Verwandlung ein!

Doch wie genau werden wir denn nun verwandelt? Wie können wir geistlich wachsen? Damit sind wir zurück bei den zentralen Fragen, die ich bereits in der Einführung aufgeworfen habe. Lassen Sie uns auf der Suche nach Antworten einen Blick in die Bibel werfen und herausfinden, was sie zum Thema Metamorphose sagt. So viel kann ich vorwegnehmen: Die Entdeckungen haben mich überrascht und begeistert. Sie zeigen, dass Metamorphose als geistlicher Weg der Schlüssel zu innerem Wachstum und das Ziel christlicher Spiritualität ist.

Metamorphose in der Bibel

Im Frühling 2016 durfte ich im Rahmen einer Frauenauszeit zum ersten Mal meine Gedanken über die Metamorphose der Raupe zum Schmetterling als Sinnbild für geistliche Prozesse mit einer Gruppe teilen. Als Einstieg in die Einheit, in der wir gemeinsam darüber nachdachten, was die Bibel über Metamorphose sagt, bat ich die Teilnehmerinnen, spontan zu sagen, wo Metamorphose ihrer Meinung nach in der Bibel zu finden ist. Das Resultat einer angeregten Diskussion war eine bunte Sammlung von Gedanken auf dem Flipchart. Darunter fanden sich Bezüge zu biblischen Gestalten, wie zum Beispiel zur Geschichte von Paulus, dessen Leben sich nach einer Begegnung mit Jesus radikal veränderte, oder Jona, der seine Haltung änderte. Auch Pfingsten wurde erwähnt – im Zusammenhang mit den Veränderungen, die das Kommen des Heiligen Geistes mit sich brachte. Weiter verschiedene Phasen des Volkes Israels, das aus der Gefangenschaft in die Freiheit geführt wurde. Einige sahen Metamorphose als Bild für die „neue Schöpfung" in Jesus (gemäß 2. Korinther 5,17), andere als Zukunftsperspektive, als Hoffnungsbild der Erlösung für die Zeit nach dem Tod. Neben vielen weiteren Überlegungen wurde auch die Frage laut, ob sich normales Wachstum und Metamorphose denn unterscheiden. Ebenfalls spannend erschien mir die Überlegung, ob es vielleicht auch negative Metamorphosen gibt (als Beispiele wurden Saul und Judas genannt).

VERWANDLUNG ALLGEMEINER ART

Diese Gedankensplitter spiegeln in etwa die bunte Vielfalt wider, die mir in Büchern zum Thema Metamorphose oder Verwandlung in biblischen Zusammenhängen begegnet. Werfen wir zum Beispiel einen kurzen Blick in das neuste Buch von Anselm Grün mit dem Titel *Trau dich, neu zu werden: Verwandeln statt verändern* (2016): Darin untersucht er als „Bilder von Verwandlung" den brennenden Dornbusch, die ägyptischen Plagen, den Durchzug durch das Rote Meer und das Wasser, das aus dem Felsen kam. „Wege der Verwandlung" erkennt Grün bei Jakob (Israel), dem Propheten Elija, Saulus (Paulus) oder Maria von Magdala. Schließlich entfaltet er als „Wandlungsgeschichten" die Verklärung von Mose, die Verklärung von Jesus, die Verwandlung von Wasser in Wein, die Verwandlung in der Eucharistie, die Verwandlung von Leid und Hingabe, die Verwandlung des Kreuzes in Herrlichkeit, die Verwandlung des Todes, Pfingsten als Fest der Verwandlung, Gebet und Verwandlung sowie Askese und Verwandlung.

Versteht man „Metamorphose" in einem weiteren Sinne als Verwandlung, dann ist die Bibel voll davon. Die Bibel ist sozusagen ein Buch voller Verwandlungsgeschichten. Selbst wenn man Metamorphose analog zum griechisch-mythologischen Verständnis in einem engeren Sinne als Gestaltwandel oder Gestaltwechsel definiert, finden sich auch hierfür etliche Beispiele in der Bibel: Satan zeigt sich in Gestalt einer Schlange (1. Mose 3), Lots Frau wird zur Salzsäule (1. Mose 19), Moses Stab zur Schlange (2. Mose 7), Gott zur Wolke (2. Mose 34), Bileams Eselin kann plötzlich sprechen (4. Mose 22), Wasser wird zu Wein (Johannes 2) und so weiter.

VIER METAMORPHOSE-STELLEN IN DER BIBEL

Aufschlussreich für eine biblische Untersuchung von Metamorphose ist die Tatsache, dass es im Neuen Testament insgesamt vier Bibelstellen gibt, in denen das Verb vorkommt, das vom griechischen Wort Metamorphose abgeleitet ist. Ein Blick auf diese vier Stellen hilft uns, den Kern dessen, was geistliche Metamorphose ausmacht, besser zu verstehen.

Zwei der vier Metamorphose-Stellen finden sich in den Evangelien, und zwar im Zusammenhang mit der Beschreibung der Verklärung von Jesus (nachzulesen in den Parallelstellen Matthäus 17,2 und Markus 9,2). Dort, wo Jesus vor den Augen seiner Jünger „verwandelt/umgestaltet wurde" *(metamorphōthae).* Während Jesus betete,[71] wurde sein Gesicht von einem überirdischen Glanz erhellt. Die Jünger erkannten etwas von dem, was Jesus schon immer gewesen war, das sie aber bisher nie mit ihren Augen gesehen hatten. Auf dem Berg der Verklärung strahlte das göttliche Wesen von Jesus durch seine menschliche Gestalt hindurch. Dabei wird

Metamorphose im biblischen Sinne ist nicht das Schaffen von etwas Neuem, sondern das Sichtbarwerden des eigentlichen Wesens.

deutlich, dass Metamorphose im biblischen Sinne nicht das Schaffen von etwas Neuem ist, sondern vielmehr das Sichtbarwerden des eigentlichen Wesens. Die beiden anderen Metamorphose-Stellen finden sich in Briefen von Paulus: in seinem Brief an die Gemeinde in Rom (Römer 12,2) sowie im Brief an die Gemeinde in Korinth (2. Korinther 3,18).

Wenn man sich die Metamorphose-Stellen in der Bibel anschaut, fallen zwei Dinge auf: 1. An allen vier Stellen steht das Verb metamorphóō in der Passivform. Dies bedeutet: Geistliche Metamorphose kann man nicht machen. Sie ist ein göttliches Geschenk. 2. Die Briefempfänger, die von Paulus eindringlich zur Metamorphose ermutigt werden, sind Christen. Indem jemand die Entscheidung trifft, sein Leben mit Jesus zu gestalten, betritt er sozusagen den Weg der geistlichen Verwandlung. Solange er lebt, ist er auf diesem Verwandlungsweg unterwegs, der erst in der Ewigkeit seinen Abschluss finden wird. Geistliche Verwandlung ist demnach kein Zeitvertreib für besonders engagierte Christen, sondern ein Auftrag, der allen Christen gilt. Sie ist der Schlüssel zu innerem Wachstum und einem verwandelten Leben. Einem Leben in Fülle und Freiheit. Einem Leben, in dem das ursprüngliche und einzigartige Bild, das Gott sich von Ihnen gemacht hat, immer deutlicher zum Ausdruck kommt und sichtbar wird.

Den vier erwähnten Bibelstellen zufolge ist geistliche Metamorphose also ein göttliches Geschenk auf der einen und ein Auftrag an Christen auf der anderen Seite.

„METAMORPHOSE" ALS SCHLÜSSELWORT JENER ZEIT

Als das Neue Testament geschrieben wurde, war es nicht nötig zu erklären, was Metamorphose ist. Bei diesem Begriff lief ein ganzer Film im Kopf der Zuhörer ab. Metamorphosen waren nicht nur fiktive Vorstellungen, sondern stellten – verbunden mit dem Götterkult – eine Glaubensrealität dar, in der sich viele Menschen der damaligen Zeit bewegten. Die griechische und römische Mythologie war voll von Gestaltwandlungen und die mythischen Verwandlungsgeschichten waren überaus beliebt. Dies war nicht zuletzt das Verdienst des römischen Ausnahmepoeten Ovid[72] und seiner *Metamorphosen*[73], die bereits in der Antike ein Bestseller waren. Dieser Sagenzyklus, den Ovid zur Zeit von Christi Geburt und Kindheit verfasste, erzählt in kunstvoller Dichtung rund 250 Verwandlungssagen aus der griechischen Mythologie und der römischen Geschichte. Alle Geschichten sind auf geniale Weise in das Gesamtarrangement eines weltgeschichtlichen Ablaufs eingefügt. Auf diese Weise konnte Ovid die Geschichte der Welt und ihrer menschlichen Bewohner als Verwandlungsprozess im großen Stil darstellen. Im Gegensatz zu anderen Autoren und Künstlern war Ovid bereits zu Lebzeiten berühmt geworden. Dies zeigt sich unter anderem an einer Fülle von Gedichten, die von anderen unter seinem Namen veröffentlicht wurden, während er noch lebte. Oder auch an den zahlreichen Versen, die als Graffitis[74] auf die Wände der Häuser von Pompeji gekritzelt wurden. Jener Stadt, die beim Ausbruch des Vesuv im Jahr 79 n. Chr. verschüttet wurde und die in der heutigen Forschung dank erfolgreicher Ausgrabungen als wichtiges Zeugnis antiker Zeiten gilt.

Auch christliche Schriftsteller der Spätantike bezogen sich auf Ovid und verwendeten die *Metamorphosen* als mythologisches Handbuch. Dem Kirchenvater Hieronymus (347–420) ging dieser Ovid-Kult zu weit. Er warf den Christen vor, an Ovid statt an die Bibel zu glauben. Dies beweist, wie groß Ovids Einfluss selbst auf die Christen war.

Die Empfänger der Paulusbriefe lebten also in einer Kultur, die von antiken Mythen durchdrungen war. Dafür gibt es viele spannende Hinweise im Neuen Testament. In Apostelgeschichte 14 erfahren wir zum Beispiel, dass Paulus und sein Mitarbeiter für die Verkörperung der Götter Zeus und Hermes gehalten wurden. Dies ereignete sich im Jahr 48 n. Chr. (rund 30 Jahre nach Ovids Tod) auf der ersten Missionsreise von Paulus in Lystra, einer Stadt in der kleinasiatischen Region Lykaonien, die heute zur Türkei gehört. Den Hintergrund dafür bildete die Sage von Philemon und

Baucis, die ganz in der Nähe, nämlich in der nördlich angrenzenden Region Phrygien, ihren Ursprung hatte.[75]

PAULUS UND BARNABAS WERDEN FÜR GÖTTER GEHALTEN

Ovid erzählt in den *Metamorphosen* vom Besuch des Göttervaters Zeus (lateinisch Jupiter) und seines Sohnes Hermes (lateinisch Merkur) in einer Stadt in Phrygien. Doch überall wurden die Wanderer abgewiesen. Einzig das alte und arme Ehepaar Philemon und Baucis zeigte sich gastfreundlich und bewirtete die Fremden mit allem, was es hatte. Erst durch einen Zufall erkannten sie die Götter. Erschrocken entschuldigten sie sich für das karge Mahl. Während der Göttervater die Stadt mit den hartherzigen Menschen in einen See verwandelte, wurden Philemon und Baucis von den Göttern für ihre Großzügigkeit und Gastfreundschaft reich belohnt: Ihre Hütte wurde in einen goldenen Tempel verwandelt, sie durften Priester des Tempels werden und schließlich gemeinsam sterben. Die Götter hatten ihnen versprochen, dass sie sich selbst im Tod nie trennen müssen. Uralt wurden sie gleichzeitig in Bäume – eine Linde und eine Eiche – verwandelt, die sich mit ihren Ästen umarmten.

Das Neue Testament überliefert uns in der Apostelgeschichte, wie nach einer Predigt von Paulus ein von Geburt an gelähmter Mann geheilt wurde. Angesichts dieses Wunders kamen die Einwohner von Lystra zu dem Schluss, dass es sich bei Paulus und Barnabas um eine Wiederverkörperung von Zeus und Hermes handeln musste. Die aufgeregte Menge rief: *„Die Götter haben Menschengestalt angenommen und sind zu uns herabgekommen!"* (Apostelgeschichte 14,11). Der Priester des Zeustempels brachte Stiere und Kränze. Gemeinsam mit der Bevölkerung vor Ort wollte er Paulus und Barnabas ein Opfer darbringen. Die beiden Männer waren entsetzt darüber und versuchten zu erklären, dass sie bloß Menschen seien. Und dass ihre Botschaft ja genau zum Inhalt habe, sich von all diesen Göttern ab- und dem lebendigen

Gott zuzuwenden. Der Vorfall in Lystra endete damit, dass Paulus gesteinigt und zur Stadt hinausgeschleift wurde. Sein Zustand war so bedenklich, dass man ihn für tot hielt. Doch auch an ihm geschah ein Wunder. Er stand auf und ging noch am selben Tag nach Lystra zurück. Mit Sicherheit hat sich Paulus dieses Erlebnis tief eingeprägt.

MYTHOLOGIE ALS ANKNÜPFUNGSPUNKT FÜR DEN CHRISTLICHEN GLAUBEN

Ich bin davon überzeugt, dass Paulus das Wort „Metamorphose" im Römer- und Korintherbrief ganz bewusst gewählt hat. Der brillante Gelehrte und Redner Paulus wusste, wie zentral dieser Begriff bei den Menschen seiner Zeit war. Er kannte die Vorstellung, die sie damit verbanden, und er wollte den Begriff aus christlicher Sicht neu prägen. Mit dem Gebrauch des Metamorphose-Begriffs schaffte er einen direkten Anknüpfungspunkt zur Alltagswelt seiner Zuhörer. Die Mythologie bot vielfache Anknüpfungsmöglichkeiten für den christlichen Glauben, indem die Botschaft von Jesus Christus als Antwort auf die tiefe Sehnsucht der Menschen nach Verwandlung vorgestellt wurde.

Vor diesem Hintergrund erhalten viele neutestamentliche Texte eine andere Bedeutung. Dies gilt auch im Hinblick auf die Verwandlung von Wasser zu Wein in Johannes 2,1-12. Dieses Verwandlungswunder erhält eine viel tiefere Bedeutung, wenn man bedenkt, dass die Menschen jener Zeit Dionysos (lateinisch Dionysios) – den Gott des Rausches und Gott der Verwandlung schlechthin – verehrten. Am Dionysosfest, in der Nacht vom 5. auf den 6. Januar, stellte man drei leere Krüge in das Heiligtum des Dionysos und verschloss die Tür. Am anderen Tag fand man sie mit Wein gefüllt vor. Johannes nimmt

> Es braucht keine großen Zeremonien, sondern einzig eine Begegnung mit Jesus, damit göttliche Verwandlung im menschlichen Leben Realität werden kann.

das Verwandlungswunder von Jesus zum Anlass, die Menschen seiner Zeit anzusprechen und ihnen zu erklären, wer Jesus ist. Die Botschaft, die durch die Erzählung des Verwandlungswunders durchklingt, ist folgende: Durch Jesus Christus verwandelt Gott das menschliche Leben auf eine viel tiefere Weise, als es Dionysos je vermochte. Jesus füllte nicht einfach drei leere Krüge mit Wein, sondern nahm sich sechs Krügen an, die bereits mit Wasser gefüllt waren, und verwandelte dieses Wasser in Wein. Und das dauerte nicht eine ganze Nacht, sondern es genügte ein einziges Wort. Dies zeigt: Es braucht keine großen Zeremonien, keine kultischen Gesetze und Bräuche, sondern einzig eine Begegnung mit Jesus Christus, damit göttliche Verwandlung im menschlichen Leben Realität werden kann.[76]

Metamorphose nach 2. Korinther 3,18

Es lohnt sich, einen genaueren Blick auf die beiden Bibelstellen bei Paulus zu werfen. Mit Römer 12,2 setzen wir uns in Lektion 1 dieses Kapitels noch intensiver auseinander, hier tauchen wir zunächst einmal tiefer in 2. Korinther 3,18 ein. In bilderreicher Sprache erzählt Paulus in diesem Vers von einem enthüllten Gesicht und einem Spiegel, um den Christen in Korinth zu erklären, wie sich geistliche Verwandlung im Leben eines Christen vollzieht:

2. Korinther 3,18: Wir alle spiegeln mit enthülltem Gesicht die Herrlichkeit des Herrn wider und **werden** so in sein eigenes Bild **verwandelt** (*metamorphoumestha*), von Herrlichkeit zu Herrlichkeit, durch den Geist des Herrn.

Um zu verstehen, was Paulus mit dem „enthüllten Gesicht" meint, müssen wir einen Blick auf den Zusammenhang werfen. Dort sehen wir, dass Paulus die Empfänger seines Briefes an eine ganz bestimmte Szene im Exodusbuch erinnert: In 2. Korinther 3 bezieht er sich auf 2. Mose 34,29-35, wo Mose von seiner zweiten

Bergbegegnung mit Gott in der Wüste Sinai zurückkehrt. 40 Tage und Nächte hatte sich Mose in Gottes Nähe aufgehalten, ohne zu essen und zu trinken. Bei seiner Rückkehr vom Berg brachte Mose nicht nur zum zweiten Mal Steintafeln mit den Zehn Geboten mit (die ersten Tafeln hatte er nach seiner ersten Rückkehr voller Entsetzen über den Bau des Goldenen Kalbes zerschlagen), sondern noch etwas ganz anderes, etwas noch nie Dagewesenes: Er brachte ein Stück göttliche Herrlichkeit mit in Form eines überirdischen Strahlens, eines göttlichen Glanzes auf seinem Gesicht. Allerdings ohne dass er selbst davon wusste. Die Begegnung mit dem Allmächtigen hatte auf ihn abgefärbt! Die Isralíten erschraken zutiefst, da sie noch nie etwas Vergleichbares gesehen hatten. In der Folgezeit verhüllte Mose sein Gesicht mit einem Tuch (Luther übersetzte „mit einer Decke"). Er entfernte das Tuch nur dann, wenn er im Allerheiligsten mit Gott sprach. Im Laufe der Zeit verschwand der Glanz auf seinem Gesicht wieder.

EINE NEUE GEISTLICHE REALITÄT

Und auf genau diesen Vorfall, den Glanz und das Tuch auf Moses Gesicht, nimmt Paulus in den Versen vor 2. Korinther 3,18 Bezug. Dabei geht es ihm um einen Vergleich zwischen dem Alten Bund und dem Neuen Bund. Mose steht für den Alten Bund. Er selbst, Paulus und seine Mitarbeiter, bezeichnen sich ein paar Verse vorher (in 2. Korinther 3,6) als Diener des Neuen Bundes. Gott selbst hat diesen Neuen Bund gestiftet. Grundlage dafür ist der Tod seines Sohnes Jesus Christus, der durch sein Sterben am Kreuz die Sünden aller Menschen stellvertretend auf sich genommen hat. Wer Jesus im Glauben als neue Lebensmitte in sein Leben aufnimmt, wird in den Neuen Bund aufgenommen. Der Neue Bund gründet sich zudem auf das Wirken von Gottes Geist. Wo der Geist wirkt, ist Freiheit und Friede. Der Heilige Geist hilft uns, ein Leben zu führen, das Gott gefällt. Er befreit, macht lebendig, tröstet, korrigiert, führt, setzt frei, sendet und befähigt uns. Im

Gegensatz zum Alten Bund, der von dem Gesetz bestimmt war, ist die Grundlage des Neuen Bundes die göttliche Gnade und Vergebung. Jesus ist die lebendige Hoffnung.

Paulus führt den Christen in Korinth mit seinen Erklärungen vor Augen, wie revolutionär neu diese Zeit ist, in der sie leben, und wie kraftvoll die neue geistliche Realität ist, an der sie jetzt schon teilhaben dürfen. Er appelliert an die Korinther, dass sie sich nicht langer wie das Volk Israel verhalten sollen. Bis heute, erklärt Paulus, liege auf Israel, das die Thora liest, eine Art Decke. Die Israeliten seien nicht fähig, die Herrlichkeit von Jesus zu erkennen und zu verstehen, dass der Alte Bund in Jesus Christus erfüllt sei.

Laut 2. Korinther 3,16 wird das Tuch, das verhindert, dass Menschen die Herrlichkeit Gottes erkennen, in dem Moment entfernt, wenn sich jemand Jesus zuwendet. Wenn jemand ihn als den Auferstandenen erkennt und ihm nachfolgt. Anders als der Alte Bund (der zwischen Gott und dem Volk Israel geschlossen wurde) ist der Neue Bund ein Bund mit allen Menschen, die Jesus nachfolgen. Daher beginnt der Vers mit *„Wir alle"*. In dieser Formulierung schließt der Apostel sich, die Gemeinde in Korinth und die Nachfolger von Jesus Christus aller Zeiten zusammen. Jesus hat von seiner Seite her alle Voraussetzungen dafür geschaffen, dass wir unverhüllt vor Gott treten können. Die entscheidende Frage ist: Verhalten wir uns auch als solche, die im Neuen Bund leben?

VERHÄNGNISVOLLE TÜCHER

Die Sache mit dem Tuch auf dem Gesicht hat mich lange beschäftigt. Die Frage, die mich nicht mehr losgelassen hat, ist: Wie ist es bei mir? Spiegle ich tatsächlich mit enthülltem Gesicht Gottes Herrlichkeit? Oder ist mein Gesicht vielleicht immer noch verhüllt? Oder wieder verhüllt? Wir Menschen sind Meister in der Kunst des Verhüllens. Und ich glaube, dass wir mit einer ganzen Menge Tücher auf unserem Gesicht durchs Leben gehen, ohne dass uns bewusst ist, welche Folgen unsere Sehbehinderung hat.

Die Problematik eines verhüllten Gesichts ist eine dreifache. Sie verschleiert meine Sicht auf Gott, auf mich selbst und auf andere Menschen.

Im Hinblick auf die Beziehung zu Gott macht es mich wie die Israeliten blind für seine Herrlichkeit. Ich habe vielleicht schon viel über Gott gehört, habe schon oft in seinem Wort gelesen, ich bete vor dem Einschlafen, besuche regelmäßig den Gottesdienst, bezeichne mich als fromm und gottesfürchtig. Und doch kann ich blind sein für die Herrlichkeit Gottes, die sich in Jesus offenbart hat. Selbst dann, wenn ich einmal eine bewusste Entscheidung für ein Leben mit Jesus getroffen habe. Wann hat es mich zum letzten Mal mitten ins Herz getroffen, dass Jesus für meine Schuld gestorben ist? Wann war ich zum letzten Mal überwältigt von seiner Liebe zu mir? Sprachlos vor Staunen, weil ich ein Stück himmlische Herrlichkeit in meinem Leben erfahren habe. Weil Jesus in eine Situation hineingesprochen hat – durch sein Wort, ein Lied, andere Menschen, eine bestimmte Führung. Weil ich seinen Frieden erlebt habe. Weil er mich gestärkt hat. Weil er mich mutig gemacht hat. Weil er mich getragen hat, als ich verzweifelt war. Vielleicht ist heute der richtige Zeitpunkt dafür, Jesus in einem ehrlichen Gebet zu bitten: Herr, lass mich neu erkennen, wer du wirklich bist. Nimm das Tuch von meinen Augen weg. So wie der Jünger Thomas, der den Auferstandenen nicht nur sehen, sondern auch berühren wollte und dann voller Staunen ausrief: *Mein Herr und mein Gott! Jesus sagte daraufhin zu ihm: Selig sind, die nicht sehen und doch glauben!* (Johannes 20,29b). Ich wünsche uns ein neues Staunen über den auferstandenen Herrn, der unser Leben in göttlicher Vollmacht umgestalten und Neues schaffen möchte. Mit einem Tuch vor Augen können wir Jesus nicht erkennen. Wir sind blind für seine Sicht auf uns und unser Leben und seine Herrlichkeit dringt nicht zu uns durch.

> Mit einem Tuch vor Augen können wir Jesus nicht erkennen.

GNADE KNÜPFT AN MEINE SCHWACHHEIT AN

Das Tuch auf dem Gesicht betrifft uns aber auch ganz persönlich. Im Hinblick auf uns selbst bringen wir damit zum Ausdruck: Ich bleibe in meinem sicheren Versteck. Vielleicht, weil ich es nicht wage zu zeigen, wie es *wirklich* in mir aussieht. Doch Jesus sieht es sowieso. Sosehr wir uns auch verhüllen. Er sieht, was uns zutiefst bewegt. Unsere Not, unsere Verletzungen, unsere Einsamkeit, unsere Trauer, unsere Bitterkeit, unsere Fragen. Und er wünscht sich, dass wir unsere Tücher ablegen. All die Tücher der Scham, der Lüge, der Angst, der Mutlosigkeit, der Minderwertigkeit. Tücher, die andere Menschen auf uns gelegt haben – oder Tücher, die wir uns selbst umgelegt haben. Wir sollen die Tücher ablegen, damit unser Blick frei wird für Jesus und dafür, wie er über uns denkt. Die tiefste Verwandlung geschieht dann, wenn ich an meine Grenzen stoße und nicht mehr weiterkann.

Genau dies ist die Botschaft der Kokonzeit. *Dort* erfahre ich, was Gnade ist und wie Gottes Gnade mich verwandeln kann. In den vergangenen Jahren wurde mir tröstlich bewusst, dass göttliche Gnade nicht an meinen Erfolgen oder meiner Stärke anknüpft, sondern an meiner Schwachheit. „Denn mitten in unserem Schmerz finden wir die Gnade Gottes."[77] Gnade ist zunächst ein wunderbares Geschenk: das Geschenk der Errettung. Der göttlichen Liebe, die mich vorbehaltlos annimmt und mir im Glauben an Jesus Vergebung schenkt. Doch Gnade ist noch mehr als das. Sie ist Gottes Kraft in mir. Durch den Heiligen Geist lebt und wirkt Gottes Kraft in mir. Jesus spricht Paulus in 2. Korinther 12,9 zu: *Lass dir an meiner **Gnade** genügen, denn **meine Kraft vollendet** sich in der Schwachheit.* Woraufhin Paulus seinen Lesern erklärt: *Darum will ich mich am allerliebsten rühmen meiner Schwachheit, auf dass die **Kraft Christi** bei mir wohne.* Gnade ist also göttliche Befähigung. Sie ist die Kraft des Heiligen Geistes, die mich stark macht – dort, wo ich an meine menschlichen Grenzen stoße. Aus menschlicher Kraft schaffe ich es oft nicht einmal, ungute Gedanken oder Verhaltensweisen zu durchbrechen. Und aus menschlicher Kraft werde ich es erst recht nie schaffen, ein gottgefälliges Leben zu führen. Doch mitten in meiner Schwachheit und menschlichen Unfähigkeit kommt Gottes Kraft durch seinen Geist zur vollen Auswirkung. Das ist Gnade!

Wir dürfen aus unserer tiefsten Sehnsucht, unseren Schmerzen und inneren Nöten heraus leben. Wir müssen nichts davon verdrängen oder beschönigen. Vielleicht lässt Gott nicht zuletzt deswegen Grenzsituationen in unserem Leben zu, damit wir unsere Identität immer wieder neu in ihm gründen. Paulus schreibt weiter: *Darum bin ich guten Mutes in Schwachheit, in Misshandlungen, in Nöten, in Verfolgungen und Ängsten um Christi willen; denn wenn ich schwach bin, so bin ich stark* (2. Korinther 12,10). Aus unserer Schwachheit leben heißt, aus Gottes Gnade leben. Oder anders gesagt: mich mitten in meiner Schwachheit an Gottes Versprechen klammern und den Heiligen Geist an mir, in mir und durch mich wirken lassen. So können auch Lebenskrisen, Leiden, Schicksalsschläge und Krankheiten zum Ausgangspunkt einer kraftvollen geistlichen Verwandlung werden.

> In unserer Schwachheit liegt eine große Kraft verborgen.

EIN GEHEIMNISVOLLER SPIEGEL

Indem wir die göttliche Herrlichkeit unverhüllt auf uns einwirken lassen, werden wir *in sein eigenes Bild verwandelt*, wie es in der Fortsetzung steht. Geistliche Metamorphose meint also den Prozess, in dem wir Menschen mehr und mehr in das vollkommene Ebenbild Gottes umgewandelt werden. Doch noch steht die Vollendung aus. Noch leben wir in einer gefallenen Welt mit all ihren Auswirkungen. Noch sind wir versuchlich.

Für „widerspiegeln" oder „im Spiegel anschauen" steht im Griechischen ein Verb, das im Neuen Testament nur an dieser einen Stelle vorkommt. Untersucht man die Verwendung dieses seltenen Wortes in außerbiblischen Quellen, legt ein Vergleich mit Schriften des jüdischen Philosophen Philo nahe, dass es sich hier um einen ganz besonderen Spiegel handelt. Einen geheimnisvollen Spiegel, in dem Unsichtbares sichtbar wird. Wir spiegeln also nicht bloß uns selbst wider wie in einem normalen Spiegel, sondern indem wir auf Jesus Christus schauen, verschmilzt unser Bild mit seinem Bild und wir werden mehr und mehr von seinem Geist, seiner Wahrheit, seiner Liebe, seinem Licht durchdrungen und verwandelt. Unsere Augen öffnen sich für diese andere Realität, in die wir hineinwachsen möchten. C. S. Lewis hat einst gesagt: „Je mehr wir uns Gott anvertrauen, desto mehr finden wir zu uns selbst – weil er uns gemacht hat." Je durchlässiger wir für Jesus und das Wirken seines Geistes an uns werden, desto mehr leuchtet unser eigentliches Wesen auf und wird zugleich Jesu Wesen durch uns sichtbar. Unser Denken, Fühlen, Reden und Handeln wird von Gott durchdrungen und wir können seine göttliche Bestimmung für unser Leben immer deutlicher erkennen und umsetzen. Auch die Einzigartigkeit, die in uns gelegt wurde, kommt immer mehr zum Ausdruck. Wir gewinnen an Profil, weil Gott uns formt.

DURCHDRUNGEN VOM LICHT

Als unser Sohn klein war, hatte er abends Mühe einzuschlafen, weil er sich vor der Dunkelheit fürchtete. Also suchten wir nach Lösungen, wie wir ihm helfen konnten. Meine Freude war groß – vermutlich sogar größer als die meines Sohnes –, als ich eines Tages auf phosphoreszierende Plüschtiere stieß. Das sind Plüschtiere, die im Dunkeln leuchten, wenn man sie zuvor lange genug dem Lichtschein ausgesetzt hat. Je länger das Licht auf das Plüschtier scheint und je näher sich das Plüschtier an der Lichtquelle befindet, desto länger leuchtet es anschließend im Dunkeln. Ein kleines niedliches Leuchtelefäntchen half unserem Sohn – und später unserer Tochter – von diesem Tag an beim Einschlafen.

Eines Abends, als ich nach einem schwierigen Tag und mit schwerem Herzen mit dem Elefäntchen in der Hand in das Zimmer unseres Sohnes ging, erteilte mir das kleine Plüschtier eine unvergessliche Lektion. Als ich das Licht löschte, fiel mir auf, dass das Elefäntchen viel heller leuchtete als je zuvor. Der Grund dafür war, dass ich es an jenem Tag fast doppelt so lange in den Lichtschein einer Lampe gelegt hatte. Und nun, in der andächtigen Dunkelheit des Kinderzimmers, war sein Strahlen so intensiv, wie wir es noch nie gesehen hatten. In jenem Moment erinnerte ich mich daran, was für ein Geschenk es ist, dass ich die Möglichkeit habe, zu Jesus, dem lebendigen Licht, zu gehen und mich von seinem Licht durchdringen zu lassen. Und je näher ich bei der Lichtquelle bin und je mehr Zeit ich in Gottes Nähe verbringe, desto intensiver wird sein Licht an mir erkennbar. Besonders dann, wenn es dunkel wird. Aus eigener Kraft kann ich mich nicht zum Leuchten bringen. Und die Leuchtkraft bleibt auch nicht unbegrenzt erhalten. Es braucht immer wieder neu den direkten Kontakt zur Lichtquelle, damit die Leuchtkraft erneuert wird. Im Refrain des Liedes *Zeit in deiner Nähe* von Martin Pepper wird diese Begegnung mit dem Licht des Lebens so beschrieben: „Zeit in deiner Nähe, Zeit in deinem Licht, Wärme, die ich spüre auf meinem Gesicht. Zeit, die mich beflügelt, Zeit, die mich befreit, Zeit in deiner Nähe, Zeit, die meine Wunden heilt."

> Je mehr Zeit ich in Gottes Nähe verbringe, desto intensiver wird sein Licht an mir erkennbar.

PRAKTISCHE AUSWIRKUNGEN

So wirkt sich die Verwandlung in das Bild Jesu ganz praktisch in unserem Leben aus. Sie verändert unseren Charakter zum Guten, wie wir es zum Beispiel bei der Beschreibung des neuen Menschen in Kolosser 3,12-17 nachlesen können. Sie wird sichtbar in aufrichtigem Mitgefühl und Geduld. In einer liebevollen, versöhnlichen und friedfertigen Haltung meinen Mitmenschen gegenüber. Sie zeigt sich in einer zufriedenen, dankbaren Lebenshaltung, gegenseitiger Ermutigung und so weiter. Sie macht mich mutig und befähigt mich, Zusammenhänge immer mehr aus Gottes Perspektive zu sehen. Dadurch hat sie auch direkte Auswirkungen auf meine Beziehung zu anderen Menschen. Zu den Konsequenzen der Umgestaltung gehört: Andere Menschen können an uns etwas von Gottes Herrlichkeit erkennen. Oswald Chambers sagte einmal: „Wenn jemand die Vollkommenheit Gottes angeschaut hat, kann man das immer erkennen, denn man spürt innerlich, dass er das Wesen Gottes selbst widerspiegelt."

Dieser lebenslange Verwandlungsprozess geschieht „*von Herrlichkeit zu Herrlichkeit*", wie es in unserem Bibelvers heißt. Das betont nochmals das Prozesshafte. Geistliche Verwandlung beginnt hier in unserem Leben und findet ihren Abschluss in der Ewigkeit. Erst dann wird die Verwandlung auch bei uns vollkommen sein. Und schließlich geschieht sie „*durch den Geist des Herrn*". Es ist ein göttliches Wunder, das diejenigen erleben dürfen, die bereit sind, dieses Wunder im Glauben anzunehmen, und die bereit sind, Gottes Geist an sich wirken zu lassen.

Was mich die geistliche Metamorphose lehrt

Die beiden Bibelstellen bei Paulus machen deutlich, dass geistliche Metamorphose Geschenk und Auftrag zugleich ist. Sie ist nie das Resultat eigener Anstrengungen – andererseits geschieht gar nichts, wenn ich nicht bereit bin, mich auf den Prozess der Verwandlung einzulassen.

Ein Sprichwort aus Frankreich lautet: „Veränderung ist eine Tür, die nur von innen geöffnet werden kann."[78] Die Tür der Bereitschaft von innen zu öffnen, es zu wagen, mich auf Veränderung einzulassen, ist *meine* Aufgabe! Doch in einem nächsten Schritt heißt es, mit offenen Armen zu empfangen, was mich da draußen, außerhalb meines inneren Gefängnisses, erwartet: Es ist Jesus, der auf mich wartet und mich aus seinem Überfluss beschenken möchte. Allerdings wiederum nur dann, wenn ich dies auch zulasse und seine Geschenke auch tatsächlich annehme.

Was mich beim Thema geistliche Veränderung irritiert, ist folgendes Missverhältnis: Auf der einen Seite begegnet mir in meinem eigenen Leben sowie im Leben vieler anderer Menschen eine tiefe Sehnsucht, mehr mit Gott zu erleben, tiefe geistliche Erfahrungen zu machen und von ihm verändert zu werden. Auf der anderen Seite scheint die Bereitschaft, Zeit und Kraft in dieses Vorhaben zu investieren, oft ziemlich begrenzt zu sein. Der Heilige Geist ist uns als Kraft von oben geschenkt. Doch nehme ich, nehme wir dieses Geschenk auch wirklich an? Strecke ich mich aus nach mehr? Bin ich bereit, einen Teil meiner Zeit ganz bewusst in die Beziehung mit Jesus zu investieren? Mich von ihm (um-) prägen zu lassen? Und auf diese Weise Raum dafür zu schaffen, dass sein Geist in mir und durch mich zu wirken beginnt? Auf das Risiko hin und voller Erwartung, dass er *tatsächlich* zu mir spricht! Dass er mich und mein Leben *tatsächlich* verändert! Dass er mir eine veränderte Sicht auf mein Leben und das meiner Mitmenschen schenkt. Dass er verdrängte Leidenschaften und Träume in mir zu neuem Leben erweckt. Dass er mir Dinge aufs Herz legt, die er durch mich tun möchte. Wie ich auf all dies reagiere, liegt wiederum in meiner Verantwortung.

Angenommen, eine Raupe würde sich weigern, den Prozess der Metamorphose in ihrem Leben zuzulassen – was wäre die Konsequenz? Abgesehen davon, dass dieser Prozess in der Natur (im Gegensatz zum menschlichen Leben) automatisch vor sich geht, wäre die Konsequenz, dass sie nie ihr volles Potenzial entfalten könnte. Sie hätte nie die Möglichkeit, der Welt ihre eigentliche Gestalt, die von Anfang an in ihr verborgen ist, zu zeigen. Ganz ähnlich verhält es sich auch in geistlicher Hinsicht: Wenn wir uns weigern, uns auf einen göttlichen Veränderungsprozess einzulassen, verhindern wir die Entfaltung dessen, was Gott selbst in uns hineingelegt hat.

Doch was können wir denn konkret tun, damit geistliche Verwandlung in unserem Leben eine Realität wird und sich unsere Bestimmung entfaltet? Ausgehend von den beiden Metamorphose-Stellen bei Paulus möchte ich dieser Frage in drei abschließenden Lektionen nachgehen.

LEKTION 1: VERÄNDERE DEIN DENKEN

Die erste Lektion ist ebenso simpel wie anspruchsvoll: Verändere dein Denken! In Römer 12,2 macht Paulus der jungen christlichen Gemeinde in Rom unmissverständlich klar, dass die notwendige Voraussetzung für geistliche Verwandlung eine veränderte Denkweise ist:

> **Römer 12,2:** Richtet euch nicht länger nach den Maßstäben dieser Welt, sondern lernt, in einer neuen Weise zu denken, damit ihr **verändert werdet** (*metamorphousthe*) und beurteilen könnt, ob etwas Gottes Wille ist – ob es gut ist, ob Gott Freude daran hat und ob es vollkommen ist.

In der Lektion „Wähle das Leben" (Lektion 5 in Kapitel 2) habe ich die Macht der Gedanken anhand der Geschichte von den zwei Wölfen illustriert. Auch die folgende Weisheit verdeutlicht, wie wichtig und von welcher Tragweite es ist, auf seine Gedanken achtzugeben:

Achte auf Deine Gedanken, denn sie werden Worte.
Achte auf Deine Worte, denn sie werden Handlungen.
Achte auf Deine Handlungen, denn sie werden Gewohnheiten.
Achte auf Deine Gewohnheiten, denn sie werden Dein Charakter.
Achte auf Deinen Charakter, denn er wird Dein Schicksal.[79]

Gedanken finden Ausdruck in dem, wie wir uns fühlen, was wir sagen, tun und wie wir uns entwickeln. Sie üben viel größere Macht auf uns aus, als uns vielleicht bewusst ist. Verschiedene Experimente beweisen, dass sich das Verhalten von Menschen nach dem richtet, was sie über sich glauben. Dies bestätigt auch ein Experiment, das eine Lehrerin mit ihren Schülern machte: Eines Tages teilte sie ihren Schülern mit, dass man aus wissenschaftlichen Untersuchungen wisse, dass blauäugige Menschen intelligenter seien als braunäugige. Was geschah? In den folgenden Monaten sanken die Leistungen der braunäugigen Schüler und diejenigen der blauäugigen stiegen. Daraufhin teilte die Lehrerin ihren Schülern mit, dass sie sich geirrt habe. Tatsächlich seien die braunäugigen die intelligenteren Schüler. Dies hatte zur Folge, dass die Leistungen der blauäugigen in den Folgemonaten sanken und diejenigen der braunäugigen stiegen.

Das Bild, das wir von uns haben, bestimmt, wie wir uns verhalten. Wenn wir uns für dumm oder unfähig halten, beeinflusst dies auch unsere Handlungen. Dies erinnert mich an ein Erlebnis aus meiner Schulzeit. Ich war ungefähr in der vierten Schulklasse, als der Dreisatz eingeführt wurde. Problematisch daran war, dass ich einmal mehr krankheitshalber fehlte und die Einführung verpasste. Im Test, der wenig später folgte, schnitt ich mit einer 4–5 (in der Schweiz ist die 6 die Bestnote – ich war also immerhin noch deutlich mehr als genügend) für meine Verhältnisse schlecht ab. Meine Lehrerin fand das Ergebnis so bedenklich, dass sie mich vor die ganze Klasse zitierte und öffentlich zurechtwies. Ich schämte mich in Grund und Boden. Sie sagte, dass sie mehr von mir erwartet hätte. Dieser Test zeige ihr, dass ich nicht logisch denken könne. Das saß. Und ich glaubte ihr. Eine Lehrerin musste es ja schließlich wissen. Während ich in den übrigen Fächern meistens sehr gute Noten schrieb, war meine Mathematiknote von diesem Moment an in jedem Zeugnis auffallend tiefer. Einzig in Algebra war ich gut. Denn dort konnte ich mit Buchstaben rechnen, was mir sehr sympathisch war.

Die vergleichsweise tiefe Mathematiknote fiel auch dem Be-

Unsere Gedanken üben viel mehr Macht über uns aus, als uns vielleicht bewusst ist.

rufsberater auf, mit dem ich mich im zweiten Oberstufenjahr zu einem Zukunftsgespräch traf. Er sprach mich darauf an und fragte mich, wie ich mir das erkläre. Ohne zu zögern informierte ich ihn darüber, dass es daran liege, dass ich nicht logisch denken könne. Auf seine Frage, wie ich denn auf diese Idee käme, antwortete ich, dass man das bereits in der Mittelstufe herausgefunden habe. Er dachte einen Moment nach und fragte mich dann, ob ich bereit wäre, einen Intelligenztest zu machen. Denn dieser würde offenlegen, ob es tatsächlich stimme, dass ich nicht logisch denken könne. Vielleicht ahnen Sie, wie die Geschichte ausging. Der Intelligenztest ergab zweifelsfrei, dass ich keinerlei Probleme damit habe, logisch zu denken. Das war ein Schlüsselmoment für mich. Von dieser inneren Gedankenblockade befreit, verbesserte sich meine Mathematiknote von jenem Tag an kontinuierlich. Ich traute mir mehr zu und lernte hartnäckiger, weil ich davon ausging, dass ich den Stoff auch tatsächlich verstehen konnte, wenn ich nur wollte.

In der Regel verhalten wir uns nicht entsprechend der Realität, sondern entsprechend unserer Sichtweise oder unserer Einschätzung der Realität. Das gilt auch in geistlicher Hinsicht: Wir handeln unserem Glauben entsprechend. Daher beginnen persönliche Durchbrüche oft mit veränderten Glaubensüberzeugungen. In Römer 12,2 fordert Paulus die Christen in Rom auf, dass sie sich *nicht länger nach den Maßstäben dieser Welt* richten sollen, sondern dass sie umdenken sollen, damit Verwandlung möglich wird. Damit meint er nicht, dass sie sich von der bösen Welt abgrenzen und nichts mehr mit ihr zu tun haben sollen, sondern er bringt zum Ausdruck, dass sie als Christen – mitten in dieser Welt – in Jesus eine neue Identität erhalten haben (vgl. hierzu auch 2. Korinther 5,17) und dass sie dieser Identität entsprechend leben sollen. Im Bild der Metamorphose der Raupe zum Schmetterling gesprochen: Selbst wenn Sie ein Schmetterling sind – solange Sie glauben, dass Sie eine

Persönliche Durchbrüche beginnen oft mit veränderten Glaubensüberzeugungen.

Raupe sind, werden Sie sich wie eine Raupe verhalten. Entweder Sie kriechen aus Glauben oder Sie fliegen aus Glauben! Dies gilt es zu erkennen und zugleich alte Raupenmuster – das heißt alte, ungute Denk- und Verhaltensmuster – abzulegen.

Es geht im Kern darum zu erkennen, was Sie bereits sind, und der neuen Identität entsprechend zu leben! Es gilt, die rein erdbezogene Perspektive um die ewigkeitsbezogene und himmlische Perspektive zu ergänzen und Letztere unsere Sichtweise bestimmen zu lassen. In der Schmetterlingsdimension ist nicht mehr der weltliche Maßstab ausschlaggebend, sondern der himmlische. Es soll für uns nicht länger entscheidend sein, was gesellschaftlich als erfolgreiches Leben gewertet wird und was andere Menschen für Pläne mit uns haben, sondern vielmehr, was der lebendige Gott mit uns vorhat. Es geht nicht darum, was Menschen (oder wir selbst) über uns denken oder sagen, sondern darum, was der lebendige Gott über uns denkt und sagt. Es geht darum, in die Dimension der göttlichen Freiheit und Fülle einzutauchen. Das zu tun, wozu wir geboren und bestimmt sind, und uns nicht mit weniger zufriedenzugeben. Jesus ist nicht gekommen, um unsere Gefängniszelle zu renovieren, sondern um uns herauszuholen. Es ist ein Evangelium der Befreiung und Freisetzung!

Jesus sehnt sich danach, dass Menschen in das hineintreten, was er für sie und ihr Leben vorherbestimmt hat. Und dass sie all das, was der Schöpfer in sie hineingelegt hat, zur Entfaltung bringen. Davon spricht die Fortsetzung des Textes: Von der Vielfalt der Gaben und wie sie zum gegenseitigen Nutzen eingesetzt werden können (Römer 12,9ff.). Und in 1. Petrus 4,10 heißt es: „Jeder soll den anderen mit der Gabe dienen, die er von Gott bekommen hat. Wenn ihr das tut, erweist ihr euch als gute Verwalter der Gnade, die Gott uns in so vielfältiger Weise schenkt." Welche Gabe haben Sie von Gott bekommen? Wie könnten Sie sie so einsetzen, dass sie anderen dient und ihnen zeigt, wie liebevoll Gott sich ihnen zuwendet? Welche Gedankenmuster hindern Sie bisher daran, das zu entfalten, was in Ihnen steckt?

Menschliches Umdenken ist die Voraussetzung dafür, dass

göttliche Verwandlung in unserem Leben Realität wird: *Richtet euch nicht länger nach den Maßstäben dieser Welt, sondern lernt, in einer neuen Weise zu denken, damit ihr [durch geistliche Metamorphose] verwandelt werdet.* Indem wir den göttlichen Maßstab unser Denken bestimmen lassen, werden wir aber nicht nur umgestaltet, sondern wird auch unsere Urteilsfähigkeit geschärft: *damit ihr verwandelt werdet und beurteilen könnt, ob et-*was Gottes Wille ist – ob es gut ist, ob Gott Freude daran hat [ob es ihm gefällt] und ob es vollkommen ist* (Römer 12,2). Umdenken schafft die Voraussetzung dafür, immer besser zu erkennen, was Gottes Wille für diese Welt und für uns und unser Leben ist.

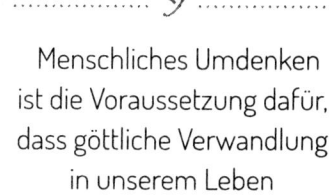

Menschliches Umdenken ist die Voraussetzung dafür, dass göttliche Verwandlung in unserem Leben Realität wird.

Diese veränderte, himmelorientierte Perspektive bildet das Fundament einer gesunden Selbstwahrnehmung und – wie die Fortsetzung der Textpassage zeigt – auch einer nüchternen Selbsteinschätzung (Römer 12,3ff.). Es geht darum zu erkennen: So bin ich. Mit meinen Grenzen und meinen Begabungen. Und genau so bin ich gewollt. Genau so darf ich sein und entsprechend meiner Einzigartigkeit mein Schmetterlingsdasein gestalten. Nicht, indem ich anderen etwas vorspiele oder nach Fähigkeiten strebe, die ich nach Gottes Plan gar nicht brauche. Sondern indem ich mich eng verbunden mit Jesus auf das Abenteuer meiner einzigartigen Bestimmung einlasse.

LEKTION 2: FOKUSSIERE DICH AUF JESUS

Vielleicht leuchtet es Ihnen durchaus ein, wie wichtig es ist, Ihr Denken zu verändern. Sie erkennen, welch unheilsame Macht gewisse Gedanken und falsche Glaubenssätze auf Ihr Leben aus-üben. Aber Sie fragen sich: Wie kann denn mein Denken auf heil-same Weise verändert werden? Was ist, wenn ich beim besten Willen und trotz menschlicher Anstrengung negative Gedanken nicht loswerde? Denn nicht immer löst sich ein machtvoller Gedanke so unmittelbar auf wie in meinem persönlichen Beispiel. Gewisse Glaubenssätze gehen ganz tief und begleiten uns schon sehr lange. Sie hängen vielleicht mit schmerzhaften Kindheitserfahrungen zusammen, mit Ablehnung, Verlust, einem Trauma. Menschlich gesehen ist es eine Überforderung, von einem Moment auf den nächsten einen falschen Glaubenssatz zu ändern. Wenn Ihre frühen Kindheitsjahre Ihnen die Botschaft vermittelt haben, dass Sie ungewollt und ungeliebt sind, ist es eher unwahrscheinlich, dass Sie plötzlich fröhlich ausrufen: „Wie schön, dass ich gewollt und geliebt bin!" Dies kann das Resultat eines langen Ringens sein. Veränderung ist ein Prozess. Jeder Prozess braucht Zeit. Damit der Prozess in Gang gesetzt wird, ist – wie bereits erwähnt – von unserer Seite her die *Bereitschaft* erforderlich, uns darauf einzulassen. Entscheidend für den *Verlauf* des Prozesses ist hingegen unser *Fokus*.

Fokussierung, die Fähigkeit, sich auf etwas zu konzentrieren, ist in der heutigen Zeit der Vielbeschäftigung, des Multitasking und der ständigen Erreichbarkeit eine große Herausforderung. So viele Dinge können unsere Aufmerksamkeit stören und uns ablenken. Dabei besteht die Gefahr, dass wirklich wichtige Dinge und Aufgaben aus dem Fokus geraten. Ich kenne das nur zu gut. Auch ich bin sehr leicht ablenkbar und lasse viel zu oft zu, dass ich abgelenkt werde. Die Ablenkung geschieht nicht, weil mir langweilig wäre, sondern weil mich sehr vieles interessiert, weil mich Dinge tief und lange beschäftigen und weil ich intensiv über alles nachdenke, was mir begegnet. Wenn sich etwas Schlimmes auf der Welt ereignet, sammle ich Informationen im Internet und bin so betroffen davon, dass ich mich gedanklich nur schwer davon lösen kann. Wenn jemand in meiner Familie Kummer hat, dann grüble ich darüber nach, wie man dieses Problem lösen könnte. Ebenso, wenn ich erfahre, dass es jemandem, den ich kenne, schlecht geht. Wenn mich jemand tief verletzt hat, kommen damit verbundene Gedanken und Gefühle noch lange Zeit später immer wieder hoch und belasten mich. Wenn große Herausforderungen anstehen, kämpfe ich schon lange im Voraus mit Ängsten und stelle mir alle möglichen Szenarien vor. Eingehende E-Mails, Textnachrichten, Anrufe, offene To-dos – all dies lenkt mich oft ab von Aufgaben, die ich mir für den Tag vorgenommen habe. Manchmal sind es auch Geräusche, Düfte oder Müdigkeit, die mich ablenken.

Dass ich nicht die Einzige bin, die um den richtigen Fokus kämpft, bestätigen zahlreiche Selbstmanagement-Ratgeber, die sich genau diesem Themenbereich widmen. *Dein Fokus bestimmt deine Realität* lautet beispielsweise die Überschrift eines Selbstmanagement-Blogs. Viele Ratschläge gehen in eine ähnliche Richtung: Fokussiere deine Ziele. Fokussiere dich auf das Positive und auf deine Stärken. Richte den Fokus auf die Gegenwart und so weiter. Dazu gibt es praktische Tipps, wie man störende Ablenkungen im Alltag vermeiden kann. Durchaus wertvolle Ratschläge, insbesondere für den Arbeitsalltag.

Genau diese Herausforderung stellt sich auch in geistlicher Hinsicht – besonders im Hinblick darauf, meine Gedanken zu verändern. Auch hier ist es eine Frage der Fokussierung. Und vielleicht versuchen wir das Problem in unserem Glaubensleben auf ähnliche Weise in den Griff zu bekommen wie im Arbeitsalltag. Wir besuchen Weiterbildungen, lesen geistliche Ratgeber oder diskutieren das Thema in Kleingruppen. All dies kann hilfreich sein. Aber der Weg der geistlichen Metamorphose setzt an einem anderen Punkt an. 2. Korinther 3,18 lehrt uns schlicht und einfach: Fokussiere dich auf Jesus!

Worauf konzentriere ich mich? Das ist immer wieder neu die entscheidende Frage. Denn meine Blickrichtung macht den entscheidenden Unterschied. Folgende Definition von Konzentration hat mich sehr angesprochen: „Konzentration heißt: sich die Wahlfreiheit nehmen, wo der Scheinwerferkegel der Aufmerksamkeit stehen bleiben soll."[80] Mich dafür zu entscheiden, den Scheinwerferkegel meiner Konzentration immer wieder

Mich immer wieder neu auf Jesus zu konzentrieren und ihm mein Herz zu öffnen, ist das Geheimnis innerer Verwandlung.

neu auf Jesus zu richten und ihm mein Herz zuzuwenden, ist das Geheimnis der inneren Verwandlung.

Zu seinen Jüngern, die von einem anstrengenden Tag erschöpft waren, sagte Jesus eines Abends: *Geht jetzt an einen einsamen, stillen Platz! Ihr habt Ruhe nötig!* (Markus 6,31). Und in Matthäus 11,28 verspricht er: *Kommt alle her zu mir, die ihr müde seid und schwere Lasten tragt, ich will euch Ruhe schenken.* „Ruht ein wenig!" Das ruft Jesus auch uns zu. Uns, die wir in den Herausforderungen des Lebens manchmal den Durchblick verlieren und den Ausgang aus dem Hamsterrad unserer Betriebsamkeit nicht mehr finden. Bei IHM finden wir Ruhe und Distanz von dem, was uns belastet. Gottes Gnade ist der Ort, an dem unsere müden Seelen Entlastung finden. Wir müssen uns die göttliche Gnade und Liebe nicht verdienen. In seiner grenzenlosen Liebe wartet Jesus schon auf uns und spricht uns zu: „Du musst dir meine Liebe nicht verdienen. Ich schenke sie dir bedingungslos. Du brauchst dich nicht vor mir zu verstellen, du darfst deine Masken ablegen. Ich kenne dich durch und durch. Vor mir kannst du sein, wie du wirklich bist."[81] In Gottes Nähe geht es nicht um unser Tun, sondern um unser Sein. Es geht um Achtsamkeit, die Krone der Konzentration: mit allen Sinnen im Moment zu sein und unsere Gedanken auf Jesus auszurichten. Indem ich seine Worte tief in mich aufnehme, in der Stille vor ihn komme und einfach da bin. Vielleicht auch, indem ich in die Natur gehe und mich über Gottes Schöpfung freue. Indem ich ihn anbete – in Worten oder Liedern. Indem ich schreibend über mein Leben nachdenke oder wie auch immer.

Wie die Sonnenblumen, die sich in ihrem Wachstum nach dem Lauf der Sonne richten, möchte ich meinen Blick immer wieder neu auf Jesus richten. Denn worauf ich blicke, wird mein Denken und damit mein Handeln bestimmen. So, wie es auch in dem Liedtext „Ich schau dich an, Herr Jesu Christ" von Elisabeth Brunner zum Ausdruck kommt:

Ich schau dich an, Herr Jesu' Christ
In deiner Nähe such ich Ruh.
Weil du der Weg zum Vater bist,
wend' ich dir mein Vertrauen zu.

Nimm auf die Dunkelheit in mir
Und mach mich hell in deinem Licht.
Ich möchte wachsen hin zu dir.
Gib für mein Leben mir die Sicht.

Verwandle mich in dich hinein,
so kann ich sehen, wer du bist.
Kehrt deine Liebe bei mir ein,
werd' ich versteh'n, was Leben ist.

Mit deinen Augen werd' ich seh'n,
was Gott an mir und andern tut.
In deinem Sinne Schritte geh'n.
Bleib du mir nah, dann ist es gut.

LEKTION 3: ENTFALTE, WAS IN DIR STECKT

„Gewisse Raupen verwandeln sich in Schmetterlinge;
ihren großartigsten Zustand.
Wenn die Raupen-Existenz endet, beginnt die
vom Schöpfer geplante herrliche Schmetterlings-Existenz.
Genauso werden auch Menschen zu ihrem großartigsten Selbst,
wenn sie dem vollkommenen Plan des Schöpfers folgen."
MICHELLE 'CHAELLA' BODDIE

Mark Twain hat einmal gesagt: „Die beiden wichtigsten Tage deines Lebens sind der Tag, an dem du geboren wurdest, und der Tag, an dem du herausfindest, warum." Folgende Geschichte illustriert auf eindrückliche Weise, worum es in dieser letzten Lektion geht:

„Eines Tages wurde Michelangelo von einer reichen Familie beauftragt, eine Statue von außergewöhnlicher Schönheit zu erstellen. Er suchte daraufhin nach einem geeigneten Marmorblock. Nach einer ganzen Weile fand er in einer Seitenstraße einen fast vollkommen von Unkraut überwucherten Block, der dort vergessen worden war. Diesen Marmorblock ließ Michelangelo von seinen Arbeitern in sein Atelier bringen.

Dann begann er damit, die Statue des David aus dem Stein zu hauen. Dafür brauchte er zwei ganze Jahre. Und zwei weitere Jahre dauerte es, bis er die Statue durch Schleifen und Polieren fertigstellte. Als die Statue feierlich enthüllt wurde, waren viele Menschen gekommen, um die unvergleichliche Schönheit des David zu bewundern. Man fragte Michelangelo, wie es ihm denn möglich gewesen war, eine so wunderschöne Statue zu erschaffen. Der Bildhauer sprach: ‚Der David war immer schon da gewesen. Ich musste lediglich den überflüssigen Marmor um ihn herum entfernen.'"[82]

„Entfalte, was in dir steckt" bedeutet nicht, sich angestrengt neue Charaktereigenschaften anzueignen – auch nicht, Eigenschaften, die bei anderen nicht so gut ankommen, wegzulassen, damit wir besser ins Schema passen. Es geht vielmehr darum, immer mehr von dem wegzulassen, was wir *nicht* sind. Das meint auch, ehrlich zu werden: Gott, uns selbst und anderen Menschen gegenüber. Die Tücher abzulegen, hinter denen sich unser wahres Ich verbirgt. Es scheint eine unserer größten Ängste zu sein, dass unser wahres Selbst nicht genügt. Diese Angst macht auch vor erfolgreichen Prominenten nicht halt. So las ich neulich überrascht, dass selbst Oscar-Gewinner und Erfolgsproduzent Tom Hanks trotz Auszeichnungen und Millionengagen an sich zweifelt: „Ich habe ständig Angst vor dem Versagen und dass jemand herausfindet, dass ich nichts kann."[83]

Martin Buber war überzeugt: „In jedem ist etwas Kostbares, das in keinem anderen ist." Jeder Mensch ist ein einzigartiges, göttliches Kunstwerk. Wenn ein Erfinder etwas baut, hat jede Schraube, jedes Einzelteil, jede Anordnung seine Bedeutung. So hat auch Gott, unser Erfinder, nichts an uns dem Zufall überlassen. Und er verfolgt mit jedem Leben eine einzigartige Absicht. Ob diese Absicht Gestalt gewinnt, hängt von unserer Bereitschaft ab, uns von Gott formen zu lassen.

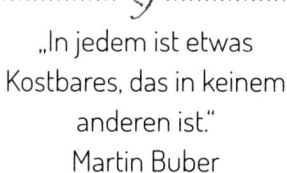

„In jedem ist etwas Kostbares, das in keinem anderen ist."

Martin Buber

Inspiriert von der obigen Geschichte stelle ich mir vor, wie Gott – so wie wir es von Michelangelo und seinem David gelesen haben – unseren Lebensstein bearbeitet. Das Behauen geschieht vielleicht manchmal in Form von schmerzhaften Lebensführungen. Auch andere Menschen können dazu beitragen, uns zu formen: *Wie man Eisen durch Eisen schleift, so schleift ein Mensch den Charakter eines anderen* (Sprüche 27,17). Wenn wir uns Gottes Künstlerhand anvertrauen und ihn an unserer Persönlichkeit, unserem Charakter und unseren Fähigkeiten meißeln, schleifen und polieren lassen, geben wir ihm die Möglichkeit, den überflüssigen Marmor zu entfernen und immer mehr von dem Kunstwerk freizulegen, das in uns verborgen ist. Trauen wir ihm zu, dass er in der Lage ist, unsere innere Schönheit, den tiefen Kern und das wahre Wesen in uns lebendig und sichtbar werden zu lassen!

Doch damit ist die Geschichte nicht zu Ende. Denn nun beginnt ein neues Kapitel. Es könnte überschrieben werden mit: Tun Sie, wozu Sie geboren sind! Oder im Bild des Schmetterlings gesprochen: Spannen Sie Ihre Flügel aus und fliegen Sie!

Wenn der Schmetterling die Puppe verlässt, ist er ganz und gar Schmetterling, aber noch völlig zerknittert und auch noch nicht flugfähig. Fühlen Sie sich manchmal auch so? Zerknittert und unfähig zu fliegen? Doch genau dazu ist ein Schmetterling bestimmt! Und sinnbildlich gesprochen sind auch wir zum Fliegen bestimmt! In Römer 12,11b steht: *Lasst euch ganz von Gottes Geist durchdringen.* Wie sich in der Natur die Adern der Schmetterlingsflügel zuerst mit Blut füllen müssen, um sich auszudehnen und flugfähig zu werden, müssen auch unsere geistlichen Blutbahnen immer wieder neu mit dem Heiligen Geist gefüllt werden. Wo der Geist wirkt, ist Freiheit. Ist Freude. Ist Friede. Ist Fülle. Ist Freisetzung. Es soll freigesetzt und entfaltet werden, was in uns schlummert.

„Entfalte, was in dir steckt" beschreibt auch die Suche nach unseren Lebensleidenschaften. Was ist Ihre Leidenschaft? Was macht Sie lebendig? Ist es, anderen Menschen eine Freude zu machen? Jemandem zu helfen, der in Not ist? Gibt es ein bestimmtes Thema, das Sie aufwühlt? Oder wurzelt Ihre Lebendigkeit in einer schmerzlichen Erfahrung, die Sie gemacht haben und die Ihnen die Voraussetzung gibt, anderen dank Ihrer Erfahrung zu dienen? Wagen Sie es, in Verbindung mit Jesus mutig Ihren einzigartigen Lebensweg zu gestalten, auch wenn er nicht allen gefällt! Dabei ist alles von Bedeutung: Ihre Vergangenheit, Ihre Persönlichkeitsstruktur, Ihre Fähigkeiten, Ihre Träume, aber auch geistliche Gaben, in die Sie weiter hineinwachsen können. Strecken Sie sich aus nach mehr und setzen Sie Ihre Begabungen ein zum Wohl von anderen Menschen. Werden Sie dabei mehr und mehr zu dem Menschen, den Gott sich gedacht hat. Vergessen Sie nicht: Er erkennt jetzt schon den „David" (Michelangelos Meisterwerk) in Ihnen!

Die eigene Destimmung zu leben muss nichts Weltbewegendes sein. Es kann darin Ausdruck finden, dass ich Gott mein alltägliches Leben, genau so wie es sich heute darstellt, zur Verfügung stelle und mich den kleinen Aufgaben des Alltags in großer Treue widme (Lukas 16,10). So wie Ann Voskamp schrieb: „Dein bedeutsamster Beitrag im Reich Gottes mögen nicht die großen Dinge sein, die du tust – sondern die eine kleine Person, die du liebst."[84] Der Alltag bietet genug Raum, eigene Begabungen zu entdecken, zu leben und zu fördern. Was können Sie gut? Malen, kochen, schreiben, reden, organisieren? Falls Ihnen nichts bewusst ist, können Sie auch jemanden aus Ihrer Familie oder Ihrem Freundeskreis fragen. „Entfalte, was in dir steckt" kann bedeuten, genau dort zu blühen, wo Sie gepflanzt sind. Mit dankbarem Herzen, ohne neidisch auf den scheinbar viel grüneren Lebensgarten des Nachbarn, der Arbeitskollegin oder des Schwagers zu schielen. Im Vertrauen darauf, dass Gott der Schöpfer Sie für genau diesen Zeitpunkt aus einem guten Grund in genau diese Lebensumstände „gepflanzt" hat und dass er es gut mit Ihnen meint. Und vergessen Sie nicht, dass selbst Ihre Schwäche und Verletzlichkeit zum Kanal für Gottes Wirken werden kann.

Vielleicht ist die alltägliche Bewährungsprobe aber auch ein Training für einen anderen Auftrag, eine größere Bühne, eine einflussreiche Position oder Ähnliches. Wenn Ihnen Leidenschaften auf dem Herz brennen, sollten Sie diesen nachgehen, selbst wenn der Zeitpunkt, sie umzusetzen, erst in ein paar Jahren reif sein wird: „Sei furchtlos, dem nachzugehen, was deine Seele in Brand setzt."[85] Wovon träumen Sie? Viel zu viele Menschen machen aus ihrem Leben einen Friedhof, indem sie ihre Träume, Fähigkeiten und Gaben begraben. Die Reise beginnt genau dort, wo Sie sich heute befinden. Sie brauchen nichts weiter zu tun, damit Gott Sie gebrauchen kann. Beginnen Sie mit dem, was Sie haben. Warten Sie nicht auf das, was Ihnen fehlt. Jede große Sache beginnt klein. Auch wenn Sie heute noch keine Ahnung haben, wie sich ein Lebenstraum erfüllen soll, so gehen Sie dem, wofür Ihr Herz in einer besonderen Weise schlägt, trotzdem nach!

Beginnen Sie mit dem, was Sie haben.

Wichtig ist, dass wir das Entfalten dessen, was in uns steckt, nicht mit egoistischer Selbstverwirklichung verwechseln. Egoistische Selbstverwirklichung bedeutet, mich selbst ins Zentrum meines Lebens zu stellen und ohne Rücksicht auf andere zu tun, was mir passt, was mich fördert, was mir guttut etc. Darum geht es nicht. Wir alle sind eingebettet in Beziehungen; Lebensumstände, die zu unserem Leben dazugehören und auf die wir verantwortungsvoll Rücksicht nehmen sollen. Gewisse Pläne oder Träume müssen manchmal zurückgestellt werden, bis der richtige Zeitpunkt da ist. Vielleicht bis die Kinder älter sind oder sich eine gewisse Lebenssituation verändert. Aber auch in solchen Situationen kann ich gedanklich dranbleiben, einen Traum prüfen und reifen lassen. Gefragt ist ein verantwortungsvolles Vortasten in das hinein, wozu ich bestimmt bin. Und auch das gelingt am besten, wenn ich mich auf Jesus fokussiere.

„Entfalte, was in dir steckt" ist aber nicht nur eine Sache des Talents, der Begabung oder der Leidenschaft. Es erfordert auch, aus der Passivität herauszutreten, wenn die Zeit dafür gekommen ist, und aktiv zu werden. Zu fliegen! Nicht länger unentschlossen und ratlos in der Mitte der Kreuzung zu stehen und mich zum hundertsten Mal zu fragen, welchen Weg ich wählen soll. Es geht darum, mich mutig für einen konkreten Weg zu entscheiden. Und das kann ich leichter, wenn ich weiß, was meine Bestimmung ist. Trotzdem bleibt es ein großes Abenteuer, ein Risiko, ein Ausbrechen aus der Bequemlichkeit und ein Hinaustreten ins Ungewisse.

Sind Sie bereit, Ihren einzigartigen Weg zu wagen? Farbe zu bekennen und Ihr Leben auf das Ziel auszurichten, mit Gottes Hilfe zur bestmöglichen Version Ihrer selbst zu werden? Vielleicht legt Gott Ihnen einen Menschen ans Herz, um den Sie sich kümmern sollen. Vielleicht hat Ihnen bis jetzt der Mut gefehlt, Ihren Traum von einem Café in die Tat umzusetzen. Wagen Sie es, die Geschichte zu Papier zu bringen, die schon lange in Ihnen gärt? Trauen Sie sich, jemandem Ihr eigenes Lied vorzusingen? Der zeitgenössische britische Autor Neil Gaiman bringt es mit folgenden Worten auf den Punkt: „Die eine Sache, die niemand sonst hat als du, bist du. Deine Stimme, dein Verstand, deine Geschichte, deine Vision."[86] Darum: Schreiben Sie, zeichnen Sie, bauen Sie, malen Sie, musizieren Sie, kochen Sie, konstruieren Sie, erzählen Sie, dienen Sie, leben Sie, wie nur Sie es können!

Geben Sie sich nicht länger mit weniger zufrieden als mit dem, wozu Sie bestimmt sind! Lassen Sie sich auf Ihr Wesen ein. Befreien Sie sich von alten Einschränkungen und geben Sie sich die Erlaubnis zu sein. Mit allem, was Sie ausmacht. Sie sind dazu geboren, sichtbar zu sein und in Gottes Kraft einen Unterschied in dieser Welt zu machen. Spannen Sie vertrauensvoll Ihre inneren Flügel aus und fliegen Sie mutig Ihrer Bestimmung entgegen!

Vertiefungsfragen geistliche Metamorphose

- Gibt es Herausforderungen in meinem Leben, zu denen ich mir eine neue Haltung angewöhnen möchte? Wenn ja, wie könnte diese aussehen?
- Bin ich bereit, die Tür zur Verwandlung von innen zu öffnen?
- Könnte ich spontan Tücher benennen, die auf meinem Gesicht liegen und meinen Blick trüben?
- Welches Tuch (oder welche Tücher) hindern mich daran, Gottes Herrlichkeit zu erkennen?
- Welches Tuch (oder welche Tücher) möchte ich lieber nicht wegnehmen, weil sonst etwas von meiner Persönlichkeit sichtbar werden könnte, das ich lieber verbergen würde?
- Welches Tuch (oder welche Tücher) hindern mich daran, meinen Mitmenschen in einer aufrichtigen, gesunden, befreiten und versöhnlichen Haltung zu begegnen?
- Wie kann ich dazu beitragen, dass Umdenken in meinem Leben eine Realität wird?
- Was hilft mir dabei, meinen Fokus auf Jesus zu richten? Was kann ich tun, damit dies ein fester Bestandteil meines Lebens wird?
- Was sind die Gaben, Talente, Leidenschaften, Träume, die in mir schlummern? Ist mir bewusst, dass Gott sie mit Absicht in mich hineingelegt hat? Wie könnte ich sie mehr zur Entfaltung bringen? Wie könnte ich anderen damit dienen?
- Bin ich bereit, Gott den „Marmor" meines Lebens hinzuhalten und mich von ihm formen zu lassen?

SCHLUSSGEDANKEN

Fasziniert betrachte ich eine ausdrucksstarke Bronzeskulptur der zeitgenössischen deutschen Künstlerin Maria-Luise Bodirsky. Die starre und unbelebte äußere Gesichtshülle ist geplatzt und gibt den Blick auf ein goldenes Gesicht im Inneren frei. Das wahre Ich kommt zum Vorschein. Inspiriert von Ovids *Metamorphosen* beschäftigt sich die Künstlerin seit 1994 mit dem Thema Metamorphose. Ihr plastisches Werk spiegelt den Menschen in seiner Entwicklung, Verletzlichkeit, Vergänglichkeit und Schönheit. Die beschriebene Skulptur „Metamorphose" zeigt, dass der Prozess des Häutens und der Öffnung schmerzhaft ist, aber auch befreiend. Der Prozess erfordert, Altes loszulassen und sich dem Neuen zu öffnen. Und die Skulptur bringt das Anliegen dieses Buches auf den Punkt, indem sie die Frage stellt: Wie wird es möglich, dass das ganz Einzigartige in mir zum Vorschein kommt?

In diesen Schlussgedanken blicke ich zurück auf die vergangenen 15 Lebensjahre. Welche Erkenntnisse scheinen mir aus heutiger Sicht besonders bedeutsam auf dem Weg zu meinem wahren Ich, dem Weg von der Raupe zum Schmetterling?

ICH BIN BEDINGUNGSLOS GELIEBT

Auch wenn ich mich in den Herausforderungen und Veränderungen des Lebens manchmal einsam und verloren fühle, bin ich gehalten von der Tatsache, dass ich bedingungslos geliebt bin. Nicht das, was ich tue, macht mich kostbar, sondern das, was ich bin: ein Kunstwerk, geschaffen vom göttlichen Meister – nach seinem Bild. Das gilt auch dann, wenn ich mich nicht danach fühle. Ich trage das Bild des lebendigen Gottes in mir. Und ich bin dazu bestimmt, mein Leben in einer persönlichen Beziehung mit IHM zu gestalten und so zu einem Segen für andere Menschen zu werden.

„Das Erfülltsein des Menschen durch Gottes Liebe", schreibt Wilfried Härle, „bringt seine menschliche Bestimmung zur Gottebenbildlichkeit vollkommen zur Erfüllung. Deshalb kann das Neue Testament wiederholt sagen, dass Jesus Christus uneingeschränkt das ist, wozu wir Menschen alle von Anbeginn der Schöpfung an geschaffen sind: Ebenbild Gottes."[87] Und die folgenden Worte von Birgit Schilling ergänzen das sehr schön: „Alles, was wir zum Leben brauchen, hat Gott in uns als sein Ebenbild hineingelegt. Wir nehmen uns aus Gottes Hand und blicken versöhnt auf uns mit unseren guten und schlechten Anteilen. Wir akzeptieren unsere Gebrochenheit und unseren Schatten. Wir verbiegen uns nicht mehr hin zu einem idealisierten Image, sondern sind einfach so, wie wir wirklich sind."[88]

Nahe bei Jesus kommt mein unruhiges Herz zur Ruhe. Hier finde ich zu Gott und zu mir selbst. Im Anschauen des Einen, der keinem Wandel unterworfen und der unveränderlich ist, gewinnt mein Leben Stabilität, Halt, Orientierung und ein Ziel. Oder wie es Henri Nouwen einst formulierte: „Wer begreift, dass er der Geliebte Gottes ist, der braucht nicht mehr durch die Gegend zu laufen und um Anerkennung zu betteln." Geschützt von Gottes Liebe kann ich meiner Lebensrealität ins Auge blicken. Gott zu dienen bedeutet nicht nur, Gott *durch* mich wirken zu lassen, sondern in erster Linie: Gott *in* mir und *an* mir wirken zu lassen. Mich von innen her verwandeln zu lassen, damit es nach außen hin mehr und mehr sichtbar wird.

> Jeder von uns ist ein Kunstwerk, geschaffen vom göttlichen Meister.

Bis zu einem gewissen Punkt ist es möglich, dass ich mich aus menschlicher Anstrengung verändere. Ich kann an negativen Charaktereigenschaften arbeiten, ich kann dazulernen, meine Grenzen erweitern und neue Gewohnheiten einüben. Doch menschliche Anstrengung allein reicht nie aus, um tief im Innersten verwandelt zu werden. Nur indem Jesus an meinem Herzen wirkt, vollzieht sich das Wunder der Verwandlung an mir. Während dann auf der einen Seite die Gottebenbildlichkeit immer stärker durch mich hindurchleuchtet, nimmt auf der anderen Seite auch meine Einzigartigkeit Gestalt an. Gott hilft mir liebevoll dabei zu entfalten, was er an Potenzial in mich hineingelegt hat. Und dabei erwartet er nicht mehr von mir, als ich habe.

Seit meiner Kindheit war mein Herz von einer tiefen Sehnsucht erfüllt, Gott mit meinem Leben zu dienen. Und das zur Entfaltung zu bringen, was er in mich hineingelegt hat. In meinen späteren Teenagerjahren hing folgender Spruch aus einem kanadischen Buchladen in meinem Zimmer: „Was du bist, ist Gottes Geschenk an dich. Was aus dir wird, ist dein Geschenk an Gott.“[89] Allerdings war meine Vorstellung davon, wie das geschehen sollte, ziemlich einseitig auf Gottes Handeln an mir beschränkt. Bis ich erkannte, dass auch ich meinen Teil dazu beizutragen habe. Geistliche Metamorphose ist ganz das Wirken Gottes und doch müssen auch wir unseren Teil dazutun. Am Anfang steht Gott. Er ist es, der Wollen und Vollbringen bewirkt. Nach Epheser 2,10 hat uns *Gott durch Jesus Christus dazu geschaffen, das zu tun, was gut und richtig ist. Gott hat alles, was wir tun sollen, vorbereitet; an uns ist es nun, das Vorbereitete auszuführen.* Auf geheimnisvolle Weise sind wir im Prozess der geistlichen Metamorphose also gleichermaßen passiv wie aktiv.

ICH WILL VERANTWORTUNG ÜBERNEHMEN

Als ich mich im Frühling 2002 zu einem Wochenende der Stille zurückzog, war mir bewusst, wie wichtig es ist, mich selbst zu kennen. Ich hatte in den Monaten zuvor ein DISG-Persönlichkeitsbuch[90] durchgearbeitet, aber auch Enneagramm-Bücher[91], das *D.I.E.N.S.T.*-Teilnehmerbuch[92], *Die 3 Farben deiner Gaben* von Christian A. Schwarz[93] sowie *Kreative Lebensplanung* von Paul Donders[94]. Dabei handelte es sich um eine bunte Mischung aus Persönlichkeitsbüchern, aber auch aus Büchern, die eine Hilfe sind im Hinblick auf die Entdeckung der natürlichen und geistlichen Gaben. Unter dem Titel „Das bin Ich" habe ich an jenem Wochenende der Stille ein Konzentrat der Ergebnisse dieser verschiedenen Bücher zusammengetragen und versucht, sie zu einem größeren Bild zusammenzufügen. Unter dem Strich offenbarten die Ergebnisse in meinem Fall folgende Schwäche: *Angst vor Entscheidungen und Enttäuschungen.* Diese Angst – und genauso erlebte ich es auch – konnte lähmende Auswirkungen haben. Damit verbunden zeigten sich mir als grundlegende Lebensaufgaben: *Engagement & Handeln lernen* sowie *Verantwortung für mein eigenes Leben übernehmen.* Immer wieder neu habe ich mich seither darum bemüht, dies zu beherzigen. Und unzählige Male konnte ich mit Gottes Hilfe die Grenzen meiner Angst überschreiten. Und ich lerne täglich weiter dazu.

Im Laufe der Jahre wurde mir mehr und mehr bewusst, wie entscheidend es ist, Verantwortung für das eigene Leben zu übernehmen. Das ist keine weltfremde Theorie, sondern ein tägliches Übungsfeld. Bin ich bereit, Verantwortung für mein Leben zu übernehmen? Für meine Gedanken und Gefühle, meine Worte und Taten? Für meine Familie, meinen Ehepartner und meine Kinder? Bin ich bereit, Verantwortung für meine Beziehung zu Jesus zu übernehmen (so wie wir auch für alle anderen Beziehungen in unserem Leben eine Verantwortung tragen) und dies nicht länger erwartungsvoll an eine christliche Gemeinschaft zu delegieren in der Hoffnung, dass sie dafür sorgt, dass sich meine Beziehung zu Jesus vertieft und ich geistlich wachsen kann? Bin ich bereit, Verantwortung für meine Träume und Leidenschaften zu übernehmen und aktive Schritte zu tun? Bin ich bereit, Verantwortung für die Fähigkeiten, die Gott mir geschenkt hat, zu übernehmen? Bin ich bereit, anderen Menschen damit zu dienen?

Verantwortung zu übernehmen, meint in einem ersten grundlegenden Schritt: Raus aus der Opferrolle! Es geht darum, nicht länger andere Menschen oder Lebensumstände für mein Lebensglück oder meine Lebenserfüllung verantwortlich zu machen. Wir alle erleben herausfordernde, verletzende und schmerzvolle Dinge. Einige mehr als andere. Aber selbst extreme Beispiele zeigen, dass wir nicht Opfer unserer Lebensumstände bleiben müssen, sondern dass uns immer die Wahl bleibt. Gott will uns dabei helfen, gute Entscheidungen für unser Leben zu treffen. Verantwortung zu übernehmen bedeutet für mich weiter: Stopp dem Wiederkäuen! Die Schweiz ist ja bekanntlich ein Land der Kühe. Oft begegnet man ihnen, wie sie gemütlich am Boden liegen und Nahrung, die zuvor nur teilweise verdaut wurde, wiederkäuen. Zweifellos ist es wichtig, dass ich mir die Zeit nehme, Dinge, die in meinem Leben geschehen, zu „verdauen". Aber es kommt der Punkt, wo das Wiederkäuen schädlich wird. Wenn ich verletzende Situationen und Begegnungen immer aufs Neue „wiederkäue", kann dies bleibenden Schaden anrichten. Es ist meine Aufgabe, Verantwortung für meine Gedanken zu übernehmen. Erst vor ein paar Monaten wurde ich von jemandem so tief verletzt, dass ich dachte, dass ich nicht darüber hinwegkommen werde. Es hat viele Wochen gedauert, bis meine Gedanken nicht mehr ständig um das Erlebte kreisten. Es tut noch heute weh, wenn ich darüber nachdenke, und deshalb übe ich mich aus Selbstschutz darin, mich von diesem Grübeln zu distanzieren und auch hier Verantwortung zu übernehmen, indem ich Vergebung ausspreche und mich im Loslassen übe. Ich will dieser Verletzung nicht so viel Macht in meinem Denken und Leben einräumen, weil sie mir Lügen einflüstert, die nicht mit dem übereinstimmen, was Gott mir zusprechen will.

> Wir müssen nicht Opfer unserer Lebensumstände bleiben, sondern wir haben die Wahl!

ICH WILL GELASSENHEIT ÜBEN

Wenn ich die Tagebucheinträge der letzten 15 Jahre Revue passieren lasse, wird ein Zweifaches deutlich: 1. Verwandlungsprozesse brauchen viel Ausdauer und Geduld. Was für andere wie ein schneller Erfolg aussieht, ist in vielen Fällen das Ergebnis eines langjährigen Prozesses. 2. Sobald ich mich nach Veränderung ausstrecke, ist Gott schon an der Arbeit. Wie oft habe ich meinem Tagebuch Schwierigkeiten anvertraut, die sich im Laufe der Zeit legten, ohne dass es mir aufgefallen war.

Beides zeigt mir die Bedeutung der Gelassenheit. Mitten im Spannungsfeld von dem, was ich an mir geschehen lassen soll, und dem, wo ich selbst aktiv werden muss, möchte ich gelassener werden. So wie es auch in folgendem Gebet zum Ausdruck kommt: „Gott, gib mir die Gelassenheit, Dinge hinzunehmen, die ich nicht ändern kann, den Mut, Dinge zu ändern, die ich ändern kann, und die Weisheit, das eine vom anderen zu unterscheiden."[95] Es geht darum, mich vertrauensvoll Gottes Wirken zu überlassen. Den Prozess zuzulassen und loszulassen, was nötig ist. Und manchmal auch aus dieser Gelassenheit heraus einen mutigen Schritt zu tun, weil ich innerlich zu der Überzeugung komme, dass dieser Schritt richtig und wichtig ist und deshalb zu meinem einzigartigen Weg dazugehört.

ICH WILL NICHT BLEIBEN, WIE ICH BIN

„Du wurdest erwählt, du wurdest in deiner Einzigartigkeit entdeckt. In Gottes Augen bist du kostbar. Vor Ewigkeiten hat Gott dich gesehen" (Henri Nouwen). Diese Einzigartigkeit soll mehr und mehr an uns sichtbar werden. So wie es in der Bronzeskulptur zum Ausdruck kommt. Dazu ist Verwandlung nötig.

Eine Floskel, die man sich in der Schweiz recht häufig zuspricht, lautet: „Bleibe, wie du bist!" Ich halte das für einen denkbar schlechten Wunsch. Nein, ich möchte auf keinen Fall bleiben, wie ich bin. Ich möchte mich auch weiterhin nach Verwandlung ausstrecken. Und am Ende dieses Buches möchte ich auch Ihnen zusprechen: „Bleiben Sie *nicht* wie Sie sind! Lassen Sie sich vom Schöpfer verwandeln, damit Sie zu der Person werden können, als die Sie vom Schöpfer gedacht sind!" Und: „Verlieren Sie nie die Hoffnung. Der Schmetterling ist der Beweis dafür, dass Schönheit aus etwas hervorkommen kann, das völlig auseinanderfällt."[96]

DANK

Rolf, der erste Dank geht an dich. Als Ehemann trägst du die Last eines jeden Buchprojektes mit. Danke für alle Unterstützung und deine Bereitschaft, mein kritischer Erstleser zu sein. Deine konstruktiven Feedbacks und deine Ermutigung haben mir so manches Mal geholfen, nicht aufzugeben. Ich liebe dich und bin von Herzen dankbar dafür, dass wir uns in den Abenteuern des Lebens gegenseitig unterstützen können.

Ruben und Dina: Selbst wenn ich mich aufrichtig darum bemühe, euch auch in Zeiten des intensiven Schreibens gerecht zu werden, ist mir bewusst, dass es mir längst nicht immer gelingt. Die Mahlzeiten werden eintöniger, der Kühlschrank leerer und in Gedanken bin ich oft anderswo. Nichtsdestotrotz gilt: Ich liebe euch und bin stolz auf euch. Es ist eine Freude, euch bei eurer eigenen Metamorphose zu beobachten und in euch heute schon das Potenzial von zwei wunderschönen Schmetterlingen zu erkennen. Und Dina, ich verspreche dir hiermit, in Zukunft etwas weniger über Schmetterlinge zu sprechen (zumindest in deiner Gegenwart).

Meine Eltern: Euch beiden ist dieses Buch gewidmet. Zu Recht und mit viel Liebe. Als Dank für all eure Liebe und Unterstützung seit dem Tag meiner Geburt bis heute. Danke für all das viele, das ich von euch lernen durfte. Nicht zuletzt ein unerschütterliches Vertrauen in Gott. Ihr seid zwei große Vorbilder für mich.

Vreni Theobald: Dass du mich seit rund 10 Jahren als Mentorin begleitest, ist ein unbezahlbares Geschenk und ein Segen für mich. Danke, dass du mich unermüdlich an Gottes Wahrheiten erinnerst und mich ermutigst, meinen Weg zu gehen.

Kathrin Arlt: Es ist bereits das zweite Buchprojekt, das du mit viel Fingerspitzengefühl und großer Fachkompetenz begleitest. Danke für deine wertschätzenden und konstruktiven Rückmeldungen, die sorgfältige Überarbeitung und alle Unterstützung. Das bedeutet mir sehr viel und ich bedanke mich bei dir und dem ganzen Francke-Team.

Ein besonderer Dank geht an die VFMG-Predigerfrauen, die im Frühling 2016 im Ländli dieses Thema gemeinsam mit mir vertieft haben. Es war eine große Bereicherung und Ermutigung für mich, die Buchidee weiterzuverfolgen.

Mein herzlicher Dank gilt auch meiner Schwester Mirjam sowie allen Freundinnen und Freunden, die mich in der Zeit der Buchabfassung auf irgendeine Weise ermutigt und unterstützt haben.

Mein Herz ist voller Dank euch allen und in besonderer Weise meinem himmlischen Vater gegenüber, der mir in meinem bisherigen Leben stets der treuste Begleiter war. Getragen von seiner bedingungslosen Liebe will ich fliegen, so weit mich die Flügel tragen!

Endnoten

1 Als Resultat meiner Nachforschungen wurden zwei Bücher publiziert. Einerseits die Doktorarbeit: Sommer, Debora 2013. *Eine baltisch-adlige Missionarin bewegt Europa: Barbara Juliane v. Krüdener, geb. v. Vietinghoff gen. Scheel.* Göttingen: V&R unipress. Und ein Jahr später die Biografie zum 250. Jubiläum: Sommer, Debora 2014. *Juliane von Krüdener: Eine Baronin missioniert Europa.* Marburg: Francke.

2 Heine, Heinrich [1826] 1969. *Reisebilder.* Sämtliche Werke, Bd. II, Kapitel 67. München: Artemis & Winkler. Online im Internet: http://gutenberg.spiegel.de/buch/reisebilder-393/67 [Stand: 18.03.2016].

3 „We delight in the beauty of the butterfly, but rarely admit the changes it has gone through to achieve that beauty." Vgl. The Guardian vom 29. May 2014: http://tinyurl.com/jhdffae [Stand: 03.01.2017].

4 Vier Beispiele aus jüngster Zeit: Stacy Eldredges Buch *Werden, wie du mich siehst: Gottes Traum für dein Leben* (2014), Birgit Schillings *Verwandelt: Werden, wie Gott mich gedacht hat* (2016), Anselm Grüns Neuerscheinung *Trau dich neu zu werden: Verwandeln statt verändern* (2016) sowie Christiane Rösels Buch *Veränderung: Wenn aus Lebenswenden Neues wächst* (2016).

5 Es sind allerdings auch Arten bekannt, die ihre Eier wahllos auf nicht geeigneten Pflanzen verteilen.

6 „It is a story of hope. The story says that you, too, little caterpillar, can grow up and spread your wings and fly into the wide

world." Dieses Zitat ist einem Interview mit Eric Carle entnommen. Vgl. http://tinyurl.com/j8uh8qr [Stand: 03.01.2017].

7 So der Biologe Remo Wenger in der *Schweizer Familie* 27/2013, S. 30 (http://www.buweg.ch/aktuell/6.pdf). Bei der Raupe des Monarchfalters kann das Geburtsgewicht sogar bis 3.000-mal höher werden: http://www.wayoflife.org/database/monarch.html [Stand: 19.08.2016].

8 Remo Wenger in der *Schweizer Familie* 27/2013, S. 27 (http://www.buweg.ch/aktuell/8.pdf).

9 Ein Exemplar der Raupe des *Papilio troilus* ist hier zu sehen: http://tinyurl.com/jvdnf2k [Stand: 22.07.2016].

10 Remo Wenger in der *Schweizer Familie* 27/2013, S. 32 (http://www.buweg.ch/aktuell/8.pdf).

11 Vgl. http://tinyurl.com/zqk4yqs [Stand: 22.07.2016].

12 Eldredge, Stacy, 2014. *Werden, wie du mich siehst: Gottes Traum für dein Leben.* Asslar: Gerth Medien, S. 173.

13 Morel, Alexander, 1976. *Was mich der Schmetterling lehrt.* 7. Aufl. Aus dem Französischen übersetzt (Originaltitel: *Les Enseignements du Papillon*). Neuchâtel: Verlag Ernst Franz Metzingen. S. 59.

14 Global Burden of Disease Study 2015. Vgl. http://tinyurl.com/guf5olo [Stand: 12.12.2016].

15 Morel, 1976:24-25.

16 Morel, 1976:25.

17 Nouwen, Henri, 2002. *Du schenkst mir Flügel: Gedanken der Hoffnung*. Asslar: Gerth Medien. S. 47.

18 Original-Zitat von Antoine de Saint-Exupéry in *Le Petit Prince* (éd. Gallimard jeunesse, 1988, Kapitel 9, S. 36): „Il faut bien que je supporte deux ou trois chenilles si je veux connaître les papillons."

19 Morel, 1976:26.

20 Morel, 1976:27.

21 Der Ausdruck „Imaginalscheiben" ist von dem lateinischen Wort imago (= Bild) abgeleitet.

22 Quelle unbekannt.

23 Ausgehend von Norie Huddle über Zukunftsforscher Geseko von Lüpke bis hin zum philippinischen Soziologen und Umweltaktivisten Nicanor Perlas.

24 Zitat aus einem Interview von Geseko von Lüpke mit Nicanor Perlas: http://tinyurl.com/hhfvm6f [Stand: 29.09.2016].

25 Die Ergebnisse seiner Nachforschungen sind unter anderem Teil des Filmprojekts *metamorphosis*, das im Jahr 2010 gestartet wurde: http://www.metamorphosisthefilm.com [Stand: 26.07.2016]. Seit dem Jahr 2012 ist der Film *Metamorphose* auch in Deutsch erhältlich.

26 Zitat aus einem Interview der DVD *Metamorphose*.

27 http://www.metamorphosisthefilm.com [Stand: 26.07.2016].

28 Morel, 1976:33-34.

29 Vgl. http://tinyurl.com/h3mju4s [Stand: 27.07.2016].

30 Vgl. http://www.peta.de/seide#.V4Ta1biLTb0 [Stand: 27.07.2016].

31 Hier der englische Originaltext: http://tinyurl.com/hfgw2ho [Stand: 28.07.2016]. Die Übersetzung stammt von der Autorin.

32 Vgl. http://www.deborasommer.com/#!buecher/cee5 [Stand: 28.07.2016].

33 Christine Caine auf facebook, Ende Februar 2013: „At times we're miraculously delivered from & other times God gives us grace to go through. In both scenarios God is working supernaturally!"

34 Vgl. Becky Hastings Beitrag vom 27. April 2016 zum Thema: *When Healing Doesn't Look the Way We Thought It Would*, auf der Website www.incourage.me. http://tinyurl.com/zqrrokb [Stand. 17.06.2016].

35 Becky Hastings: ebd.

36 Becky Hastings: ebd.

37 Vgl. z. B. ihr Buch: Eareckson Tada, Joni 2016. *Sehnsucht nach Heilung: Warum lässt Gott Leid zu?* Asslar: Gerth Medien.

38 Dieses Zitat wird im Internet fast immer C. S. Lewis zugeschrieben. Ich habe jedoch auch Hinweise gefunden, dass manche seine Urheberschaft für eher unwahrscheinlich halten.

39 Nouwen, 2002:15.

40 Mandy Hale, in: The Single Woman: Life, Love, and a Dash of Sass: „A season of loneliness and isolation is when the caterpillar gets its wings. Remember that next time you feel alone."

41 Im Bereich der Wohntrends wurde „Cocooning" später vom sozialer ausgerichteten Konzept „Homing" abgelöst: Das eigene Zuhause wird zum sozialen Lebensmittelpunkt, wo man sich mit Freunden trifft und feiert.

42 Vgl. den Artikel von Matthias Horx, in: http://tinyurl.com/zz-hhrj7 [Stand: 23.08.2016].

43 Augustinus, Confessiones 1,1.

44 Baar, Hanne (Hg.), 2007. *Gottesverwechslung: Jana-Herzberg-Grafiken*. 3. Auflage. Würzburg: Hymnus-Verlag. S. 100.

45 Nouwen, 2002:27.

46 Zeitschrift **Bunte**, Ausgabe vom 8. September 2016.

47 Vgl. http://tinyurl.com/jnhwc5f [Stand: 08.09.2016].

48 Vgl. http://whc.unesco.org/en/list/1290 [Stand: 29.09.2016].

49 Vgl. Lieckfeld, Claus-Peter, *Der gefahrvolle Trek der Monarchfalter*. Online im Internet: http://tinyurl.com/jnlocdb [Stand: 29.09.2016].

50 Bevere, Lisa, 2011. *Wecke die Löwin in dir: Erhebe dich und verändere deine Umwelt mit neuer Leidenschaft*. Grasbrunn: Adullam.

51 Vgl. hierzu die originelle Idee zum Verbreiten von ein bisschen Güte, die ein unheilbar kranker Amerikaner unter dem Stichwort «Butterfly effect» initiiert hat: http://tinyurl.com/hlmctyl [Stand: 09.09.2016].

52 Dies gilt in besonderer Weise für die mythische Gestalt *Psyche*. Das um 170 n. Chr. vom römischen Dichter Apuleius überlieferte antike Märchen *Amor und Psyche* wurde zur Schlüsselgeschichte der Schmetterlingssymbolik. Ausgehend von dieser Sage, die als schönstes Liebesmärchen der Weltgeschichte gilt (gefolgt von Romeo und Julia), wurde die sterbliche Königstochter Psyche zum Sinnbild der Verletzlichkeit der Seele. Fast 2.000 Jahre später wurde Psyche für Sigmund Freud zu einer Schlüsselfigur in seinem Verständnis psychoanalytischer Behandlung und ein Urbild für den Weg der Heilung der Seele. In der bildenden Kunst wird die mythische Gestalt *Psyche* meistens mit Schmetterlingsflügeln dargestellt.

53 Diese Geschichte mit unbekannter Herkunft findet sich im Internet in verschiedenen Variationen. Mal ist ein erwachsener Mann der Akteur, mal ein Junge. Ausgehend von einer dieser Versionen wurde die Geschichte von der Autorin frei nacherzählt.

54 http://tinyurl.com/j3294w2 [Stand: 16.12.2016].

55 Hamilton, Bethany, 2007. *Soul Surfer: Das Andachtsbuch.* Gießen: Brunnen.

56 Hamilton, 2007:10-11.

57 Entsprechend einem Eintrag vom 4. März 2008 auf der Website der Georgetown University http://explore.georgetown.edu/news/?ID=31658 [Stand: 15.09.2016]. Die ausführlichen Forschungsergebnisse finden Sie hier: Blackiston, Douglas J.,

Silva Casey, Elena & Weiss, Martha R. 2008. *Retention of Memory through Metamorphosis: Can a Moth Remember What It Learned As a Caterpillar?* Publiziert im Journal ***PLoS One***, am 5. März 2008 (http://tinyurl.com/jpolerp [Stand: 22.10.2016]).

58 Allerdings nur dann, wenn sie in einem späten Larvenstadium trainiert worden waren.

59 Nouwen, 2002:35.

60 Nouwen, 2002:26.

61 Nouwen, 2002:15.

62 Eldredge, 2014:174.

63 Anstelle von „Zeige mir deine Gestalt" steht in manchen Übersetzungen „Zeige mir dein Gesicht". Vom hebräischen Urtext her ist hier allerdings klar die gesamte äußere Erscheinung, die äußere Gestalt gemeint.

64 Vgl. z. B. http://www.schmetterlingskinder.ch [Stand: 24.09.2016].

65 Vgl. http://tinyurl.com/gutba7k [Stand: 24.09.2016].

66 Vgl. das Buch: Brown, Brené, 2013. *Verletzlichkeit macht stark: Wie wir unsere Schutzmechanismen aufgeben und innerlich reich werden*. 3. Auflage. München: kailash.

67 Nouwen, 2002:116.

68 Nouwen, 2002:58.

69 Dieses Zitat stammt aus Maya Angelous Buch *Wouldn't take nothing for my journey now*. Vgl. hierzu http://jamesclear.com/maya-angelou [Stand: 16.12.2016].

70 Vgl. https://www.entreleadership.com/articles/13-life-and-leadership-lessons-from-maya [Stand: 16.12.2016].

71 Dass die Verwandlung von Jesus während des Gebets geschah, ist der Parallelstelle Lukas 9,29 zu entnehmen.

72 Eigentlich *Publius Ovidius Naso* (43 v. Chr.–ca. 17 n. Chr.). Seit dem Jahr 1887 erinnert ein Ovid-Denkmal in der rumänischen Stadt Constanța an den römischen Dichter *Ovid*, der seine letzten zehn Lebensjahre als Verbannter in der damals römischen Stadt verbrachte.

73 Gemäß dem lateinischen Originaltitel *Metamorphoseon libri*, was übersetzt *Bücher der Verwandlungen* bedeutet.

74 Juristisch gelten Graffiti heute meist als Sachbeschädigungen. Doch in der Antike war das anders. Tausende Wandkritzeleien in Pompeij zeigen, wie beliebt und selbstverständlich Graffiti dort waren, und geben Einblick in eine untergegangene Welt.

75 Es ist davon auszugehen, dass diese phrygische Lokalsage weit in die Zeit vor Ovid zurückreicht. Dank Ovid hat sie jedoch zweifelsfrei noch größere Bekanntheit erlangt.

76 Vgl. hierzu Grün, Anselm, 2016. *Trau dich neu zu werden: Verwandeln statt verändern*. Münsterschwarzach: Vier-Türme-Verlag. S. 94-97.

77 Nouwen, 2002:28.

78 „La porte du changement ne peut s'ouvrir que de l'intérieur" (Jacques Salomé).

79 Quelle umstritten. Einige schreiben die Weisheit dem Talmud zu, andere halten sie für ein chinesisches Sprichwort, während wiederum andere die Quelle bei dem englischen Schriftsteller Charles Reade (1814-1884) sehen: „Sow a thought, and you reap an act [...]."

80 Franz Korbinian Hütter, in: Finde deinen Fokus: Konzentration als Kompetenz (von Anja Dilk), Artikel in *managerSeminare*, Heft 222, September 2016, S. 74.

81 Zachmann, Doro, 2016. *Ich bin da, dir ganz nah,* 4. Auflage. Wesel: Kawohl. S. 15.

82 Verfasser unbekannt. Gefunden auf: www.zeitzuleben.de/die-statue-des-michelangelo [Stand: 17.10.2016].

83 *Die Bunte*, Ausgabe vom 8.9.2016.

84 „Your most meaningful work in the Kingdom may not be the big things that you do – but the one little person you love" (Ann Voskamp). Vgl. http://tinyurl.com/zu7cocx [Stand: 16.12.2016].

85 Verfasser unbekannt.

86 „The one thing that you have that nobody else has is you. Your voice, your mind, your story, your vision" (Neil Gaiman). Vgl. http://tinyurl.com/c2lazcb [Stand: 16.12.2016].

87 Härle, Wilfried, 2013. *Warum Gott? Für Menschen, die mehr wissen wollen.* Leipzig: Evangelische Verlagsanstalt, S. 99.

88 Schilling, 2016:66.

89 „What you are, is God's gift to you. What you become, is your gift to God." (Ein Verfasser wird auf dem Poster nicht genannt, aber im Internet wird das Zitat Hans Urs von Balthasar zugeschrieben.)

90 Seiwert, Lothar J. & Gay, Friedberg, 2001. *Das 1x1 der Persönlichkeit: Sich selbst und andere besser verstehen mit dem DISG-Persönlichkeits-Modell.* 8. durchgesehene Auflage. Offenbach: Gabal.

91 Unter anderem: Rohr, Richard & Ebert, Andreas, 1999. *Das Enneagramm: Die 9 Gesichter der Seele.* München: Claudius.

92 Bugbee, Bruce; Cousins, Don & Hybels, Bill 1996. *D.I.E.N.S.T.: Dienen im Einklang von Neigungen, Stärken und Talenten.* Asslar: Projektion J. Willow Creek Edition.

93 Schwarz, Christian A., 2001. *Die 3 Farben deiner Gaben: Wie jeder Christ seine geistlichen Gaben entdecken und entfalten kann.* Emmelsbüll: C & P.

94 Donders, Paul Ch., 1997. *Kreative Lebensplanung: Entdecke deine Berufung, Entwickle dein Potenzial – beruflich und privat.* Asslar: Schulte & Gerth.

95 Dieses Gebet geht vermutlich auf den US-amerikanischen Theologen Reinhold Niebuhr (1892–1971) zurück.

96 Im Original: „Never lose hope ... The butterfly is proof that beauty can emerge from something completely falling apart" (Jane Lee Logan).

Wenn Ihnen „einzigartig" gefallen hat, werden Sie auch die folgenden Titel von Sabine Herold mögen

Sabine Herold
Vom Sandkorn zur Perle
*Wie aus Verletzungen Segen
erwachsen kann*
ISBN 978-3-86827-342-7
112 Seiten, gebunden

Sandkörner gibt es genügend in unserem Leben – Schmerzpunkte, die uns lähmen, quälen und manchmal sogar zerstören. Die Perlmuschel gibt uns ein wunderbares Beispiel, wie aus einem schmerzenden Sandkorn eine kostbare Perle entstehen kann. Mit den ihr geschenkten Ressourcen – ihrem eigenen Perlmutt – legt sie eine Schicht nach der anderen um den zerstörerischen Fremdkörper und lässt Neues werden – eine einzigartige Perle.

Pfarrerin Sabine Herold zeigt auf, wie auch wir mit unseren Erfahrungen so umgehen können, dass aus den schmerzenden „Sandkörnern" in unserem Leben Perlen werden. Dabei nimmt sie sowohl Bezug auf das teils schwere Schicksal biblischer Personen als auch auf Erlebnisse von Frauen aus ihrem Umfeld. Sie erzählt offen und ehrlich von ihren eigenen Sandkörnern und gibt Einblicke, wie Gottes Perlmutt sie letztlich hat heil werden lassen.

Mit vertiefenden Fragen und Gebeten zum Nachsprechen.

Sabine Herold
Die Schatztruhe unseres Lebens
Vom Wert des Schönen und Schweren
ISBN 978-3-86827-499-8
256 Seiten, gebunden

Sie ist gefüllt bis an den Rand: die Schatztruhe unseres Lebens. Alle unsere Erfahrungen und Erlebnisse, Wünsche und Träume, Fehler und Verletzungen sind darin gesammelt. Sabine Herold, die bekannte Pfarrerin, Autorin und Referentin, lädt uns ein, in diese Schatztruhe hineinzuschauen. Mit vielen anschaulichen Lebensberichten und persönlichen Fragen hilft sie dabei, die verschiedenen Lebensphasen zu überdenken, zu verarbeiten und aus Gottes Perspektive zu sehen. Ein wertvolles Buch für die persönliche Reflexion, aber auch für Mitarbeitende in Seelsorge und Gemeinde.